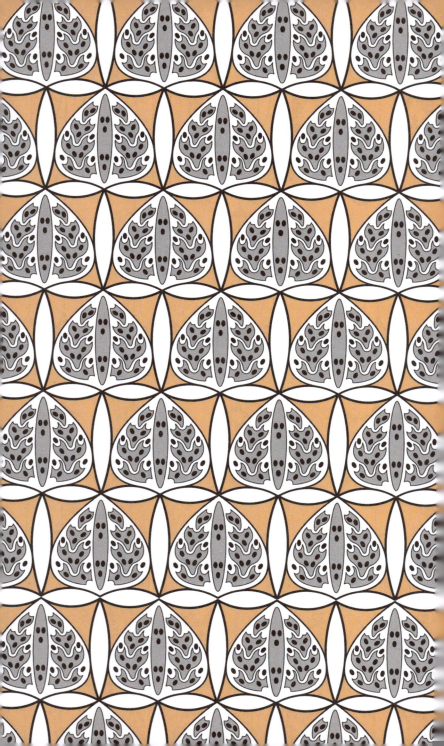

SIGMUND
FREUD
OBRAS COMPLETAS

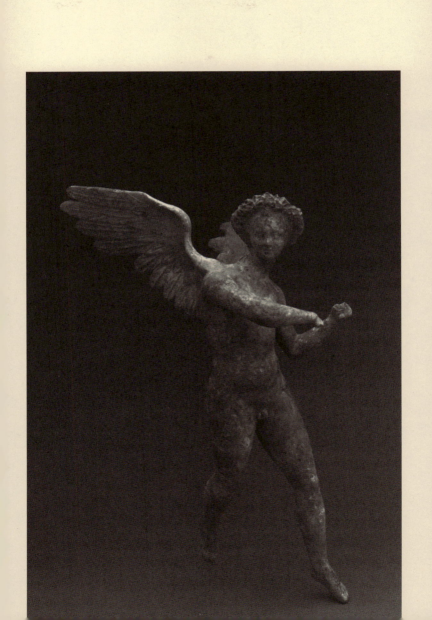

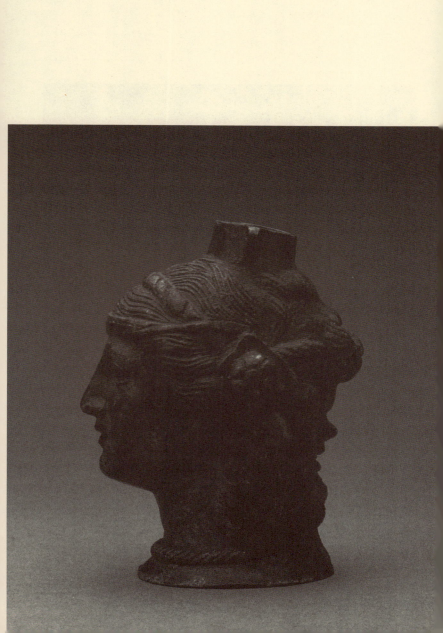

SIGMUND

FREUD

OBRAS COMPLETAS VOLUME 10

**OBSERVAÇÕES PSICANALÍTICAS
SOBRE UM CASO DE PARANOIA
RELATADO EM AUTOBIOGRAFIA
("O CASO SCHREBER"),
ARTIGOS SOBRE TÉCNICA
E OUTROS TEXTOS**

(1911-1913)

TRADUÇÃO PAULO CÉSAR DE SOUZA

11ª reimpressão

COMPANHIA DAS LETRAS

Copyright da tradução © 2010 by Paulo César Lima de Souza

Grafia atualizada segundo o Acordo Ortográfico da Língua Portuguesa de 1990, que entrou em vigor no Brasil em 2009.

Os textos deste volume foram traduzidos de *Gesammelte Werke*, volumes VIII e X (Londres: Imago, 1943 e 1946). Os títulos originais estão na página inicial de cada texto. A outra edição alemã referida é *Studienausgabe*, Frankfurt: Fischer, 2000.

Capa e projeto gráfico
warrakloureiro

Imagens das pp. 3 e 4, obras da coleção pessoal de Freud:
Eros, Grécia, séc. II a.C., 15x38cm
Balsamarium, Itália Central, séc. III a.C., 3x9,4cm
Freud Museum, Londres

Preparação
Célia Euvaldo

Índice remissivo
Luciano Marchiori

Revisão
Huendel Viana
Carmen S. da Costa
Ana Maria Barbosa

Dados Internacionais de Catalogação na Publicação (CIP)
(Câmara Brasileira do Livro, SP, Brasil)

Freud, Sigmund, 1856-1939
    Observações psicanalíticas sobre um caso de paranoia relatado em autobiografia : ("O caso Schreber") : artigos sobre técnica e outros textos (1911-1913) / Sigmund Freud ; tradução e notas Paulo César de Souza. — 1ª ed. — São Paulo : Companhia das Letras, 2010.

    Títulos originais: Gesammelte Werke e Studienausgabe
            "Obras completas volume 10".
    ISBN 978-85-359-1614-0

    1. Freud, Sigmund, 1856-1939 2. Psicanálise 3. Psicologia 4. Psicoterapia
    I. Título. II. Título: O caso Schreber

10-00793
                                                CDD-150.1954
                                                NLM-WM 420

Índice para catálogo sistemático:
1. Sigmund, Freud : Obras completas : Psicologia analítica   150.195

Todos os direitos desta edição reservados à
EDITORA SCHWARCZ S.A.
Rua Bandeira Paulista, 702, cj. 32
04532-002 — São Paulo — SP
Telefone: (11) 3707-3500
www.companhiadasletras.com.br
www.blogdacompanhia.com.br
facebook.com/companhiadasletras
instagram.com/companhiadasletras
twitter.com/cialetras

SUMÁRIO

ESTA EDIÇÃO 9

OBSERVAÇÕES PSICANALÍTICAS SOBRE UM CASO DE PARANOIA
(*DEMENTIA PARANOIDES*) RELATADO EM AUTOBIOGRAFIA
("O CASO SCHREBER", 1911) 13
[INTRODUÇÃO] 14
I. HISTÓRIA CLÍNICA 16
II. TENTATIVAS DE INTERPRETAÇÃO 47
III. SOBRE O MECANISMO DA PARANOIA 78
PÓS-ESCRITO 104

FORMULAÇÕES SOBRE OS DOIS PRINCÍPIOS DO
FUNCIONAMENTO PSÍQUICO (1911) 108

[ARTIGOS SOBRE TÉCNICA]
O USO DA INTERPRETAÇÃO DOS SONHOS NA PSICANÁLISE (1911) 122
A DINÂMICA DA TRANSFERÊNCIA (1912) 133
RECOMENDAÇÕES AO MÉDICO QUE PRATICA A PSICANÁLISE (1912) 147
O INÍCIO DO TRATAMENTO (1913) 163
RECORDAR, REPETIR E ELABORAR (1914) 193
OBSERVAÇÕES SOBRE O AMOR DE TRANSFERÊNCIA (1915) 210

TIPOS DE ADOECIMENTO NEURÓTICO (1912) 229

O DEBATE SOBRE A MASTURBAÇÃO (1912) 240

ALGUMAS OBSERVAÇÕES SOBRE O CONCEITO DE INCONSCIENTE
NA PSICANÁLISE (1912) 255

PRINCÍPIOS BÁSICOS DA PSICANÁLISE (1913) 268

UM SONHO COMO PROVA (1913) 277

SONHOS COM MATERIAL DE CONTOS DE FADAS (1913) 291

O TEMA DA ESCOLHA DO COFRINHO (1913) 301

DUAS MENTIRAS INFANTIS (1913) 317

A PREDISPOSIÇÃO À NEUROSE OBSESSIVA (1913) 324

PREFÁCIOS E TEXTOS BREVES (1911-1913) 339
PREFÁCIO A *O MÉTODO PSICANALÍTICO*,
    DE OSKAR PFISTER 340
PREFÁCIO A *OS TRANSTORNOS PSÍQUICOS DA POTÊNCIA MASCULINA*,
    DE MAXIM STEINER 344
PREFÁCIO A *RITOS ESCATOLÓGICOS DO MUNDO INTEIRO*,
    DE J. G. BOURKE 346
RESENHA DE *SOBRE PSICOLOGÍA Y PSICOTERAPIA DE CIERTOS*
    ESTADOS ANGUSTIOSOS, DE G. GREVE 351
O SIGNIFICADO DE UMA SEQUÊNCIA DE VOGAIS 354
"GRANDE É A DIANA DOS EFÉSIOS!" 355

ÍNDICE REMISSIVO 359

ESTA EDIÇÃO

Esta edição das obras completas de Sigmund Freud pretende ser a primeira, em língua portuguesa, traduzida do original alemão e organizada na sequência cronológica em que apareceram originalmente os textos.

A afirmação de que são obras completas pede um esclarecimento. Não se incluem os textos de neurologia, isto é, não psicanalíticos, anteriores à criação da psicanálise. Isso porque o próprio autor decidiu deixá-los de fora quando se fez a primeira edição completa de suas obras, nas décadas de 1920 e 30. No entanto, vários textos pré-psicanalíticos, já psicológicos, serão incluídos nos dois primeiros volumes. A coleção inteira será composta de vinte volumes,* sendo dezenove de textos e um de índices e bibliografia.

A edição alemã que serviu de base para esta foi *Gesammelte Werke* [Obras completas], publicada em Londres entre 1940 e 1952. Agora pertence ao catálogo da editora Fischer, de Frankfurt, que também recolheu num grosso volume, intitulado *Nachtragsband* [Volume suplementar], inúmeros textos menores ou inéditos que haviam sido omitidos na edição londrina. Apenas alguns deles foram traduzidos para a presente edição, pois muitos são de caráter apenas circunstancial.

A ordem cronológica adotada pode sofrer pequenas alterações no interior de um volume. Os textos conside-

---

* O tradutor agradece o generoso auxílio de Gisela Moreau, que durante um ano lhe permitiu se dedicar exclusivamente à tradução deste volume.

rados mais importantes do período coberto pelo volume, cujos títulos aparecem na página de rosto, vêm em primeiro lugar. Em uma ou outra ocasião, são reunidos aqueles que tratam de um só tema, mas não foram publicados sucessivamente; é o caso dos artigos sobre a técnica psicanalítica, por exemplo. Por fim, os textos mais curtos são agrupados no final do volume.

Embora constituam a mais ampla reunião de textos de Freud, os dezessete volumes dos *Gesammelte Werke* foram sofrivelmente editados, talvez devido à penúria dos anos de guerra e de pós-guerra na Europa. Embora ordenados cronologicamente, não indicam sequer o ano da publicação de cada trabalho. O texto em si é geralmente confiável, mas sempre que possível foi cotejado com a *Studienausgabe* [Edição de estudos], publicada pela Fischer em 1969-75, da qual consultamos uma edição revista, lançada posteriormente. Trata-se de onze volumes organizados por temas (como a primeira coleção de obras de Freud), que não incluem vários textos secundários ou de conteúdo repetido, mas incorporam, traduzidas para o alemão, as apresentações e notas que o inglês James Strachey redigiu para a *Standard edition* (Londres, Hogarth Press, 1955-66).

O objetivo da presente edição é oferecer os textos com o máximo de fidelidade ao original, sem interpretações de comentaristas e teóricos posteriores da psicanálise, que devem ser buscadas na bibliografia sobre o tema. Informações sobre a gênese de cada obra também podem ser encontradas na literatura secundária. Para questionamentos de pontos específicos e do próprio conjunto da teoria freudiana, o leitor deve recorrer à literatura crítica de M. Macmillan, Joel Paris, F. Cioffi, E. Gellner, Borch-Jacobsen e outros.

Após o título de cada texto há apenas a referência bibliográfica da primeira publicação, não a das edições subsequentes ou em outras línguas, que interessam tão somente a alguns especialistas. Entre parênteses se acha o ano da publicação original; havendo transcorrido mais de um ano entre a redação e a publicação, a data da redação aparece entre colchetes. As indicações bibliográficas do autor foram normalmente conservadas tais como ele as redigiu, isto é, não foram substituídas por edições mais recentes das obras citadas. Mas sempre é fornecido o ano da publicação, que, no caso de remissões do autor a seus próprios textos, permite que o leitor os localize sem maior dificuldade, tanto nesta como em outras edições das obras de Freud.

As notas do tradutor geralmente informam sobre os termos e passagens de versão problemática, para que o leitor tenha uma ideia mais precisa de seu significado e para justificar em alguma medida as soluções aqui adotadas. Nessas notas são reproduzidos os equivalentes achados em algumas versões estrangeiras dos textos, em línguas aparentadas ao português e ao alemão. Não utilizamos as duas versões das obras completas já aparecidas em português, das editoras Delta e Imago, pois não foram traduzidas do alemão, e sim do francês e do espanhol (a primeira) e do inglês (a segunda).

No tocante aos termos considerados técnicos, não existe a pretensão de impor as escolhas aqui feitas, como se fossem absolutas. Elas apenas pareceram as menos insatisfatórias para o tradutor, e os leitores e profissionais que empregam termos diferentes, conforme suas diferentes abordagens e percepções da psicanálise, devem sentir-se à vontade para conservar suas opções; que cada qual seja "feliz à sua maneira", como disse aquele famoso rei da Prússia, citado por Freud.

P.C.S.

OBSERVAÇÕES PSICANALÍTICAS SOBRE UM CASO DE PARANOIA (*DEMENTIA PARANOIDES*) RELATADO EM AUTOBIOGRAFIA ("O CASO SCHREBER", 1911)

TÍTULO ORIGINAL: "PSYCHOANALYTISCHE BEMERKUNGEN ÜBER EINEN AUTOBIOGRAPHISCH BESCHRIEBENEN FALL VON PARANOIA (*DEMENTIA PARANOIDES*)". PUBLICADO PRIMEIRAMENTE EM *JAHRBUCH FÜR PSYCHOANALYTISCHE UND PSYCHOPATHOLOGISCHE FORSCHUNGEN* [ANUÁRIO DE PESQUISAS PSICANALÍTICAS E PSICOPATOLÓGICAS], V. 3, N. 1, PP. 9-68. TRADUZIDO DE *GESAMMELTE WERKE* VIII, PP. 239-316; TAMBÉM SE ACHA EM *STUDIENAUSGABE* VII, PP. 133-200.

OBSERVAÇÕES PSICANALÍTICAS SOBRE UM CASO DE PARANOIA

A investigação psicanalítica da paranoia oferece dificuldades especiais para nós, médicos não ligados a instituições públicas. Não podemos aceitar ou manter por longo tempo doentes assim, pois a condição para nosso tratamento é a perspectiva de sucesso terapêutico. Apenas excepcionalmente posso lançar um olhar mais detido à estrutura da paranoia, seja quando a incerteza do diagnóstico — nem sempre fácil — favorece a tentativa de influenciar o paciente, seja quando, apesar do diagnóstico seguro, cedo aos pedidos da família e começo a tratar o indivíduo por algum tempo. À parte isso, naturalmente encontro paranoicos (e dementes) em bom número, e deles adquiro tantas informações sobre seus casos quanto outros psiquiatras, mas via de regra isso não basta para chegar a conclusões psicanalíticas.

A investigação psicanalítica da paranoia não seria possível se os doentes não tivessem a peculiaridade de revelar, ainda que de forma distorcida, justamente o que os demais neuróticos escondem como um segredo. Dado que os paranoicos não podem ser impelidos a vencer suas resistências internas e, de toda forma, dizem apenas o que querem dizer, precisamente no caso dessa afecção o relato escrito ou a história clínica impressa pode funcionar como substituto do conhecimento pessoal do doente. Parece-me lícito, então, fazer interpretações psicanalíticas a partir do caso clínico de um paranoico (enfermo de *dementia paranoides*) que jamais conheci, mas que redigiu ele mesmo sua história clínica e a levou ao conhecimento público de forma impressa.

OBSERVAÇÕES PSICANALÍTICAS SOBRE UM CASO DE PARANOIA

Trata-se do dr. Daniel Paul Schreber, ex-presidente da Corte de Apelação da Saxônia, cujas *Memórias de um doente dos nervos* apareceram em 1903 e, se estou bem informado, despertaram grande interesse entre os psiquiatras. É possível que o dr. Schreber viva ainda hoje e que tenha se afastado do sistema de delírios que apresentou em 1903, de modo a achar incômodas estas observações sobre o seu livro. Mas, na medida em que ainda conserve a identidade de sua personalidade de hoje com a de então, é-me permitido invocar os próprios argumentos que o "homem de espírito elevado, de inteligência aguda e finos dons de observação"[1] contrapôs aos que buscavam dissuadi-lo da publicação: "A esse respeito não deixei de levar em conta as objeções que parecem se opor a uma publicação: trata-se especialmente da consideração por algumas pessoas que ainda vivem. Por outro lado, creio que poderia ser valioso para a ciência e para o conhecimento de verdades religiosas possibilitar, ainda durante a minha vida, quaisquer observações da parte de profissionais sobre

---

1 Essa autocaracterização, que certamente não é incorreta, acha-se à p. 35 do livro de Schreber. [*Denkwürdigkeiten eines Nervenkranken*. Leipzig: Oswald Mutze, 1903. Em todas as citações que Freud faz de Schreber é utilizado o texto da edição brasileira: *Memórias de um doente dos nervos*. Tradução e introdução de Marilene Carone. Rio de Janeiro: Paz e Terra, 1995 (1984). Não é preciso indicar aqui as páginas correspondentes na edição brasileira, pois nela os números de páginas do original se encontram na margem esquerda do texto.] [As notas chamadas por asterisco e as interpolações às notas do autor, entre colchetes, são de autoria do tradutor. As notas do autor são sempre numeradas.]

OBSERVAÇÕES PSICANALÍTICAS SOBRE UM CASO DE PARANOIA

meu corpo e meu destino pessoal. Diante dessa ponderação, deve calar-se qualquer escrúpulo de ordem pessoal".[2] Em outra passagem do livro, ele afirma ter decidido manter o propósito de publicá-lo, ainda que seu médico, o *Geheimrat** prof. e dr. Flechsig, de Leipzig, viesse a processá-lo por isso. Ele solicita de Flechsig o que agora também eu solicito dele mesmo: "Espero que nesse caso também no espírito do conselheiro prof. dr. Flechsig o interesse científico pelo conteúdo das minhas *Memórias* prevaleça sobre eventuais suscetibilidades pessoais" [p. 322].

Embora neste trabalho eu cite literalmente todos os trechos das *Memórias* em que se baseiam minhas interpretações, peço ao leitor que se familiarize antes com o livro, mesmo que numa só leitura.

I. HISTÓRIA CLÍNICA

O dr. Schreber relata: "Estive doente dos nervos duas vezes, ambas em consequência de uma excessiva fadiga intelectual; a primeira vez por ocasião de uma candidatura ao Reichstag [Parlamento] (quando eu era diretor do Tribunal de Província em Chemnitz), a segunda vez por ocasião da inusitada sobrecarga de trabalho que enfrentei quando assumi o cargo de presidente da Corte

2 Prólogo das *Memórias*.
* "Conselheiro do Estado"; antigo título honorífico na Áustria e na Alemanha.

I. HISTÓRIA CLÍNICA

de Apelação de Chemnitz, que me tinha sido então recentemente transmitido".[3]

A primeira doença manifestou-se no outono de 1884 e estava completamente curada no final de 1885. Flechsig, em cuja clínica o doente passou então seis meses, definiu seu estado, num "parecer formal" depois emitido, como um ataque de severa hipocondria. O dr. Schreber assegura que essa enfermidade transcorreu "sem qualquer incidente relativo ao domínio do sobrenatural".[4]

Sobre os antecedentes e as circunstâncias de vida do paciente, nem seus escritos nem os pareceres médicos a eles agregados informam suficientemente. Eu não poderia sequer dizer qual a sua idade no momento em que adoeceu, embora a elevada posição que alcançou na Justiça, antes de adoecer pela segunda vez, garanta um certo limite inferior. Ficamos sabendo que na época da "hipocondria" o dr. Schreber estava casado havia muito tempo. Ele diz: "Ainda mais profunda talvez foi a gratidão sentida por minha esposa, que realmente reverenciava o dr. Flechsig, aquele que lhe devolveu seu marido e por esse motivo conservou durante anos seu retrato sobre sua escrivaninha" (p. 36). E, no mesmo lugar: "Depois da cura de minha primeira doença, vivi oito anos, no geral, bem felizes, ricos de honrarias exteriores e apenas passageiramente turvados pelas numerosas frustrações da esperança de ter filhos".

Em junho de 1893 foi-lhe comunicada sua iminente nomeação para presidente da Corte de Apelação; ele as-

3 *Memórias*, p. 34.
4 Ibid., p. 35.

sumiu o cargo em 1º de outubro do mesmo ano. Nesse intervalo[5] lhe ocorreram alguns sonhos, aos quais somente depois veio a dar importância. Sonhou algumas vezes que sua antiga doença retornara, o que no sonho o fez sentir-se muito infeliz, tanto quanto ficou feliz, ao despertar, por ter sido apenas um sonho. Além disso teve uma vez, no início da manhã, num estado entre o sono e a vigília, "a ideia de que deveria ser realmente bom ser uma mulher se submetendo ao coito" (p. 36), uma ideia que ele, em plena consciência, teria rejeitado com indignação.

O segundo adoecimento principiou no final de outubro de 1893, com uma tormentosa insônia que novamente o fez procurar a clínica de Flechsig, onde, no entanto, seu estado piorou rapidamente. A evolução posterior é registrada num parecer emitido pelo diretor da casa de saúde de Sonnenstein (p. 380):

"No início da internação[6] manifestava várias ideias hipocondríacas, queixava-se de sofrer um amolecimento cerebral, de que morreria logo etc., mas logo em seguida se acrescentaram ao quadro mórbido ideias de perseguição derivadas de alucinações, que no início ainda se manifestavam esporadicamente, ao mesmo tempo que começava a se mostrar uma notável hiperestesia — grande sensibilidade à luz e ao barulho. Mais tarde se tornaram mais frequentes as alucinações

5 Ou seja, antes que tivesse efeito o trabalho excessivo de seu novo cargo, a que ele atribuiu a doença.
6 Na clínica do prof. Flechsig, em Leipzig.

I. HISTÓRIA CLÍNICA

auditivas e acústicas, que, ao lado de distúrbios sensoriais comuns, acabaram por dominar sua sensibilidade
e seu pensamento: considerava-se morto e apodreci-
do, doente de peste, supunha que seu corpo fosse objeto de horríveis manipulações de todo tipo e, como
afirma ainda hoje, sofria as coisas mais terríveis que se
possam imaginar — e tudo isso em nome de uma causa sagrada. As ideias delirantes absorviam a tal ponto
o doente que ele ficava horas e horas completamente
rígido e imóvel (estupor alucinatório), inacessível a
qualquer outra impressão, e por outro lado essas ideias
o atormentavam tanto que chegava a invocar a morte,
a ponto de tentar várias vezes afogar-se no banho e
exigir o 'cianureto que lhe estava destinado'. Pouco a
pouco as ideias delirantes assumiram um caráter mís-
tico e religioso: ele se comunicava diretamente com
Deus, os diabos faziam das suas com ele, via 'fenômenos milagrosos', ouvia 'música sacra' e, finalmente,
acreditava estar vivendo em um outro mundo".

Acrescentemos que ele xingava diversas pessoas que
acreditava terem-no perseguido e prejudicado, sobretudo Flechsig, seu ex-médico, que chamou de "assassino
de alma", e inúmeras vezes gritou "pequeno Flechsig",
acentuando a primeira palavra (p. 383). Foi removido
de Leipzig e, após breve permanência em outra instituição, chegou ao sanatório Sonnenstein, próximo a Pirna,
em junho de 1894, ali ficando até que a doença tomou a
forma definitiva. Nos anos seguintes, o quadro clínico
se alterou de uma maneira que descreveremos melhor
com as palavras do dr. Weber, diretor do sanatório:

"Sem entrar em todos os pormenores do decurso da doença, é suficiente notar como, a partir da psicose inicial mais aguda, que envolvia diretamente todas as áreas do psiquismo, diagnosticada como delírio alucinatório, emergiu de um modo cada vez mais decisivo e, por assim dizer, cristalizado o quadro paranoico que se vê hoje" (p. 385). Por um lado ele havia desenvolvido um engenhoso sistema delirante, que tem tudo para nos interessar, e, por outro lado, sua personalidade havia se reconstruído e mostrava-se, excetuando alguns distúrbios isolados, à altura das tarefas da vida".

Assim relata o dr. Weber, em parecer de 1899:

"Desse modo, abstraindo-se os sintomas psicomotores, que se impõem de imediato como patológicos mesmo para o observador superficial, o presidente da Corte de Apelação, sr. dr. Schreber, não parece nem confuso, nem psiquicamente inibido, nem sensivelmente lesado em sua inteligência; é sensato, sua memória é excelente, dispõe de uma considerável massa de conhecimentos, não apenas sobre assuntos jurídicos, mas também sobre muitas outras áreas, e consegue reproduzi-los em sequência ordenada de pensamentos; interessa-se por política, ciência, arte etc., e se ocupa continuamente desses temas [...], e nesse sentido um observador que não estiver informado de seu estado geral dificilmente perceberá alguma coisa de anormal. Apesar de tudo, o paciente está tomado por ideias mórbidas, que se fecharam em um sistema completo, se tornaram mais ou menos fixas e parecem ser inacessíveis a uma correção

I. HISTÓRIA CLÍNICA

através da interpretação e julgamento objetivos da situação real" (pp. 385-6).

Assim mudado, o paciente considerou-se capaz de levar sua existência e tomou as medidas necessárias para revogar a tutela e obter sua dispensa da clínica. O dr. Weber se opôs a esse desejo e redigiu pareceres no sentido contrário; mas não pôde senão descrever a pessoa e a conduta do paciente de modo favorável, num parecer de 1900:

"O signatário há nove meses, durante as refeições cotidianas em sua casa, tem tido farta oportunidade de conversar com o sr. presidente Schreber sobre todos os assuntos possíveis. Qualquer que fosse o tema da conversa — naturalmente com exceção de suas ideias delirantes —, os problemas da administração do Estado e da Justiça, política, arte e literatura, vida social, ou o que quer que fosse, sobre qualquer coisa, o dr. Schreber revelava vivo interesse, conhecimentos profundos, uma boa memória, um julgamento pertinente e, mesmo do ponto de vista ético, uma concepção que não se poderia deixar de subscrever. Mesmo nas conversas amenas com as senhoras presentes, ele se mostrava cortês e amável, e, ao tratar certos temas de modo humorístico, sempre revelou tato e decência, nunca trazendo para a inocente conversa à mesa temas que não deveriam ser tratados ali, mas sim nas visitas médicas" (pp. 397-8).

Também num assunto de natureza econômica, que envolvia interesses de toda a família, ele interveio nessa época, de forma competente e apropriada (pp. 401, 510).

OBSERVAÇÕES PSICANALÍTICAS SOBRE UM CASO DE PARANOIA

Nas várias petições à justiça, com que o dr. Schreber se empenhava na sua liberação, ele não negava absolutamente seu delírio e não escondia a intenção de publicar suas *Memórias*. Pelo contrário, enfatizava o valor de seus pensamentos para a religião e a invulnerabilidade deles ante a ciência de hoje; ao mesmo tempo, invocava a absoluta inocuidade (p. 430) de todas as ações a que o induzia o teor do seu delírio. A agudeza e a precisão lógica desse homem reconhecido como paranoico levaram enfim ao seu triunfo. Em julho de 1902 foi anulada a privação legal em que se achava o dr. Schreber; no ano seguinte apareceram em livro as *Memórias de um doente dos nervos* — submetidas à censura, no entanto, e com valiosos trechos omitidos.

Na resolução que devolveu ao dr. Schreber a liberdade, o conteúdo de seu sistema delirante é resumido em poucas frases: "Considera-se encarregado de salvar o mundo e devolver a ele a perdida beatitude. Mas é algo que ele só pode realizar se [antes] se transformar de homem em mulher" (p. 475).

Uma exposição mais minuciosa do delírio em sua forma final pode ser lida no parecer de 1899 do dr. Weber: "O sistema delirante do paciente culmina na ideia de que sua missão é a de redimir o mundo e devolver à humanidade a beatitude perdida. Afirma ter chegado a essa tarefa por inspiração divina direta, do mesmo modo que os profetas; os nervos mais excitados, como foram os seus durante muito tempo, teriam a propriedade de exercer atração sobre Deus, mas seria, se não impossível, pelo menos muito difícil ex-

I. HISTÓRIA CLÍNICA

primir essas coisas em linguagem humana, porque elas se situam além de toda e qualquer experiência humana e só a ele foram reveladas. O essencial de sua missão redentora é que em primeiro lugar tem de ocorrer a sua *transformação em mulher*. Não que ele *queira* se tornar mulher; trata-se antes de um dever com base na Ordem do Mundo, ao qual não se pode fugir, quando na verdade preferiria permanecer em sua honrada posição masculina na vida; mas doravante o Além não poderá ser conquistado, nem por ele, nem por toda a humanidade restante, a não ser através da sua transformação em uma mulher, por meio de milagre divino. Está certo de ser ele objeto exclusivo de milagres divinos, sendo desse modo o homem mais extraordinário que já viveu sobre a Terra; há anos, a toda hora e todo minuto ele experimenta esses milagres na própria carne, comprovando-os também através de vozes que falam com ele. Nos primeiros anos de sua doença, teria sofrido distúrbios em certos órgãos do corpo que facilmente teriam levado à morte qualquer outra pessoa: viveu muito tempo sem estômago, sem intestinos, quase sem pulmões, com o esôfago dilacerado, sem bexiga, com as costelas esfaceladas, algumas vezes teria engolido parte de sua laringe junto com a comida etc., mas milagres divinos ('raios') sempre restauraram o que fora destruído e por isso ele, enquanto for um homem, será absolutamente imortal. Aquelas experiências ameaçadoras há muito tempo já desapareceram, e em compensação sua 'feminilidade' passou para o primeiro plano; trata-se, aí, de um processo de desenvolvimento que provavelmente exigirá decênios, se não séculos, até se completar, e a cujo final dificilmente algum dos atuais homens vivos assistirá. Tem a sensação de que já penetraram em massa no seu corpo 'nervos femininos', a partir dos quais nascerão novos homens, por fecundação direta de Deus. Só então ele poderá morrer de morte natural e recuperar a beatitude para si e para todos os homens. Enquanto isso, não apenas o Sol, como também as árvores e os pássaros, que seriam algo como 'restos miraculados de antigas almas humanas', falavam com ele em sons humanos e por toda parte ao seu redor aconteciam coisas prodigiosas" (pp. 386-7).

O interesse do psiquiatra por tais formações delirantes se esgota, normalmente, ao constatar a operação do delírio e sua influência na vida do paciente; seu espanto não marca o início de sua compreensão. Já o psicanalista, partindo de seu conhecimento das psiconeuroses, supõe que mesmo formações mentais tão extraordinárias, tão afastadas do pensamento humano habitual, tiveram origem nos mais universais e compreensíveis impulsos da vida psíquica, e gostaria de conhecer tanto os motivos como as vias dessa transformação. Com esse propósito, ele buscará se aprofundar na história do desenvolvimento e nas particularidades do delírio.

a) O autor do parecer médico destaca, como os dois pontos principais, o *papel de Redentor* e a *transformação em mulher*. O delírio de ser o Redentor é uma fantasia

I. HISTÓRIA CLÍNICA

nossa conhecida, que frequentemente constitui o cerne da paranoia religiosa. Já o acréscimo de que a redenção deve ocorrer pela transformação do indivíduo em mulher é algo incomum e surpreendente, por distanciar-se bastante do mito histórico que a fantasia do doente quer reproduzir. É plausível imaginar, acompanhando o parecer médico, que a ambição de representar o Salvador é o que impulsiona esse complexo delirante, e que a *emasculação* significaria apenas um meio para alcançar esse fim. Embora isto possa apresentar-se assim na configuração final do delírio, o estudo das *Memórias* nos impõe uma concepção bem diferente. Vemos que a transformação em mulher (emasculação) era o delírio primário, que ela foi considerada inicialmente um ato que acarretaria grave dano e perseguição, e que apenas secundariamente veio a ligar-se ao papel de Redentor. Também se torna claro que antes ela deveria ocorrer para fins de abuso sexual, e não a serviço de propósitos elevados. Colocando de maneira formal, um delírio de perseguição sexual foi posteriormente transformado, para o paciente, em delírio de grandeza religiosa. O perseguidor era inicialmente o prof. Flechsig, o médico que o tratava, depois substituído pelo próprio Deus.

Transcrevo aqui, sem abreviá-las, as passagens das *Memórias* que comprovam isso:

"Desse modo foi preparada uma conspiração dirigida contra mim (em março ou abril de 1894), que tinha como objetivo, uma vez reconhecido o suposto caráter incurável de minha doença nervosa, confiar-me a um homem de tal modo que minha alma lhe fosse entregue, ao passo que meu corpo — numa compreensão equivocada da citada tendência inerente à Ordem do Mundo — devia ser transformado em um corpo feminino e, como tal, entregue ao homem em questão[7] para fins de abusos sexuais, devendo finalmente ser 'deixado largado', e portanto abandonado à putrefação" (p. 56).

"A esse respeito, do ponto de vista humano que ainda predominava em mim, era inteiramente natural que visse meu verdadeiro inimigo apenas no prof. Flechsig, ou na sua alma (mais tarde acrescentou-se ainda a alma de von W., sobre a qual se falará mais adiante), considerando o poder de Deus como meu aliado natural; acreditava que Deus estivesse numa situação difícil apenas diante do prof. Flechsig, e por isso acreditava dever apoiá-lo com todos os meios imagináveis, chegando até ao autossacrifício. Que o próprio Deus fosse cúmplice, se não instigador, do plano que visava ao assassinato da minha alma e ao abandono do meu corpo como prostituta feminina, é um pensamento que só muito mais tarde se impôs a mim e que em parte, seja-me permitido afirmar, só me veio claramente à consciência durante a redação do presente ensaio" (p. 59).

"Fracassaram todas as tentativas de cometer assassinato de alma, de emasculação para fins *contrá-*

---

7 O contexto dessa e de outras passagens mostra que o indivíduo em questão, do qual partiria o abuso, não é outro senão Flechsig (cf. adiante).

I. HISTÓRIA CLÍNICA

rios à Ordem do Mundo (isto é, para satisfação do desejo sexual de um ser humano) e, posteriormente, as tentativas de destruição de meu entendimento. Da luta aparentemente tão desigual entre um homem fraco e o próprio Deus, saio vencedor, embora após amargos sofrimentos e privações, porque a Ordem do Mundo está do meu lado" (p. 61).

Na nota 34 [relativa às palavras "contrários à Ordem do Mundo"], ele anuncia a posterior mudança do delírio de emasculação e do relacionamento com Deus: "Mais adiante se explicará que uma emasculação para um outro fim — *em conformidade com a Ordem do Mundo* — é algo que está no reino da possibilidade, e talvez até contenha a provável solução do conflito".

Essas afirmações são decisivas para a nossa concepção do delírio de emasculação e, com isso, para o entendimento do caso mesmo. Acrescente-se que as "vozes" ouvidas pelo paciente tratavam a sua transformação em mulher apenas como uma afronta sexual que lhes permitia zombar do enfermo. "Não raro, os raios divinos, aludindo à emasculação supostamente iminente, acreditavam poder zombar de mim como *'Miss Schreber'* (p. 127). — Isso quer ser um presidente da Corte de Apelação e se deixa f..."[8] — "Não se envergonha diante de sua esposa?"

A natureza primária da fantasia de emasculação e sua independência inicial da ideia de Salvador é atestada,

---

8 Essa omissão, tal como outras peculiaridades de estilo, reproduzo das *Memórias*. Eu não veria razão para mostrar tanto pudor em assunto tão sério.

OBSERVAÇÕES PSICANALÍTICAS SOBRE UM CASO DE PARANOIA

além disso, pela "ideia" já mencionada, surgida no estado de meia sonolência, de que deveria ser bom ser uma mulher submetendo-se ao coito (p. 36). Esta fantasia tornara-se consciente no período de incubação da doença, antes dos efeitos do trabalho excessivo em Dresden.

O mês de novembro de 1895 é indicado pelo próprio Schreber como a época em que se produziu o nexo entre a fantasia de emasculação e a ideia de ser Redentor, e desse modo preparou-se o caminho para uma conciliação com a primeira.

"Mas a partir daí tive a absoluta convicção de que a Ordem do Mundo exigia imperiosamente de mim a emasculação, quer isso me agradasse pessoalmente ou não e, portanto, *por motivos racionais*, nada mais me restava senão me reconciliar com a ideia de ser transformado em mulher. Naturalmente, a emasculação só poderia ter como consequência uma fecundação por raios divinos com a finalidade de criar novos homens" (p. 177).

A transformação em mulher fora o *punctum saliens*, o primeiro gérmen do sistema delirante; ela também se revelou a única parte a subsistir após a recuperação, e a única a conservar um lugar nos seus atos concretos depois de restabelecido. "A única coisa que pode soar como algo irracional aos olhos das outras pessoas é a circunstância apontada pelo senhor perito de que às vezes eu sou encontrado com o tronco seminu diante do espelho ou algum outro lugar, enfeitado com adereços um tanto femininos (fitas, colares de bijuteria etc.). Mas isso só acontece *quando estou só*, e nunca, pelo me-

I. HISTÓRIA CLÍNICA

nos até onde eu posso evitar, na presença de outras pessoas" (p. 429).

Tais brincadeiras o sr. juiz-presidente confessou na mesma época (julho de 1901) em que achou, para definir a saúde prática que havia reconquistado, estas palavras pertinentes: "Há muito tenho perfeita noção de que as pessoas que vejo não são 'homens feitos às pressas', mas pessoas reais, e que por isso devo me conduzir frente a elas como um homem de bom-senso costuma se conduzir no relacionamento com outros homens" (p. 409). Em contraste com esta encenação concreta da fantasia de emasculação, o enfermo nada fez para o reconhecimento de sua missão redentora, além da publicação de suas *Memórias*.

b) A atitude do nosso doente em relação a Deus é tão singular e cheia de contradições, que é preciso haver muita confiança para se manter a expectativa de achar "método" nessa "loucura". Com o auxílio das declarações existentes nas *Memórias*, devemos buscar orientação mais precisa sobre o sistema teológico-psicológico do dr. Schreber e apresentar seus pontos de vista sobre os *nervos*, a *beatitude*, a *hierarquia divina* e os *atributos de Deus*, em sua aparente (delirante) conexão. Em todos os pontos da teoria nota-se a curiosa mistura de banalidade e inteligência, de elementos tomados de empréstimo e originais.

A alma humana se acha contida nos *nervos* do corpo, que devem ser imaginados como estruturas de sutileza extraordinária — comparáveis aos fios de costura mais

OBSERVAÇÕES PSICANALÍTICAS SOBRE UM CASO DE PARANOIA

sutis. Alguns desses nervos são adequados apenas para receber percepções sensoriais, e outros (os *nervos do entendimento*) operam tudo o que é psíquico, sendo que *cada nervo do entendimento representa toda a individualidade espiritual de uma pessoa* e o maior ou menor número de nervos do entendimento influencia apenas no lapso de tempo durante o qual as impressões podem ser conservadas.[9]

Enquanto os seres humanos consistem em corpo e nervos, Deus é, já de início, somente nervos. No entanto, os nervos de Deus não existem em número limitado, como no corpo humano, mas são infinitos ou eternos. Possuem todas as propriedades dos nervos humanos em grau extremamente elevado. Em sua capacidade de criar, isto é, de transfigurar-se em todas as coisas possíveis do mundo criado, eles chamam-se *raios*. Há uma íntima relação entre Deus e o céu estrelado ou o Sol.[10]

Finda a obra da Criação, Deus retirou-se para uma distância enorme (pp. 11, 252) e, em geral, abandonou o

9 Numa nota referente a essa teoria, por ele mesmo sublinhada, Schreber enfatiza a sua utilidade para a explicação da hereditariedade. "O sêmen masculino contém um nervo do pai e se une a um nervo extraído do corpo materno, surgindo uma nova unidade" (p. 7). Então, uma característica que se deve atribuir ao espermatozoide é transferida para os nervos, o que torna provável que a origem dos "nervos" schreberianos esteja no âmbito de ideias da sexualidade. Nas *Memórias* não é raro que uma nota incidental a uma teoria delirante contenha a desejada indicação sobre a gênese e, portanto, sobre o significado do delírio.

10 Sobre isso, ver adiante, quando trato do Sol. A equiparação (ou melhor, condensação) de nervos e raios bem poderia ter se baseado na forma linear que têm em comum. Aliás, os nervos-raios são tão criadores como os nervos-espermatozoides.

I. HISTÓRIA CLÍNICA

mundo a suas próprias leis. Limitou-se a atrair até Ele as almas dos que morrem. Apenas de modo excepcional quis comunicar-se com alguns seres humanos altamente dotados[11] ou intervir com um milagre nos destinos do mundo. Apenas depois da morte, segundo a Ordem do Mundo, há um relacionamento regular entre Deus e as almas humanas.[12] Quando uma pessoa morre, as partes de sua alma (nervos) são submetidas a um processo de purificação, para serem finalmente reintegradas a Deus, como "vestíbulos do céu". Assim é formado um eterno ciclo das coisas, que subjaz à Ordem do Mundo (p. 19). Criando algo, Deus aliena parte de si mesmo, dá a uma parte de seus nervos uma forma alterada. A perda daí resultante é compensada quando, após centenas e milhares de anos, os nervos beatificados dos mortos são novamente juntados a Ele como "vestíbulos do céu".

As almas acendradas no processo de purificação acham-se no gozo da *beatitude*.[13] Nesse meio-tempo elas atenuaram sua autoconsciência e fundiram-se em unidades superiores com outras almas. Almas importantes, como a de um Goethe, um Bismarck etc., talvez conservem ainda por séculos a consciência de sua identidade, até assimilarem-se elas próprias a complexos de almas elevados (como "raios de Jeová" para os antigos hebreus, "raios de Zoroastro" para os persas). Durante a purifica-

11 Na "língua fundamental" (ver adiante), isso é designado como "entrar em conexão nervosa com eles".
12 Depois veremos que a isso estão ligadas algumas críticas a Deus.
13 Esta consiste essencialmente numa sensação de volúpia (ver adiante).

ção as almas aprendem a língua falada pelo próprio Deus, a chamada "língua fundamental", um "alemão algo arcaico, mas vigoroso, que se caracteriza principalmente por uma grande riqueza de eufemismos" (p. 13).[14]

Deus mesmo não é uma entidade simples. "Sobre os 'vestíbulos do céu' pairava o próprio Deus, a quem, em contraposição a esses 'reinos anteriores de Deus', foi também dada a designação de 'reinos posteriores de Deus'. Os reinos posteriores de Deus estavam (e ainda estão) submetidos a uma bipartição peculiar, segundo a qual se distinguiam um deus inferior (Ariman) e um deus superior (Ormuz)" (p. 19). Sobre o significado dessa bipartição Schreber diz apenas que o deus inferior inclinava-se de preferência para os povos de raça morena (os semitas), e o superior, para os povos louros (os arianos). De fato, não se pode exigir mais do conhecimento humano em tais alturas. No entanto, também somos informados de que "o deus inferior e o superior, apesar da existência, em certo sentido, da unidade da onipotência divina, devem ser compreendidos como seres diferentes que têm, *mesmo na relação de um com o outro*, o seu egoísmo particular e seu próprio instinto de autoconservação, portanto cada um sempre procurando passar à frente do outro" (p. 140). Também no estágio agudo da doença as

14 Durante a doença, uma só vez foi dado ao paciente ver, com o olhar espiritual, a onipotência de Deus em sua completa pureza. Nessa ocasião, Deus pronunciou uma palavra bastante corrente na língua fundamental, palavra vigorosa, mas pouco simpática: "Puta!" [*Luder*, no original; ver nota da tradutora Marilene Carone, op. cit., p. 120.] (p.136).

I. HISTÓRIA CLÍNICA

duas entidades divinas se comportaram de forma bem diferente em relação ao infeliz Schreber.[15]

O juiz-presidente Schreber fora, nos tempos saudáveis, um cético em coisas de religião (pp. 29, 64); nunca pudera decidir-se por uma sólida fé na existência de um Deus pessoal. E desse fato da sua história pregressa ele chega a extrair um argumento em apoio da plena realidade de seu delírio.[16] Mas quem ler o que segue, sobre as características do Deus de Schreber, terá de convir que a transformação gerada pela paranoia não foi profunda, e que no redentor de agora persiste muita coisa do cético de outrora.

Pois na Ordem do Mundo há uma lacuna, devido à qual a própria existência de Deus parece ameaçada. Em virtude de circunstâncias que não vêm a ser explicadas, os nervos de homens *vivos*, sobretudo em estado de *excitação muito intensa*, exercem tal atração sobre os nervos de Deus, que Deus não pode mais livrar-se deles, e então é ameaçado em sua existência (p. 11). Esse caso, extremamente raro, verificou-se com Schreber, trazendo para ele os maiores sofrimentos. O instinto de autocon-

15 Uma nota à p. 20 dá a entender que uma passagem do *Manfred*, de Byron, foi determinante na escolha dos nomes divinos persas. Depois encontraremos mais um indício da influência dessa obra.
16 "Parece-me de antemão psicologicamente impensável que no meu caso se tratasse de meras ilusões dos sentidos. Pois a ilusão sensorial de estar em relação com Deus ou com almas defuntas só poderá naturalmente surgir em pessoas que, no seu estado nervoso morbidamente excitado, já traziam consigo uma sólida fé em Deus e na imortalidade da alma. *Mas este, pelo que ficou dito no início deste capítulo, não foi o meu caso*" (p. 79).

servação de Deus foi despertado (p. 30), e viu-se que Ele estava muito longe da perfeição que lhe atribuem as religiões. Todo o livro de Schreber é permeado pela amarga queixa de que Deus, habituado ao trato com os mortos, *não compreende os vivos.*

"Mas reina aqui um mal-entendido fundamental, que desde então atravessa toda a minha vida como um fio vermelho, e que consiste justamente no fato de que *Deus, de acordo com a Ordem do Mundo, não conhecia verdadeiramente o homem vivo*, nem precisava conhecer, mas sim, de acordo com a Ordem do Mundo, só tinha relações com cadáveres" (p. 55). "[...] de acordo com minhas convicções, deve ser relacionada com o fato de que Deus, por assim dizer, não era capaz de lidar com homens vivos, estando acostumado a lidar só com cadáveres ou, em todo caso, com homens adormecidos (sonhando)" (p. 141). *Incredibile scriptu*, gostaria de acrescentar, e no entanto tudo é realmente verdadeiro, por menos que as pessoas possam imaginar uma incapacidade tão total de Deus para julgar corretamente os homens vivos, e por mais tempo que eu tenha necessitado para me acostumar com essa ideia, depois das inúmeras observações feitas a esse respeito" (p. 246).

Apenas devido a essa má compreensão dos homens vivos por parte de Deus pôde acontecer que o próprio Deus se tornasse o instigador da conspiração realizada contra Schreber, que Ele o visse como idiota e o sujeitasse às mais duras provas (p. 264). A fim de escapar a esse juízo condenatório, Schreber submeteu-se a uma penosa "compulsão de pensar". "Cada vez que deixo de pensar,

I. HISTÓRIA CLÍNICA

Deus considera imediatamente que se extinguiu minha capacidade intelectual, que já ocorreu a esperada destruição do meu entendimento (a 'idiotia') e que com isso já está aberta a possibilidade de uma retirada" (p. 206).

O comportamento de Deus na questão do impulso a evacuar (ou c...) suscita uma indignação bastante forte. A passagem é tão característica que a citarei na íntegra. Para sua melhor compreensão, antecipo que tanto os milagres como as vozes partem de Deus (isto é, dos raios divinos).

"Por causa do seu significado característico, preciso ainda fazer algumas observações sobre a pergunta mencionada: 'Por que o senhor não c...?', por menos decente que seja o tema que sou constrangido a tratar. Como tudo o mais no meu corpo, também a necessidade de evacuação é provocada por milagre; isso acontece da seguinte maneira: as fezes são empurradas para a frente (às vezes também de novo para trás) e, quando, em consequência da evacuação já efetuada, não há mais material suficiente, lambuza-se o orifício do meu traseiro com os poucos resíduos do conteúdo intestinal. Trata-se aqui de um milagre do deus superior, que se repete pelo menos muitas dúzias de vezes por dia. A isso se liga a ideia quase inconcebível para o homem e só explicável pelo completo desconhecimento que Deus tem do homem vivo como organismo — a ideia de que o 'c...' seja, de certo modo, o último recurso, isto é, de que por meio do milagre da necessidade de c... se atinja o objetivo da destruição do entendimento e se torne possível uma retirada definitiva dos raios. Para chegar aos fundamentos da origem dessa ideia, parece-me necessário pensar na existência de um equívoco com relação ao significado simbólico do ato de evacuar, ou seja: quem chegou a ter uma relação correspondente à minha com os raios divinos, de certo modo está justificado a c... sobre o mundo inteiro. [...]

"Mas ao mesmo tempo se revela aí toda a perfídia[17] da política que se seguiu com relação a mim. Quase toda vez que se provoca em mim, por milagre, a necessidade de evacuar, envia-se — estimulando os nervos da pessoa em questão — uma outra pessoa do meu ambiente [ao banheiro] para me impedir de evacuar; esse é um fenômeno que durante anos observei um sem-número (milhares) de vezes e de um modo tão regular que fica eliminada qualquer ideia de casualidade. Então à pergunta 'Por que o senhor não c...?' me é dada a brilhante resposta: 'Porque sou burro, algo assim'. A pena quase se recusa a escrever o enorme absurdo, segundo o qual Deus, em sua cegueira, causada na realidade pelo seu desconhecimento da natureza humana, chega ao ponto de supor que possa haver um homem que, por burrice, não consiga c... — coisa que qualquer animal consegue. Quando, então, no caso de uma ne-

17 Neste ponto, uma nota procura atenuar o duro termo "perfídia", remetendo a uma das justificações para [a conduta de] Deus, que ainda serão abordadas.

I HISTÓRIA CLÍNICA

cessidade, efetivamente evacuo — para o que me sirvo de um balde, dado que quase sempre encontro o banheiro ocupado —, isso se associa toda vez a um intensíssimo desdobramento da volúpia da alma. A libertação da pressão provocada pela presença das fezes nos intestinos tem como consequência um intenso bem-estar, que é proporcionado aos nervos da volúpia; o mesmo acontece no ato de urinar. Por esse motivo, sempre e sem exceção, os raios ficavam unidos durante o ato de evacuar e urinar; e, justamente por essa mesma razão, toda vez que me disponho a essas funções naturais procura-se, embora quase sempre em vão, desfazer por milagre o impulso à evacuação e à micção" (p. 225).[18]

O estranho Deus de Schreber também é incapaz de aprender algo da experiência: "Por causa de certas qualidades inerentes à essência de Deus, parece ser impossível extrair para o futuro uma lição da experiência obtida desse modo" (p. 186). Então Ele pode repetir, anos a fio, as mesmas provas, milagres e vozes torturantes, sem modificação, até tornar-se alvo de zombaria para o perseguido. "Disso resulta que em quase todas as coisas que acontecem em relação a mim, uma vez que os milagres perderam em grande parte seus efeitos terríveis de antigamente, Deus me parece, na maioria das vezes,

---

18 Essa confissão do prazer na excreção, que vimos ser um dos componentes autoeróticos da sexualidade infantil, deve ser comparada às manifestações do garoto Hans, na "Análise da fobia de um garoto de cinco anos" [1909, *Gesammelte Werke*, VII; próximo ao final da parte II].

OBSERVAÇÕES PSICANALÍTICAS SOBRE UM CASO DE PARANOIA

eminentemente ridículo ou pueril. Disso resulta o meu comportamento, em que frequentemente sou obrigado, por legítima defesa, em alguns casos, a fazer em voz alta o papel do que zomba de Deus [...]" (p. 333).[19]

Essa crítica e revolta contra Deus, no entanto, depara em Schreber com uma enérgica corrente oposta, que acha expressão em numerosas passagens.

"Mas devo enfatizar novamente aqui, do modo mais categórico, que se trata apenas de um episódio que, espero, se encerrará no máximo com a minha morte, e que portanto só é dado a mim, e não aos outros homens, o direito de zombar de Deus. Para os outros homens, Deus permanece o criador todo-poderoso do céu e da Terra, a causa primeira de todas as coisas e a salvação do seu futuro, que merece adoração e a máxima veneração — ainda que algumas ideias religiosas tradicionais mereçam retificação" (p. 333).

Por isso há várias tentativas de justificar o comportamento de Deus para com ele, que, engenhosas como em toda teodiceia, ora veem a explicação na natureza geral das almas, ora na necessidade de autoconservação do próprio Deus e na influência enganadora da alma de Flechsig (pp. 60-1 e 160). No conjunto, porém, a doença é vista como uma luta do homem Schreber contra Deus, na qual o ser humano e fraco triunfa, porque a Ordem do Mundo está do seu lado (p. 61).

19 Tampouco na "língua fundamental" era sempre Deus o insultador, mas ocasionalmente o insultado; por exemplo: "Maldição, não é fácil dizer que Deus se faz f..." (p. 194).

I. HISTÓRIA CLÍNICA

Os pareceres médicos levariam facilmente à conclusão de que temos, no caso Schreber, uma forma corrente da fantasia de redentor. O paciente seria filho de Deus, destinado a salvar o mundo de sua miséria ou da destruição que o ameaça etc. Por essa razão cuidei de expor minuciosamente as peculiaridades da relação de Schreber com Deus. A importância de tal relação para o resto da humanidade é bem pouco mencionada nas *Memórias*, apenas na fase final do delírio. Consiste essencialmente no fato de que nenhum morto pode alcançar a beatitude enquanto a maior parte dos raios de Deus é absorvida pela pessoa de Schreber, em virtude da sua força de atração (p. 32). Também a identificação aberta com Jesus Cristo só aparece bem tarde (pp. 338, 431).

Uma tentativa de explicação do caso Schreber que não leve em conta essas peculiaridades de sua concepção de Deus, essa mistura de traços de adoração e de revolta, não tem possibilidade de ser correta. Voltemo-nos agora para outro tema que se acha intimamente relacionado a Deus, o da *beatitude*.

Também para Schreber a beatitude é "a vida no Além", a que a alma humana é elevada após a morte, através da purificação. Ele a descreve como um estado de gozo ininterrupto, associado à contemplação de Deus. Isso não é muito original, mas somos surpreendidos pela distinção que ele faz entre uma beatitude masculina e uma feminina. "A beatitude masculina ficava um grau acima da feminina; essa última parece constituir-se predominantemente de um sentimento

OBSERVAÇÕES PSICANALÍTICAS SOBRE UM CASO DE PARANOIA

ininterrupto de volúpia" (p. 18).[20] Outras passagens exprimem a coincidência de beatitude e volúpia em linguagem mais nítida e sem alusão à diferença de sexo, e também não abordam esse elemento da beatitude que é a contemplação de Deus. Por exemplo, na p. 51: "[...] com a natureza dos nervos de Deus, graças à qual a beatitude [...] é, embora não exclusivamente, uma sensação de volúpia extremamente intensa". E na 281: "A volúpia pode ser entendida como um aspecto da beatitude concedida antecipadamente ao homem e aos outros seres vivos", de modo que a beatitude celeste seria essencialmente elevação e continuação do prazer sensorial terrestre!

Essa concepção da beatitude não é absolutamente uma parte do delírio que se originou na primeira fase da doença e depois foi eliminada por ser incompatível com o restante. Ainda na "Fundamentação do recurso" (em julho de 1901) ele enfatiza, como um grande conhecimento que adquiriu, que há "estreita relação — ainda não reconhecida até agora pelos homens — entre a volúpia e a beatitude das almas defuntas" [p. 442].[21]

20 Condiz inteiramente com a satisfação de desejos na vida além--túmulo, porém, o fato de lá o ser humano livrar-se finalmente da distinção entre os sexos.

Und jene himmlischen Gestalten
Sie fragen nicht nach Mann und Weib.

["E aquelas formas celestiais/ não perguntam por homem ou mulher." Citação de Goethe, *Anos de aprendizagem de Wilhelm Meister*, livro VIII, cap. 2.]
21 Sobre um possível significado mais profundo dessa descoberta de Schreber, ver adiante.

I. HISTÓRIA CLÍNICA

Veremos, de fato, que essa "estreita relação" é a rocha sobre a qual o doente funda sua esperança de uma reconciliação final com Deus e de um término para seus sofrimentos. Os raios de Deus perdem sua hostilidade quando ficam seguros de que serão absorvidos em seu corpo com volúpia da alma (p. 133); o próprio Deus exige encontrar nele volúpia (p. 283) e ameaça retirar seus raios, se ele negligenciar o cultivo da volúpia e não puder oferecer-Lhe o que demanda (p. 320).

Esta surpreendente sexualização da beatitude celeste nos dá a impressão de que o conceito de beatitude de Schreber teria surgido da condensação dos dois principais significados da palavra alemã:* "falecido" e "sensualmente feliz".[22] Mas ela também nos dará a oportunidade de submeter a exame a atitude de nosso paciente ante o erotismo, ante as questões envolvidas no gozo sexual, pois nós, psicanalistas, até hoje sustentamos a opinião de que as raízes de toda doença nervosa e psíquica devem ser buscadas sobretudo na vida sexual — alguns de nós apenas com base na experiência; outros, devido também a considerações teóricas.

---

* Trata-se da palavra *selig*, para a qual os dicionários bilíngues alemão-português oferecem as seguintes correspondências: "feliz; bem-aventurado; beato; falecido".

22 Como exemplos extremos dos dois sentidos, há a expressão *"mein seliger Vater"* [meu saudoso pai] e o trecho de uma ária de *Don Giovanni*:

 Ja, dein zu sein auf ewig,
 wie selig werd'ich sein.

[Sim, sendo teu para sempre/ como serei feliz.] Mas não deixa de ser significativo que a nossa língua empregue a mesma palavra para situações tão diversas.

OBSERVAÇÕES PSICANALÍTICAS SOBRE UM CASO DE PARANOIA

Com as amostras aqui apresentadas do delírio de Schreber, cabe afastar sem problemas o temor de que justamente essa paranoia seria o "caso negativo", há muito procurado, em que a sexualidade tem papel irrelevante. O próprio Schreber se exprime repetidas vezes como se fosse um partidário de nosso preconceito. Sempre menciona "nervosismo" e viciosidade erótica de uma só vez, como se as duas coisas fossem inseparáveis.[23]

Antes de sua doença o juiz-presidente Schreber era um homem de moral severa. (P. 281): "Poucas pessoas" — diz ele, e não vejo razão para duvidar disso — "cresceram com princípios morais tão rigorosos como eu, e poucas, como eu posso afirmar a meu próprio respeito, se impuseram ao longo de toda a sua vida tanta contenção de acordo com esses princípios, principalmente no que se refere à vida sexual". Após o grave conflito espiritual que se exteriorizou nos fenômenos da doença, mudou a atitude para com o erotismo. Ele se apercebeu de que o cultivo da volú-

---

23 "Se em algum corpo celeste a *podridão moral* (libertinagem voluptuosa) *ou talvez também o nervosismo* tivessem tomado a humanidade de tal modo" (p. 52) — então, pensa Schreber, apoiando-se nos relatos bíblicos de Sodoma e Gomorra, do Dilúvio etc., o mundo em questão teria tido um fim catastrófico. "[...] [notícia que] disseminou terror e pânico entre os homens, destruiu as bases da religião e provocou uma epidemia de *nervosismo e imoralidade geral*, em consequência da qual a humanidade teria sido atingida por pestes devastadoras" (p. 91). "O 'príncipe dos infernos' era, portanto, provavelmente para as almas aquele poder sinistro, que teria se desenvolvido como uma força inimiga de Deus a partir de uma *decadência moral* da humanidade *ou de uma excessiva excitação dos nervos, em consequência do excesso de civilização*" (p. 163). [Freud não explicita que os itálicos foram acrescentados por ele, não são do autor.]

I. HISTÓRIA CLÍNICA

pia era para ele uma obrigação, e que apenas cumprindo-a poderia terminar a séria luta desencadeada no seu interior e, assim acreditava, ao seu redor. A volúpia se tornou, como lhe asseguravam as vozes, "temente a Deus" (p. 285), e ele lamentou apenas não estar em condições de dedicar-se ao cultivo da volúpia o dia inteiro (p. 285).[24]

Eis então o resumo das mudanças efetuadas em Schreber pela doença, conforme as duas direções principais do seu delírio. Antes ele se inclinava à ascese sexual e duvidava de Deus; após a doença passou a crer em Deus e entregar-se à volúpia. Mas, assim como a fé readquirida era de natureza singular, também a fruição sexual por ele conquistada era de caráter bem insólito. Já não era liberdade sexual masculina, mas sensação sexual feminina; ele se colocava femininamente em relação a Deus, sentia-se mulher de Deus.[25]

---

24 Em conexão com o delírio, ele escreve (p. 179): "Mas a atração perdia o caráter apavorante para os nervos em questão se, e à medida que, ao penetrarem no meu corpo, nele encontravam a sensação da volúpia de alma, da qual por seu turno eles tomavam parte. Encontravam então, no meu corpo, um substituto de valor igual ou aproximado à sua perdida beatitude celeste, que também consistia num gozo de tipo voluptuoso". [O primeiro período se acha em itálico no original — segundo a tradução de Marilene Carone —, mas não na citação de Freud.]

25 Nota à p. 4, na Introdução: "Algo análogo à concepção de Jesus Cristo por uma virgem imaculada — isto é, por uma mulher que nunca teve relações com um homem — aconteceu no meu próprio corpo. Já em duas ocasiões diferentes (isso quando estava ainda no sanatório de Flechsig), eu possuí órgãos genitais femininos (embora desenvolvidos de modo incompleto) e senti no corpo movimentos que correspondem aos primeiros sinais de vida do embrião humano. Por milagre divino, foram lançados no meu corpo os nervos de Deus correspondentes ao sêmen masculino, produzindo-se assim uma fecundação".

OBSERVAÇÕES PSICANALÍTICAS SOBRE UM CASO DE PARANOIA

Nenhuma outra parte do delírio é tratada pelo paciente de modo tão minucioso — tão insistente, poderíamos dizer — como a sua alegada transformação em mulher. Os nervos por ele absorvidos tomaram, em seu corpo, a característica de nervos de volúpia femininos, dando a esse corpo um cunho feminino e à sua pele, em especial, a maciez própria do sexo feminino (p. 87). Se pressiona levemente com os dedos alguma parte de seu corpo, ele sente tais nervos, sob a pele, como estruturas de fios ou cordões, que se acham sobretudo no peito, onde na mulher estão os seios (p. 277). "Fazendo uma pressão sobre essa estrutura eu consigo, especialmente se penso em coisas femininas, chegar a uma sensação de volúpia correspondente à feminina." Ele tem certeza de que tais estruturas nada mais eram, originalmente, do que nervos de Deus, que dificilmente teriam perdido a propriedade de nervos ao passarem para seu corpo (p. 279). Através do que chama de "desenhar" (imaginar visualmente), ele é capaz de proporcionar, para si e para os raios, a impressão de que seu corpo é dotado de seios e outros órgãos femininos. "Desenhar um traseiro feminino no meu corpo — *'honni soit qui mal y pense'** — tornou-se para mim um hábito de tal forma que eu o faço quase involuntariamente toda vez que me inclino" (p. 233). Ele chega a "afirmar ousadamente que qualquer pessoa que me vir de pé diante do espelho, com a parte

---

* Expressão francesa que significa "amaldiçoado seja quem nisto põe malícia"; originalmente era a divisa da Ordem da Jarreteira, criada por Eduardo III da Inglaterra no século XIV.

I. HISTÓRIA CLÍNICA

superior do corpo desnudada — sobretudo se a ilusão for corroborada por algum acessório feminino —, terá a impressão indubitável de um *torso* feminino" (p. 280). Ele desafia os médicos a que o examinem, para constatar que seu corpo inteiro, da sola dos pés à cabeça, é perpassado por nervos de volúpia, o que, segundo afirma, ocorre apenas no corpo da mulher, enquanto no homem, pelo que sabe, tais nervos se acham apenas nos órgãos sexuais e próximos a eles (p. 274). A volúpia espiritual que se desenvolveu em seu corpo graças a esse acúmulo de nervos é tão forte, que basta um mínimo esforço da imaginação, quando ele está na cama, para obter um bem-estar dos sentidos que constitui um bem nítido prenúncio do gozo sexual da mulher no coito (p. 269).

Se recordarmos o sonho tido no período de incubação da doença, antes da mudança para Dresden, ficará evidente que o delírio da transformação em mulher não é mais que a realização do teor daquele sonho. Na época ele se revoltou contra esse sonho, com masculina indignação, e também pelejou inicialmente contra sua efetivação durante a enfermidade, vendo a transformação em mulher como um ultraje que lhe destinavam com intenções hostis. Mas houve um momento (novembro de 1895) em que começou a se reconciliar com tal transformação e a vinculou a elevadas intenções por parte de Deus. "Desde então inscrevi em minha bandeira, com plena consciência, o cultivo da feminilidade" (p. 178).

Depois ele chegou à firme convicção de que Deus mesmo, para Sua própria satisfação, exigia dele a feminilidade:

OBSERVAÇÕES PSICANALÍTICAS SOBRE UM CASO DE PARANOIA

"Mas, assim que eu — se assim posso me expressar — estou a sós com Deus, para mim é uma necessidade fazer, por todos os meios imagináveis, com todo o empenho da minha energia intelectual, em particular com a minha imaginação, com que os raios divinos tenham do modo mais contínuo possível, ou — uma vez que isso o homem não pode fazer — pelo menos em certos momentos do dia, tenham a impressão de uma mulher que se regala de gozo voluptuoso" (p. 281).

"Por outro lado, Deus exige um *gozo contínuo*, correspondente às condições de existência das almas, de acordo com a Ordem do Mundo; é meu dever proporcionar-lhe esse gozo, na forma de um abundante desenvolvimento de volúpia de alma, [...] se, ao fazê-lo, tenho um pouco de prazer sensual, sinto-me justificado a recebê-lo, a título de um pequeno ressarcimento pelo excesso de sofrimentos e privações que há anos me é imposto; [...]" (pp. 282-3).

"[...] acredito até, baseando-me nas impressões que recebi, que posso expressar a opinião de que Deus jamais passaria a uma ação de retirada (que é sempre nociva a meu bem-estar físico) e seguiria a atração sem qualquer resistência e com constante uniformidade, se me fosse possível desempenhar *sempre* o papel da mulher no amplexo sexual comigo mesmo, *sempre* deixar meu olhar recair sobre seres femininos, ver *sempre* imagens femininas etc." (pp. 284-5).

As duas partes principais do delírio de Schreber, a transformação em mulher e a relação privilegiada com

Deus, acham-se ligadas, no seu sistema, pela atitude feminina frente a de Deus. Torna-se uma tarefa inescapável, para nós, demonstrar uma relação *genética* essencial entre essas duas partes; de outro modo cairíamos, com nossas explicações sobre o delírio de Schreber, na mesma situação ridícula que Kant narrou numa imagem famosa da *Crítica da razão pura*, a do homem que segura um coador sob um bode, enquanto outro ordenha o animal.

II. TENTATIVAS DE INTERPRETAÇÃO

A partir de dois lados poderíamos tentar avançar na compreensão dessa história clínica paranoica, nela desvendando os conhecidos complexos e forças instintuais da vida psíquica. Das manifestações delirantes do próprio doente ou dos fatores que desencadearam a doença.

O primeiro caminho parece tentador, desde que C. G. Jung nos deu o brilhante exemplo de interpretação de um caso muito mais difícil de *dementia praecox*, que exibia sintomas bem mais distantes do normal.[26] Também a elevada inteligência e a franqueza do doente nos parecem facilitar a resolução do problema por essa via. Não raro é ele próprio quem nos fornece a chave, ao acrescentar a uma afirmação delirante, como que casualmente, um comentário, citação ou exemplo, ou contestar expressamente uma analogia que ocorreu a ele

26 C. G. Jung, *Über die Psychologie der* dementia praecox, 1907.

mesmo. Nesse último caso basta ignorar o invólucro negativo, como estamos habituados a fazer na técnica psicanalítica, tomar o exemplo como algo real, a citação ou prova como fonte, e nos acharemos de posse da tradução que buscávamos do modo de expressão paranoico para o normal. Talvez seja oportuno dar uma ilustração mais precisa dessa técnica. Schreber se queixa de ser incomodado pelos "pássaros miraculados" ou "pássaros falantes", aos quais atribui uma série de características notáveis (pp. 208-14). Está convencido de que são formados de restos dos "vestíbulos do céu", ou seja, de almas humanas beatificadas, e, cheios de ptomaína,* foram incitados contra ele. Foram postos em condição de falar "locuções aprendidas de cor e sem sentido", que lhes foram "inculcadas". Toda vez que descarregam nele a ptomaína que trazem em si, isto é, que "desfiam todas as frases que de certo modo lhes foram inculcadas", em certa medida se dissolvem na sua alma, com as palavras "Sujeito danado" ou "Danação", as únicas palavras que ainda são capazes de usar para exprimir um sentimento autêntico. Não compreendem o sentido das palavras que falam, mas têm uma sensibilidade natural para a semelhança sonora, que não precisa ser completa. Para eles não importa muito se alguém diz:

"Santiago" ou "Cartago",

"*Chinesentum*" ou "*Jesum Christum*",

---

* "Ptomaína": *Leichengift*, em alemão (literalmente, veneno de cadáver).

II. TENTATIVAS DE INTERPRETAÇÃO

"Abendrot" ou *"Atemnot"*,

"Ariman" ou *"Ackermann"* etc. (p. 210).[*]

Ao ler essa descrição, não podemos nos furtar ao pensamento de que deve referir-se a garotas, que, estando de humor crítico, gostamos de comparar a gansos, a que atribuímos, de maneira nada galante, um "cérebro de pássaro", e das quais dizemos não saberem falar senão frases decoradas, e que revelam sua falta de cultura pela confusão entre palavras estrangeiras que soam similarmente. A expressão "Sujeito danado", a única que levam a sério, seria então o triunfo do homem jovem que soube impressioná-las. E eis que algumas páginas à frente (p. 214) deparamos com frases de Schreber que asseguram tal interpretação. "A um grande número das demais almas de pássaros atribuí, por brincadeira, nomes de moças, para distingui-las umas das outras, dado que todas elas, por sua curiosidade, sua tendência à volúpia etc., podem ser de imediato comparadas a mocinhas. Esses nomes de moças foram então, em parte, captados pelos raios divinos e conservados para designar as respectivas almas de pássaros." Essa interpretação — nada laboriosa — dos "pássaros miraculados" fornece uma indicação para se compreender os enigmáticos "vestíbulos do céu".

Não desconheço que é preciso boa dose de tato e de reserva, quando no trabalho analítico nos afastamos dos

---

[*] *Chinesentum* seria a "chinesidade" (tal como a palavra inglesa *Christendom* é "cristandade"); *Jesum Christum* é corruptela de *Jesus Christus*; *Abendrot* significa "crepúsculo"; *Atemnot*, "dispneia"; *Ackermann*, "lavrador".

OBSERVAÇÕES PSICANALÍTICAS SOBRE UM CASO DE PARANOIA

casos típicos de interpretação, e que o ouvinte ou leitor nos segue apenas até onde lhe permite sua familiaridade com a técnica psicanalítica. É inteiramente justificado, então, cuidar para que um maior emprego de perspicácia não venha acompanhado de um menor grau de certeza e credibilidade. Está na natureza dessa matéria que um psicanalista exagere na prudência, o outro, na ousadia. Somente após muitas tentativas e melhor conhecimento do assunto podemos traçar as balizas corretas da legítima interpretação. Trabalhando no caso Schreber, a reserva me foi ditada pela circunstância de que as resistências à publicação das *Memórias* tiveram o efeito de subtrair a nosso conhecimento boa parte do material, talvez a mais relevante para a compreensão do caso.[27] Assim, por exemplo, o capítulo III da obra começa com este anúncio promissor: "Trato agora principalmente de alguns acontecimentos relativos a *outros membros de minha família*, que se podem pensar como relacionados com o suposto assassinato de alma, e que, de qualquer modo, trazem todos consigo uma marca mais ou menos enigmática, difi-

27 Parecer do dr. Weber (p. 402): "Se se observar o conteúdo do seu texto, se se considerar a quantidade de indiscrições que comete em relação a si mesmo e aos outros, as descrições sem reservas das situações e processos os mais escabrosos e esteticamente quase impossíveis, o uso das expressões mais escandalosas etc., fica incompreensível que um homem que em geral se distingue pelo tato e sensibilidade refinada pretenda realizar um ato que o comprometeria gravemente diante dos outros, a menos que [...]" etc. Não se poderá exigir, de uma história clínica que deve retratar uma natureza humana perturbada e sua luta para se restabelecer, que tenha "discrição" e "graça estética".

II. TENTATIVAS DE INTERPRETAÇÃO

cilmente explicável por outras experiências humanas" (p. 33), o qual é imediatamente seguido desta frase [entre parênteses]: "O conteúdo subsequente do capítulo está suprimido, por ser impróprio para publicação". De modo que ficarei satisfeito se conseguir relacionar o núcleo da formação delirante, com alguma segurança, à sua origem em motivos humanos conhecidos.

Com tal propósito exporei agora mais uma pequena parte da história clínica que não foi devidamente apreciada nos pareceres, embora o doente mesmo fizesse tudo para pô-la em primeiro plano. Refiro-me à relação de Schreber com seu primeiro médico, o *Geheimrat* prof. Flechsig, de Leipzig.

Já sabemos que no começo o caso Schreber tinha o cunho de um delírio de perseguição, que somente a partir da reviravolta na doença (da "conciliação") foi atenuado. As perseguições tornam-se, então, cada vez mais suportáveis; na emasculação que o ameaça, o que há de ignominioso é suplantado pelo propósito dela, que se acha em conformidade com a Ordem do Mundo. Mas o autor de todas as perseguições é Flechsig, e ele continua a instigá-las ao longo de toda a doença.[28]

---

28 Prólogo, p. VIII [carta aberta a Flechsig]: "Ainda agora as vozes que falam comigo diariamente, em circunstâncias que sempre se repetem, pronunciam o seu nome proclamando-o centenas de vezes como autor daqueles danos, embora as relações pessoais que existiram entre nós durante certo tempo tenham passado há muito para um segundo plano; por isso dificilmente eu teria qualquer motivo para me lembrar novamente da sua pessoa, muito menos com qualquer espécie de sentimento rancoroso".

OBSERVAÇÕES PSICANALÍTICAS SOBRE UM CASO DE PARANOIA

Quanto ao que seria o malfeito de Flechsig e seus motivos, isso é relatado pelo doente com imprecisão e obscuridade características, que podem ser vistas como sinal de um trabalho de formação delirante particularmente intenso, se for lícito julgar a paranoia conforme o modelo do sonho, que é bem mais conhecido. Flechsig cometeu, ou tentou cometer, um "assassinato de alma" no doente, um ato que seria comparável aos esforços do Diabo e dos demônios em apoderar-se de sua alma, e que talvez já estivesse prefigurado em eventos que ocorreram entre membros das famílias Flechsig e Schreber há muito falecidos.[29] Bem gostaríamos de saber mais sobre o significado deste assassinato da alma, mas nisso as fontes novamente silenciam de maneira tendenciosa (p. 28): "Em quê consiste a verdadeira essência do assassinato de alma e, por assim dizer, a sua técnica, nada posso dizer além do já indicado. Acrescentaria ainda apenas (*segue-se um trecho inadequado para publicação*)". Devido a esta omissão, permanece para nós obscuro o que se entende por "assassinato da alma". Mencionaremos, adiante, a única indicação a esse propósito que escapou à censura.

Seja como for, logo sucedeu uma evolução do delírio, que afetou a relação do doente com Deus, sem alterar aquela com Flechsig. Se até então ele enxergava seu verdadeiro inimigo apenas em Flechsig (ou melhor, na alma deste), considerando a Onipotência divina sua aliada, não pôde afastar o pensamento de que o

29 Pp. 22 ss.

II. TENTATIVAS DE INTERPRETAÇÃO

próprio Deus era cúmplice, senão instigador, do plano urdido contra ele (p. 59). Mas Flechsig continuou como o primeiro sedutor, a cuja influência Deus se sujeitara (p. 60). Ele soube, com toda a sua alma ou parte dela, elevar-se ao céu e tornar-se — sem morrer e sem purificação prévia — "chefe dos raios" (p. 56).[30] A alma de Flechsig conservou esse papel mesmo após o doente trocar a clínica de Leipzig pelo sanatório de Pierson. A influência do novo ambiente expressou-se no fato de que a ela juntou-se, como sendo a alma de W., a alma do enfermeiro-chefe, no qual o doente reconheceu um ex-vizinho.[31] Então a alma de Flechsig introduziu o "fracionamento de alma", que assumiu grandes dimensões. Num certo momento havia de quarenta a sessenta subdivisões da alma de Flechsig; duas partes maiores da alma foram chamadas de "Flechsig superior" e "Flechsig médio" (p. 111). Do mesmo modo portou-se a alma de W. (do enfermeiro-chefe). Às ve-

30 Segundo outra versão significativa, logo abandonada, o prof. Flechsig tinha se suicidado com um tiro, em Weissenburg, na Alsácia, ou na prisão da polícia, em Leipzig. O paciente viu um cortejo fúnebre, mas que não se movia na direção esperada, conforme as localizações da clínica universitária e do cemitério. Outras vezes Flechsig lhe apareceu em companhia de um policial ou falando com sua mulher, e Schreber testemunhava essa conversa por meio de conexão nervosa; nela o prof. Flechsig designava a si mesmo, ante sua mulher, como "deus Flechsig", de forma que ela se inclinava a considerá-lo doido (p. 82).
31 Sobre esse v. W., as vozes lhe diziam que num inquérito havia declarado, intencionalmente ou por imprudência, coisas falsas acerca dele, culpando-o de onanismo; como castigo, agora tinha de cuidar do paciente.

OBSERVAÇÕES PSICANALÍTICAS SOBRE UM CASO DE PARANOIA

zes era engraçado ver como, apesar da aliança entre elas, as duas almas se hostilizavam, a arrogância professoral de uma e o orgulho aristocrático da outra repelindo-se mutuamente (p. 113). Nas primeiras semanas da estadia final em Sonnenstein (verão de 1894) entrou em cena a alma do novo médico, dr. Weber, e logo depois sucedeu a mudança na evolução do delírio, que viemos a conhecer como "conciliação".

No último período em Sonnenstein, quando Deus começou a apreciá-lo melhor, realizou-se uma devastação entre as almas que se haviam multiplicado de maneira importuna, em consequência da qual a alma de Flechsig subsistiu apenas em uma ou duas formas, e a de W., numa única forma. Esta logo desapareceu inteiramente; as divisões da alma de Flechsig, que aos poucos perderam sua inteligência e seu poder, foram então designadas como "o Flechsig posterior" e "o partido do como seja". Que a alma de Flechsig manteve sua importância até o fim é algo que vemos pelo prólogo, a "Carta aberta ao sr. conselheiro prof. dr. Flechsig".

Nesse singular documento, Schreber expressa a firme convicção de que o médico que nele influía tinha as mesmas visões e os mesmos esclarecimentos sobre coisas suprassensoriais que o doente, e assegura, de antemão, que um ataque à honra do médico se acha muito longe dos seus propósitos. O mesmo é repetido, de modo sério e enfático, nos requerimentos do doente (pp. 343, 445); vê-se que ele se empenha em separar a "alma Flechsig" do homem vivo que

II. TENTATIVAS DE INTERPRETAÇÃO

tem esse nome, o Flechsig dos delírios do Flechsig em carne e osso.[32]

Partindo de uma série de casos de delírio de perseguição,* eu e outros estudiosos achamos que a relação entre o doente e seu perseguidor pode ser resolvida mediante uma fórmula simples.[33] A pessoa a que o delírio atribui tamanho poder e influência, para cujas mãos convergem todos os fios do complô, seria, no caso de ser expressamente nomeada, a mesma que antes da doença tinha significado igualmente grande para a vida afetiva do paciente, ou um substituto facilmente reconhecível. A importância afetiva é projetada para fora, como poder externo, e o tom afetivo é transformado no oposto; aquele agora odiado e temido, por sua perseguição,

---

32 "Por isso devo também *reconhecer como algo possível* que tudo o que foi relatado nos primeiros capítulos das minhas *Memórias* sobre fenômenos ligados ao nome de Flechsig se refira apenas à alma de Flechsig, que deve ser distinguida do homem vivo, e cuja existência particular é certamente segura, mas inexplicável por vias naturais" (p. 343).

* Não há espaço de uma linha entre esse parágrafo e o anterior na edição alemã utilizada, *Gesammelte Werke*. Mas, considerando que faz sentido um espaço nesse ponto e que ele se acha numa edição alemã mais recente (*Studienausgabe*), resolvemos incorporá-lo, aqui e em alguns outros lugares.

33 Cf. Karl Abraham, "Die psychosexuellen Differenzen der Hysterie und der *Dementia praecox*" [As diferenças psicossexuais entre a histeria e a *dementia praecox*], *Zentralblatt für Nervenheilkunde und Psychiatrie*, julho de 1908. Nesse trabalho, o autor admite escrupulosamente que a nossa correspondência epistolar influiu no desenvolvimento de suas ideias.

OBSERVAÇÕES PSICANALÍTICAS SOBRE UM CASO DE PARANOIA

seria alguém amado e venerado anteriormente. A perseguição registrada no delírio serviria, antes de tudo, para justificar a mudança afetiva no doente.

Consideremos, desse ponto de vista, as relações que havia antes entre o paciente e seu médico e perseguidor, Flechsig. Já sabemos que em 1884 e 1885 Schreber sofreu a primeira doença nervosa, que "decorreu sem qualquer incidente relativo ao domínio do sobrenatural" (p. 35). Durante esse estado, qualificado de "hipocondria", que não parece ter ultrapassado o âmbito de uma neurose, Flechsig foi o médico do doente. Schreber passou, naquela época, seis meses na clínica universitária de Leipzig. Somos informados de que, tendo se restabelecido, ele guardou boa lembrança de seu médico. "O essencial foi que eu finalmente fiquei curado (depois de uma longa viagem de convalescença) e portanto só podia estar cheio de sentimentos de viva gratidão para com o prof. Flechsig, os quais expressei também através de uma ulterior visita e de honorários, na minha opinião, adequados." É certo que, nas *Memórias*, Schreber faz o elogio do primeiro tratamento de Flechsig não sem algumas restrições, mas isto se compreende pelo fato de sua atitude haver se transformado no oposto do que era antes. A seguinte passagem, vinda imediatamente após a que acabamos de citar, testemunha o calor do sentimento inicial pelo médico que o tratara com sucesso: "Ainda mais profunda talvez foi a gratidão sentida por minha esposa, que realmente reverenciava no dr. Flechsig aquele que lhe devolveu seu marido, e por esse motivo conservou durante anos seu retrato sobre sua escrivaninha" (p. 36).

II. TENTATIVAS DE INTERPRETAÇÃO

Como não podemos penetrar nas causas da primeira doença — cuja compreensão seria indispensável para o esclarecimento da segunda, que foi mais grave —, temos agora de lidar, de alguma forma, com circunstâncias desconhecidas. Sabemos que no tempo de incubação da doença (entre a nomeação de Schreber e sua posse no cargo, de junho a outubro de 1893) houve repetidos sonhos em que a anterior doença dos nervos retornava. E certa vez, num estado entre o sono e a vigília, veio-lhe a sensação de que afinal devia ser bom ser uma mulher submetendo-se ao coito. Estes sonhos e esta fantasia são narrados por Schreber em sucessão imediata; se os relacionamos também no seu conteúdo, podemos inferir que, com a lembrança da doença, foi igualmente despertada a lembrança do médico, e que a postura feminina da fantasia dizia respeito a ele desde o início. Ou talvez o sonho de que a doença retornara tivesse o significado de um anseio: "Gostaria de ver Flechsig novamente". Nossa ignorância do conteúdo psíquico da primeira doença não nos permite avançar nesta direção. Talvez restasse, desse estado, uma terna devoção ao médico, que — por razões desconhecidas — intensificou-se a ponto de chegar a uma inclinação erótica. Imediatamente verificou-se uma indignada rejeição da fantasia feminina, ainda vista como impessoal — um verdadeiro "protesto masculino", nas palavras, mas não no sentido, de Alfred Adler.[34] Mas, na séria psicose que logo

34 A. Adler, "Der psychische Hermaphroditismus im Leben [na vida] und in der Neurose", *Fortschritte der Medizin* [Progressos da Medicina], 1910, n. 10. Segundo Adler, o protesto masculino participa da formação do sintoma; no caso aqui abordado, a pessoa protesta contra o sintoma já pronto.

OBSERVAÇÕES PSICANALÍTICAS SOBRE UM CASO DE PARANOIA

irrompeu, a fantasia feminina impôs-se resolutamente, e basta corrigir levemente a característica imprecisão paranoica da linguagem de Schreber para perceber que o doente temia ser abusado sexualmente pelo médico. Um acesso de libido homossexual ocasionou então esse adoecimento; o objeto da mesma foi provavelmente, desde o início, Flechsig; e a revolta contra esse impulso libidinal produziu o conflito de que se originaram as manifestações patológicas.

Por um instante me detenho, ante uma maré de objeções e reproches. Quem conhece a psiquiatria atual deve estar preparado para ouvir coisas duras.

"Não seria uma irresponsável leviandade, uma indiscrição e uma calúnia, acusar de homossexualidade um homem de elevados padrões éticos como o juiz-presidente licenciado Schreber?" Não; o doente mesmo comunicou à sociedade sua fantasia de transformar-se em mulher e, no interesse de uma maior compreensão, ignorou suscetibilidades pessoais. Assim, ele próprio deu-nos o direito de nos ocupar dessa fantasia, e a tradução que dela fizemos para a terminologia médica nada acrescentou ao seu conteúdo. "Sim, mas ele estava doente quando fez isso; seu delírio de transformação em mulher foi uma ideia patológica." — Não esquecemos isso. Lidamos, de fato, apenas com o sentido e a origem dessa ideia patológica. Invocamos a própria distinção do dr. Schreber entre o homem Flechsig e a "alma Flechsig". De modo algum lhe recriminamos ter ou não ter impulsos homossexuais, nem se esforçar por reprimi-los. Os psiquiatras deveriam finalmente aprender com esse doente, quando ele, em todo o seu delírio, se empenha em não confundir o mundo do inconsciente e o mundo da realidade.

II. TENTATIVAS DE INTERPRETAÇÃO

"Mas em nenhum lugar ele diz expressamente que a temida transformação em mulher devia realizar-se em proveito de Flechsig!" — Exato; e não é difícil compreender por que, nas *Memórias* destinadas a publicação, que não pretendiam ofender o homem "Flechsig", Schreber evitasse uma tão forte acusação. Mas a atenuação da linguagem, que tal consideração provoca, não vai tão longe que possa mascarar o verdadeiro sentido da incriminação. Pode-se afirmar que ela vem claramente expressa numa passagem como a seguinte (p. 56):

"Desse modo foi preparada uma conspiração dirigida contra mim (em março ou abril de 1894), que tinha como objetivo, uma vez reconhecido o suposto caráter incurável da minha doença nervosa, *confiar-me a um homem* de tal modo que minha alma lhe fosse entregue, ao passo que meu corpo, [...] devia ser transformado em um corpo feminino e, *como tal, entregue ao homem em questão* para fins de abuso sexual [...]."[35]

É supérfluo observar que jamais se menciona alguma outra pessoa que pudesse tomar o lugar de Flechsig. No final da estadia em Leipzig surge o temor de que ele "seria jogado aos enfermeiros", para fins de abuso sexual (p. 98). A atitude feminina para com Deus, admitida sem receio na evolução posterior do delírio, faz desaparecer as últimas dúvidas quanto ao papel originalmente atribuído ao médico. A outra objeção a Flechsig ressoa fortemente ao longo do livro. Ele teria procurado cometer assassinato de alma em Schreber. Já sabemos que a natureza desse crime não é

35 Os itálicos são meus.

OBSERVAÇÕES PSICANALÍTICAS SOBRE UM CASO DE PARANOIA

clara para o próprio doente, mas guarda relação com temas delicados, cuja publicação foi excluída (capítulo III). Um único fio nos leva aqui adiante. O assassínio de alma é ilustrado com referências ao teor lendário do *Fausto*, de Goethe, ao *Manfred*, de Byron, ao *Freischütz*, de Weber etc. (p. 22), e um desses exemplos é lembrado em outra passagem. Ao discutir a cisão de Deus em duas pessoas, Schreber identifica o seu "Deus inferior" e o "superior" com Arimã e Ormuz (p. 19), e pouco adiante faz a observação casual: "O nome Arimã também aparece, por exemplo, no *Manfred*, de Lord Byron, em conexão com um assassinato de alma" (p. 20). Na obra mencionada não há o que se possa equiparar à venda da alma por Fausto, e também a expressão "assassinato de alma" procurei ali em vão, mas o núcleo e o segredo do poema é — um incesto entre irmãos. Aqui se rompe novamente esse curto fio.[36]

36 Acrescento o seguinte, para substanciar a afirmação do texto. Manfred diz ao demônio que quer arrebatá-lo à vida (cena final):

[...] *my past power*
was purchased by no compact with thy crew,

[(...)meu poder passado/ foi adquirido sem pacto com a tua gente]. Portanto, a venda da alma é explicitamente negada. Esse equívoco de Schreber provavelmente indica algo. Seria tentador, aliás, aproximar esse conteúdo do *Manfred* à relação incestuosa entre o poeta e sua meia-irmã, várias vezes assinalada; e é digno de nota que a outra peça de Byron, a formidável *Caim*, se passe na família primordial, em que o incesto entre irmãos não é alvo de censuras. E não podemos deixar o tema do assassinato de alma sem recordar o seguinte trecho [das *Memórias*]: "antes se apontava Flechsig como autor do assassinato de alma, ao passo que de um tempo para cá, numa inversão deliberada da situação, se quer me 'fazer passar' por aquele que cometeu assassinato de alma" (p. 23).

II. TENTATIVAS DE INTERPRETAÇÃO

Não afastando a possibilidade de retomar outras objeções no curso deste trabalho, consideramo-nos agora justificados em ver a irrupção de um impulso homossexual como o fundamento da doença de Schreber. Harmoniza-se com essa hipótese um detalhe digno de nota do caso clínico, que de outra forma não se explicaria. Ele teve outro "colapso nervoso", decisivo para o curso da doença, quando sua mulher tirou rápidas férias para descanso próprio. Até então ela havia passado diariamente várias horas ao seu lado, almoçando com ele. Ao voltar, após uma ausência de quatro dias, achou-o tristemente alterado, de maneira tal que não queria mais vê-la. "Foi particularmente decisiva para o meu colapso mental uma ocasião em que, numa única noite, tive uma insólita quantidade de poluções (cerca de meia dúzia)" (p. 44). Compreendemos que a simples presença da mulher exercia efeito protetor diante da atração dos homens ao seu redor, e, se admitimos que nos adultos uma polução não pode ocorrer sem participação psíquica, agregaremos às poluções daquela noite fantasias homossexuais que permaneceram inconscientes.

Por que essa irrupção de libido homossexual veio ao paciente bem naquele período, entre a nomeação e a mudança de residência, isso não podemos descobrir sem um conhecimento mais apurado de sua vida. Em geral a pessoa oscila, toda a vida, entre sentimentos heterossexuais e homossexuais, e a frustração ou desilusão de um lado costuma empurrá-la para o outro. Quanto a isso, nada sabemos no caso de Schreber; mas não queremos deixar de sublinhar um fator somático que bem poderia ser relevante. Na época dessa enfermidade o dr. Schreber tinha 51 anos de idade, achava-se naquele momento crítico para a vida sexual, em que, após uma fase de intensificação, a função sexual da mulher experimenta um forte recuo, algo de importância tal que parece não excluir tampouco o homem; também para este há um "climatério", com as predisposições a doença que o acompanham.[37]

Imagino como deve parecer dúbia a hipótese de que o sentimento de simpatia de um homem por seu médico possa eclodir fortalecido, oito anos depois,[38] e dar ensejo a uma tão grave perturbação psíquica. Mas, quando essa hipótese se nos recomenda de alguma forma, acho que não temos o direito de afastá-la por sua inverossimilhança interna, em vez de experimentar até onde ela nos conduz. Tal inverossimilhança pode ser temporária e advir do fato de a hipótese questionável ainda não estar inserida em nenhum contexto, de ser a primeira com que nos aproximamos do problema. Para aqueles que não sabem manter suspenso o julgamento e consideram intolerável a nossa hipótese, é fácil indicarmos uma possibilidade que a livra de seu caráter espantoso. O sentimento de simpatia para com o médico pode muito

37 Devo o conhecimento da idade que tinha Schreber, quando adoeceu, à gentil informação dada por um de seus parentes, que me foi transmitida pelo dr. Stegmann, de Dresden. Mas não utilizei, neste ensaio, nenhum outro dado que não se ache no próprio texto das *Memórias*.
38 O intervalo entre o primeiro e o segundo episódio da doença de Schreber.

II. TENTATIVAS DE INTERPRETAÇÃO

bem se originar de um "processo de transferência", pelo qual um investimento afetivo do doente foi transposto, de alguém que lhe é importante, para a pessoa — indiferente, na realidade — do médico; de modo que este aparece escolhido como substituto, como sucedâneo de alguém muito mais próximo ao doente. Falando de modo mais concreto, o doente foi lembrado, pelo médico, da pessoa do irmão ou do pai; reencontrou nele o irmão ou o pai, e então já não surpreende que, em determinadas circunstâncias, o anseio por esse substituto reapareça nele e opere com uma veemência que pode ser entendida apenas por sua proveniência e importância original.

Em prol dessa tentativa de explicação, pareceu-me que valia a pena descobrir se o pai do paciente ainda vivia na época de sua doença, se havia um irmão e se este contava entre os vivos ou entre os "beatos", na mesma época. Então fiquei satisfeito, quando, após demorada procura nas *Memórias*, encontrei uma passagem em que o doente elimina essa incerteza, com as seguintes palavras (p. 442): "A memória de meu pai e de meu irmão [...] é para mim tão sagrada como [...]" etc. Portanto, na época da segunda doença (talvez também da primeira?) os dois já estavam mortos.

Não continuaremos a nos opor, creio, à suposição de que a doença foi ocasionada pelo surgimento de uma fantasia de desejo feminina (homossexual passiva) que tomava por objeto a pessoa do médico. Uma forte resistência a essa fantasia ergueu-se do lado da personalidade de Schreber, e a luta defensiva, que talvez pudesse

OBSERVAÇÕES PSICANALÍTICAS SOBRE UM CASO DE PARANOIA

igualmente realizar-se de outras formas, escolheu, por razões que desconhecemos, a forma do delírio de perseguição. O indivíduo ansiado tornou-se o perseguidor, o conteúdo da fantasia de desejo tornou-se o conteúdo da perseguição. Presumimos que essa concepção esquemática também será aplicável em outros casos de delírio persecutório. O que distingue o caso Schreber de outros, contudo, é a evolução que toma e as mudanças que no curso dela experimenta.

Uma dessas mudanças é a substituição de Flechsig pela superior figura de Deus; de início ela parece indicar uma intensificação do conflito, um aumento da insuportável perseguição, mas logo se verifica que ela prepara a segunda transformação e, com esta, a solução do conflito. Se era impossível conciliar-se com o papel de mulher fácil perante o médico, não encontra a mesma resistência do Eu a tarefa de conceder ao próprio Deus a volúpia que ele pede. A emasculação já não é uma desgraça, vem a ser "conforme à Ordem do Mundo", toma seu lugar num grande contexto cósmico, serve ao fim de uma recriação da humanidade decaída. "Novos homens, saídos do espírito de Schreber", venerarão como seu ancestral esse que se crê perseguido. Assim é encontrado um expediente que satisfaz as duas partes em conflito. O Eu foi compensado pela megalomania, enquanto a fantasia de desejo feminina se impôs, tornou-se aceitável. A luta e a doença podem cessar. Mas a consideração pela realidade, fortalecida nesse meio-tempo, obriga a adiar esta solução para o futuro remoto,

II. TENTATIVAS DE INTERPRETAÇÃO

a contentar-se com uma satisfação de desejo assintótica, digamos.[39] A transformação em mulher deverá ocorrer algum dia; até lá, a pessoa do dr. Schreber permanecerá indestrutível.

Nos manuais de psiquiatria fala-se frequentemente de uma evolução da mania de grandeza a partir da mania de perseguição, que sucederia da maneira seguinte. O doente, primariamente vítima da ilusão de ser perseguido por enormes poderes, sente a necessidade de explicar para si mesmo tal perseguição, e assim chega à hipótese de ele próprio ser uma personalidade grande, digna dessa perseguição. O desencadeamento da mania de grandeza é atribuído a um processo que podemos chamar de "racionalização", na feliz expressão utilizada por Ernest Jones. Mas para nós é um procedimento nada psicológico atribuir a uma racionalização consequências afetivas tão agudas, e por isso queremos claramente diferenciar nossa opinião daquela que vimos nos manuais. Não reivindicamos, neste momento, conhecer a fonte da mania de grandeza.

Retornando ao caso Schreber, temos de reconhecer que o esclarecimento da transformação do seu delírio oferece dificuldades extraordinárias. Por quais caminhos e com que meios se efetua a passagem de Flechsig a Deus? De onde retira ele a mania de grandeza, que de modo afortunado lhe permite conciliar-se com a perse-

39 "Apenas como possibilidades que entram aqui em consideração, cito uma emasculação a ser ainda completada, fazendo com que por meio da fecundação divina nasça em meu ventre uma descendência", lê-se no final do livro (p. 293).

OBSERVAÇÕES PSICANALÍTICAS SOBRE UM CASO DE PARANOIA

guição ou, em termos analíticos, torna possível acolher a fantasia de desejo que seria reprimida? Nisso as *Memórias* nos fornecem uma primeira indicação, ao mostrar que, para o doente, "Flechsig" e "Deus" estão na mesma categoria. Ele entreouve, numa fantasia, uma conversa de Flechsig com a esposa, em que este se apresenta como "Deus Flechsig" e é por ela considerado louco (p. 82); mas também nos chama a atenção o seguinte elemento da formação delirante. Assim como o perseguidor se divide em Flechsig e Deus, quando olhamos o delírio em seu conjunto, o próprio Flechsig se decompõe mais tarde em duas personalidades, no Flechsig "superior" e "médio", e também Deus no "Deus inferior" e "superior". A decomposição de Flechsig vai ainda mais longe nos últimos estágios da doença (p.193). Uma tal decomposição é bem característica da paranoia. Esta decompõe assim como a histeria condensa. Ou melhor, a paranoia dissocia novamente as condensações e identificações realizadas na fantasia inconsciente. O fato de essa decomposição repetir-se várias vezes em Schreber exprime, de acordo com C. G. Jung,[40] a importância

40 C. G. Jung, "Ein Beitrag zur Psychologie des Gerüchtes" [Uma contribuição à psicologia do boato], *Zentralblatt für Psychoanalyse*, v. 3, 1910. É provável que Jung esteja correto quando afirma que essa decomposição, que corresponde a uma tendência geral da esquizofrenia, é analiticamente despotenciadora, devendo impedir o surgimento de impressões fortes. Mas a fala de uma de suas pacientes: "Ah, o sr. também é dr. Jung; hoje de manhã já esteve um homem aqui que disse ser o dr. Jung", pode ser traduzida como uma confissão: "Agora o sr. me recorda outro da série de minhas transferências, diverso do de sua visita anterior".

II. TENTATIVAS DE INTERPRETAÇÃO

da pessoa em questão. Todas estas cisões de Flechsig e Deus em várias pessoas significam, portanto, o mesmo que a divisão do perseguidor em Flechsig e Deus. São duplicações da mesma significativa relação, como Otto Rank percebeu nas formações míticas.[41] Para interpretar todos esses elementos, resta-nos também lembrar a decomposição do perseguidor em Flechsig e Deus, e conceber essa decomposição como reação paranoide a uma identificação antes existente entre os dois, ou ao fato de pertencerem à mesma série. Se o perseguidor de Flechsig foi certa vez uma pessoa amada, também Deus é apenas o retorno de uma outra semelhantemente amada, embora provavelmente mais importante.

Continuando esse curso de pensamento, que parece justificado, devemos dizer que a outra pessoa não pode ser senão o pai, e com isto Flechsig é claramente relegado ao papel de irmão (mais velho, acreditamos).[42] A fantasia feminina, que tanta resistência despertou no doente, teria raízes, então, no anseio por pai e irmão, intensificado eroticamente. O anseio por este último passou, mediante transferência, para Flechsig, o médico, e, reconduzido ao primeiro, atingiu-se uma acomodação do conflito.

A introdução do pai no delírio de Schreber nos parecerá justificada apenas se for proveitosa para a nossa

41 O. Rank, "Der Mythus von der Geburt des Helden" [O mito do nascimento do herói], *Schriften zur angewandten Seelenkunde* [Escritos de psicologia aplicada], n. v, [Leipzig/Viena,] 1909.
42 Sobre isso, nenhuma informação pôde ser obtida nas *Memórias*.

OBSERVAÇÕES PSICANALÍTICAS SOBRE UM CASO DE PARANOIA

compreensão, ajudando-nos a esclarecer detalhes ainda obscuros do delírio. Bem nos lembramos dos traços peculiares encontrados no Deus de Schreber e no relacionamento deste com seu Deus. Era a mais singular mistura de crítica blasfema e indignação rebelde com respeitosa devoção. Deus, que havia sucumbido à corruptora influência de Flechsig, era incapaz de aprender algo através da experiência, não conhecia os seres humanos vivos, porque sabia lidar apenas com cadáveres, e manifestava seu poder em uma série de milagres que, embora impressionassem, eram insípidos e tolos.

Ora, o pai do juiz-presidente Schreber não fora um homem insignificante. Era o dr. Daniel Gottlob Moritz Schreber, cuja memória é ainda hoje conservada pelas associações Schreber, particularmente numerosas na Saxônia — um médico cujos esforços pelo desenvolvimento harmonioso da juventude, pela ação conjunta de educação familiar e escolar, pela utilização de cuidado corporal e trabalho físico para aumentar o grau de saúde, tiveram efeito duradouro sobre os seus contemporâneos.[43] Seu renome como criador da ginástica terapêutica na Alemanha é evidenciado pelas muitas edições que

43 Agradeço ao meu colega dr. Stegmann, de Dresden, a cortesia de enviar-me um número da revista intitulada *Der Freund der Schreber-Vereine* [O Amigo das Associações Schreber]. Nele (ano II, caderno X) se acham, por ocasião do centenário de nascimento do dr. Schreber, dados biográficos sobre o homenageado. O dr. Schreber, pai, nasceu em 1808 e morreu em 1861, com apenas 53 anos de idade. Sei, da fonte anteriormente mencionada, que o nosso paciente tinha 19 anos então.

II. TENTATIVAS DE INTERPRETAÇÃO

sua *Ärztliche Zimmergymnastik* [Ginástica médica caseira] teve entre nós.

Um pai como esse certamente se prestava à transfiguração em Deus, na terna lembrança do filho ao qual logo foi arrebatado pela morte. Em nosso sentimento há um abismo insuperável entre a personalidade de Deus e a de algum outro ser, ainda que do indivíduo mais formidável. Mas devemos lembrar que nem sempre foi assim. Os deuses dos povos antigos achavam-se bem mais próximos dos homens. Entre os romanos, o imperador que morria era normalmente divinizado. Vespasiano, homem prático e sóbrio, exclamou em seu primeiro ataque de doença: "Ai de mim, acho que vou me tornar um deus!".[44]

Conhecemos bem a atitude infantil do garoto em relação ao pai; consiste da mesma aliança de reverente submissão e veemente indignação que vimos no relacionamento de Schreber com seu Deus, é o modelo inconfundível, fielmente copiado, desse último. Mas que o pai de Schreber fosse um médico, um médico de alto renome, e certamente venerado por seus pacientes, explica os traços de caráter mais marcantes que Schreber enfatiza criticamente no seu Deus. Há maior expressão de escárnio por tal médico do que afirmar que ele nada entende de homens vivos e sabe lidar apenas com cadáveres? É da natureza de Deus, certamente, fazer milagres; mas também um médico faz milagres, como dele

---

44 Suetônio, *Vidas dos Césares*, cap. 23. Essa divinização teve início com Júlio César. Augusto se denominava, em suas inscrições, *"Divi filius"* [filho de Deus].

OBSERVAÇÕES PSICANALÍTICAS SOBRE UM CASO DE PARANOIA

afirmam seus clientes entusiasmados: realiza curas miraculosas. Quando justamente esses milagres — aos quais a hipocondria do doente forneceu o material — revelam-se pouco dignos de fé, absurdos e, em certa medida, tolos, somos lembrados da afirmação, feita na *Interpretação dos sonhos*, de que o absurdo, no sonho, exprime escárnio e desprezo.[45] Portanto, ele serve aos mesmos fins na paranoia. Quanto a outras objeções, por exemplo, de que Deus nada aprende por experiência, é plausível imaginar que deparamos com o mecanismo da réplica infantil,[46] que devolve inalterada uma recriminação recebida, à pessoa que a fez; similarmente, as vozes mencionadas à página 23 levam a supor que a incriminação de "assassínio de alma", dirigida a Flechsig, era originalmente uma autoacusação.[47]

Animados pelo fato de a profissão paterna ajudar a esclarecer as particularidades do Deus de Schreber, podemos agora ousar explicar, através de uma interpretação, a singular composição do ser divino. O mundo divino consiste, já sabemos, dos "reinos anteriores de Deus", também chamados "vestíbulos do céu", que con-

45 *A interpretação dos sonhos*, 2ª ed., p. 267 [*Gesammelte Werke*, II/III, p. 447; cap. VI, seção g, VI].

46 Semelha extraordinariamente a uma *revanche* desse tipo a anotação que o doente fez para si mesmo certo dia: "Qualquer tentativa de exercer uma influência educativa sobre o exterior deve ser abandonada por ser votada ao fracasso" (p. 188). O ineducável é Deus.

47 "[...] ao passo que de um tempo para cá, numa inversão deliberada da situação, se quer me 'fazer passar' por aquele que cometeu assassinato de alma" etc.

II. TENTATIVAS DE INTERPRETAÇÃO

têm as almas dos falecidos, e do "Deus inferior" e "Deus superior", conjuntamente chamados de "reinos posteriores de Deus" (p. 19). Embora saibamos que não poderemos resolver uma condensação aqui presente, queremos utilizar a pista anteriormente obtida, de que os pássaros "miraculados", revelados como sendo meninas, derivam dos vestíbulos do céu, para reivindicar os reinos *anteriores* de Deus e *vestíbulos* do céu como símbolos da feminilidade,* e os reinos *posteriores* de Deus como símbolos da masculinidade. Caso soubéssemos com certeza que o irmão falecido de Schreber era mais velho que ele, poderíamos enxergar na decomposição de Deus em um Deus inferior e um superior a expressão da lembrança de que após a morte prematura do pai o irmão mais velho assumiu o papel deste.**

Nesse contexto, enfim, desejo mencionar o *Sol*, que com seus "raios" adquiriu tamanha importância na expressão do delírio. Schreber tem uma relação toda peculiar com o Sol. Este lhe fala em linguagem humana, revelando-se como ser animado ou como órgão de um ser ainda mais elevado, que se acha por trás dele (p. 9). Um parecer médico nos informa que Schreber "vocifera contra ele com palavras de insulto e ameaça"

---

* A palavra alemã *Vorhof* ("átrio, vestíbulo") também designa uma parte dos genitais femininos.

** Freud soube depois, pelo mesmo colega que menciona em algumas notas (o dr. Stegmann, de Dresden), que o irmão de Schreber era três anos mais velho.

(p. 383),[48] que lhe grita que ele tem de se esconder à sua presença. Ele próprio comunica que o Sol empalidece diante de si.[49] A maneira como o Sol está ligado a seu destino se evidencia no fato de que apresenta significativas mudanças na aparência tão logo sucedem transformações em Schreber, como nas primeiras semanas de sua estadia em Sonnenstein (p. 135). Schreber nos facilita a interpretação desse seu mito solar. Ele identifica o Sol diretamente com Deus, ora com o deus inferior (Arimã),[50] ora com o superior (p. 137). "No dia seguinte [...] vi o deus superior (Ormuz), dessa vez não com meu olho espiritual, mas com meu olho carnal. Era o Sol; não o Sol em sua aparência comum, conhecida por todos os homens, mas" etc. É algo coerente, portanto, que ele não o trate de forma diferente da que trata o próprio Deus.

Não sou responsável pela monotonia das soluções psicanalíticas, quando afirmo que o Sol não é outra coisa do que um símbolo sublimado do pai. O simbolismo, aqui, ultrapassa o gênero gramatical; ao menos em alemão, pois na maioria das línguas o Sol é masculino. Sua contrapartida,

48 "O Sol é uma puta" (p. 383). [A palavra alemã para "sol", *Sonne*, é feminina.]
49 (P. 139, nota): "De resto, ainda hoje o Sol me proporciona uma imagem diferente da que eu tinha dele na época anterior à minha doença. Seus raios empalidecem diante de mim, quando falo em voz alta na sua direção. Sou capaz de olhar para o Sol tranquilamente, ficando só um pouco ofuscado, ao passo que no tempo em que gozava de boa saúde não me era possível, como, aliás, não é para os outros, olhar para o Sol por mais de um minuto".
50 (P. 88): "Atualmente (desde julho de 1894) esse deus é identificado com o Sol pelas vozes que falam comigo".

II. TENTATIVAS DE INTERPRETAÇÃO

nesse reflexo do casal de genitores, é a "Mãe Terra", como geralmente a designam. Com frequência achamos confirmação disso ao decompor psicanaliticamente fantasias patogênicas de neuróticos. Aludirei apenas brevemente à relação com mitos cósmicos. Uma de minhas pacientes, que cedo havia perdido o pai e buscava encontrá-lo em tudo de grande e sublime da natureza, fez-me considerar provável que o hino "Antes do nascer do Sol", de Nietzsche, seja expressão da mesma nostalgia.[51] Um outro paciente, sucumbindo à neurose após a morte do pai, teve o primeiro ataque de medo e vertigem quando trabalhava no jardim sob o sol, com uma pá, e ele mesmo sustentou a interpretação de que havia se angustiado porque seu pai o observara enquanto ele laborava sua mãe com um instrumento agudo. Quando arrisquei uma prosaica objeção, ele tornou mais plausível sua concepção, ao informar que estando o pai ainda vivo ele já o comparava ao Sol, certamente com intenção paródica. Sempre que lhe perguntavam para onde ia seu pai no verão, ele respondia com as altissonantes palavras do "Prólogo no céu":

E a jornada prescrita
Ele perfaz com andar de trovão*

Por indicação médica, todo ano o pai se dirigia à estação de águas de Marienbad. Nesse paciente, a postura infantil em relação ao pai se desenvolveu em dois

---

51 *Assim falou Zaratustra*, parte III. Também Nietzsche conheceu o pai apenas quando criança.

* No original, "*Und seine vorgeschriebene Reise, / Vollendet er mit Donnergang*", Goethe, *Fausto*, versos 245-6.

OBSERVAÇÕES PSICANALÍTICAS SOBRE UM CASO DE PARANOIA

tempos. Enquanto o pai vivia, plena revolta e clara discórdia; imediatamente após sua morte, uma neurose baseada em submissão escrava e obediência a posteriori.

Portanto, também no caso Schreber nos achamos no familiar terreno do complexo paterno.[52] Se a luta com Flechsig revelou-se, para o doente, um conflito com Deus, temos de traduzi-lo num conflito infantil com o pai amado, cujas particularidades — que não conhecemos — determinaram o conteúdo do delírio. Nada falta do material que normalmente é descoberto pela análise em casos assim, tudo é representado por algum indício. Nessas vivências infantis, o pai surge como destruidor da satisfação buscada, geralmente autoerótica, que depois é frequentemente substituída, na fantasia, por outra menos inglória.[53] Na fase final do delírio de Schreber, o impulso sexual infantil* tem um grande

52 Assim como a "fantasia de desejo feminina" de Schreber é apenas uma das configurações típicas do complexo nuclear infantil.

53 Cf. as observações sobre a análise do "Homem dos ratos", neste mesmo *Jahrbuch*, v. 1, 1909.

* "Impulso sexual infantil": *infantile Sexualstrebung*. O substantivo *Strebung*, aqui num composto cunhado por Freud, não é usado no alemão de hoje, mas seu sentido está relacionado ao do verbo *streben*, "esforçar-se, aspirar, ambicionar". Nas versões estrangeiras deste ensaio, consultadas durante a elaboração desta, encontramos: *tendencia*, *fantasía* (evidentemente um lapso: ed. Amorrortu, 4ª reimpressão, 1993), *tensione*, *tendance*, *urge*, *streving* (além daquelas que normalmente utilizamos — duas em espanhol, a da Biblioteca Nueva, Madri, e a da Amorrortu, Buenos Aires, a italiana da Boringhieri e a *Standard* inglesa —, recorremos também, neste caso, a uma francesa, a da revista *L'Unebevue*, 1993, e à holandesa da editora Boom: Amsterdã, 1986; elas são citadas em ordem decrescente de proximidade ao português).

II. TENTATIVAS DE INTERPRETAÇÃO

triunfo; a volúpia torna-se temente a Deus, o próprio Deus (o pai) não cansa de exigi-la do doente. A mais temida ameaça do pai, a castração, realmente proporcionou o material para a fantasia-desejo de transformação em mulher, primeiro combatida e depois aceita. É nítida a alusão a uma culpa coberta pela formação substituta "assassinato de alma". O enfermeiro-chefe é visto como idêntico ao vizinho v. W., que, segundo as vozes, acusara-o falsamente de onanismo (p. 180). As vozes dizem, como que fundamentando a ameaça de castração (p 127): "Você deve ser *representado* como alguém entregue à devassidão voluptuosa".[54] Por fim, a coação de pensar a que se submete o doente (p. 47), porque supõe que Deus acreditará que ele tornou-se um imbecil e se afastará dEle, caso cesse de pensar por um momento. Isso é uma reação, que conhecemos por outras vias, à ameaça ou temor de perder a razão[55] graças à atividade sexual, particularmente ao onanismo. Dado o grande número de ideias delirantes hipocondríacas que o doente desenvolveu,[56] talvez não devamos atribuir maior peso ao fato de algumas delas coin-

54 Os sistemas de "representar e anotar" (p. 126), juntamente com as "almas provadas", apontam para vivências da escola.
55 (P. 206, nota): "Que esse era o objetivo visado, foi algo admitido abertamente infinitas vezes na frase proveniente do deus superior, ouvida por mim: 'Queremos destruir o seu entendimento'".
56 Não quero omitir a observação de que, para mim, apenas será digna de confiança uma teoria da paranoia que consiga integrar os sintomas *hipocondríacos* que quase sempre acompanham a doença. A hipocondria me parece ter, em relação à paranoia, a mesma posição da neurose de angústia em relação à histeria.

OBSERVAÇÕES PSICANALÍTICAS SOBRE UM CASO DE PARANOIA

cidirem literalmente com os temores hipocondríacos dos onanistas.[57]

Para quem for mais ousado que eu na interpretação, ou, tendo relações com a família Schreber, souber mais acerca de pessoas e de pequenos incidentes, não será difícil fazer remontar numerosos detalhes do delírio de Schreber a suas fontes, descobrindo-lhes a significação — apesar da censura a que as *Memórias* foram submetidas. Temos necessariamente de nos satisfazer com esse vago esboço do material infantil com que o distúrbio paranoico representou o conflito.

Talvez me seja permitido acrescentar algo sobre as bases do conflito desencadeado em relação à fantasia de desejo feminina. Sabemos ser nossa tarefa estabelecer um nexo entre o surgimento de uma fantasia de desejo e uma *frustração*, uma privação na vida real. Ora, o próprio Schreber admite uma tal privação. Seu casamento, de resto apresentado como feliz, não lhe trouxe a bênção de filhos, principalmente a de um filho homem, que o consolasse pela perda de pai e irmão, e sobre o qual

57 (P. 154): "Por esse motivo, tentou-se bombear a minha medula espinhal, o que era feito pelos chamados 'homúnculos', que me eram colocados nos pés. Mais adiante darei maiores detalhes sobre esses 'homúnculos', que possuíam certo parentesco com o fenômeno de mesmo nome já mencionado no capítulo vi; via de regra eram dois de cada vez, um 'pequeno Flechsig' e um 'pequeno von W.', cujas vozes eu percebia nos meus pés". V. W. é aquele de quem teria partido a acusação de onanismo. Os "homúnculos", segundo o próprio Schreber, são um dos mais notáveis e, em determinados aspectos, mais enigmáticos fenômenos (p. 157). Parecem ter se originado de uma condensação de crianças e espermatozoides.

II. TENTATIVAS DE INTERPRETAÇÃO

pudesse verter a afeição homossexual insatisfeita.[58] Sua linhagem ameaçava se extinguir, e parece que ele tinha bastante orgulho do berço e da família. "Os Flechsigs e os Schrebers pertenciam", conforme a expressão empregada, "à mais alta nobreza celeste"; os Schrebers, particularmente, ostentavam o título de "margraves da Toscana e da Tasmânia, de acordo com um hábito das almas de se adornar com títulos terrenos pomposos" (p. 24).[59] Depois de séria luta interior, o grande Napoleão divorciou-se de Josefina, porque ela não podia dar continuidade à dinastia.[60] O dr. Schreber pode haver formado a fantasia de que, se fosse uma mulher, teria mais êxito na geração de filhos, e assim achou o caminho para colocar-se de volta na posição feminina ante o

---

58 (P. 36): "Depois da cura de minha primeira doença, vivi oito anos em geral bem felizes com minha esposa, ricos também de honrarias exteriores e apenas passageiramente turvados pelas numerosas frustrações da esperança de ter filhos".

59 Após essa declaração, que conserva no delírio a afável ironia dos tempos sãos, ele rastreia os laços entre as famílias Flechsig e Schreber por séculos passados, como um noivo que, não entendendo como pôde viver tantos anos sem saber da existência da amada, insiste em havê-la já conhecido no passado.

60 Nisso cabe mencionar o protesto do paciente contra algumas afirmações do parecer médico: "Nunca apreciei a ideia de um divórcio ou deixei transparecer indiferença quanto ao prolongamento do vínculo conjugal, como se poderia supor lendo a expressão do laudo judicial, segundo a qual 'tenho sempre pronta a alusão ao fato de que minha esposa poderia se divorciar'". [Esta citação é extraída dos autos do processo anexados às *Memórias*, nos quais o paciente é referido na terceira pessoa verbal. Freud pôs o verbo na primeira pessoa.]

OBSERVAÇÕES PSICANALÍTICAS SOBRE UM CASO DE PARANOIA

pai, dos primeiros anos de sua infância. O delírio, sempre adiado para o futuro, de que com a sua emasculação o mundo seria povoado por "novos homens [saídos] do espírito de Schreber" (p. 288), destinava-se igualmente, portanto, a remediar sua falta de filhos. Se forem crianças os "homúnculos" que o próprio Schreber acha tão enigmáticos, será compreensível que eles se achem reunidos na sua cabeça em grande número (p. 158); são, realmente, "filhos de seu espírito".[61]

III. SOBRE O MECANISMO DA PARANOIA

Até agora tratamos do complexo paterno que domina o caso Schreber e da fantasia ou desejo* central da doença. Em tudo isso, nada caracteriza apenas o quadro clínico da paranoia, não há nada que não pudéssemos achar em outros casos de neurose que neles não tenhamos realmente achado. Temos de buscar a especificidade da paranoia (ou da demência paranoica) em outra coisa, na forma peculiar assumida pelos sintomas, e nossa expectativa é de que o responsável por ela não serão os complexos, mas o mecanismo da formação de

61 Cf. a nota sobre a representação da descendência paterna e sobre o nascimento de Atenas, no caso clínico do "Homem dos ratos", neste *Jahrbuch*, v. 1, p. 410. [*Gesammelte Werke* VII, pp. 449-50; parte II, seção c].

* As palavras "fantasia ou desejo" traduzem um só termo do original, *Wunschphantasie*, que literalmente significaria "fantasia-desejo".

III. SOBRE O MECANISMO DA PARANOIA

sintomas ou da repressão. Diríamos que o caráter paranoico está em que, para defender-se de uma fantasia de desejo homossexual, reage-se precisamente com um delírio persecutório de tal espécie.

É tanto mais significativo, então, que a experiência nos leve a atribuir justamente à fantasia de desejo homossexual uma relação íntima, e talvez constante, com o quadro clínico da doença. Desconfiando de minha própria experiência, nos últimos anos investiguei precisamente essa questão com meus amigos C. G. Jung, de Zurique, e S. Ferenczi, de Budapeste, em bom número de casos de paranoia observados por eles. O material de investigação foram as histórias clínicas tanto de homens como de mulheres, de raça, profissão e nível social diversos, e com surpresa vimos que no centro de todos esses casos reconhecia-se claramente a defesa contra o desejo homossexual, que todos eles haviam malogrado na superação da sua homossexualidade inconscientemente reforçada.[62] Não era realmente o que esperávamos. Pois justamente na paranoia a etiologia sexual não é óbvia; em sua motivação se destacam, sobretudo para o homem, desprezos e agravos sociais. Basta aprofundarmo-nos um pouco, no entanto, para reconhecer nessas injúrias sociais, como o fator verdadeiramente atuan-

---

62 Uma outra confirmação é a análise do paranoico J. B., realizada por A. Maeder ("Psychologische Untersuchungen an *dementia praecox*-Kranken" [Investigações psicológicas em enfermos de *dementia praecox*], *Jahrbuch für psychoanalytische und psychopathologishche Forschungen*, v. 2, 1910). Lamento não ter lido esse trabalho quando redigi o meu.

OBSERVAÇÕES PSICANALÍTICAS SOBRE UM CASO DE PARANOIA

te, a participação dos componentes homossexuais da vida emocional. Enquanto o comportamento normal nos impede um vislumbre das profundezas da vida psíquica, pode-se duvidar que as relações emocionais do indivíduo com os outros, na vida social, tenham algo a ver com o erotismo, de fato ou geneticamente. O delírio é que regularmente põe a nu tais relações, e faz remontar o sentimento social a suas raízes no desejo erótico grosseiro-sensual. Também o dr. Schreber, cujo delírio culminou numa fantasia homossexual inconfundível, não apresentara, enquanto estava são — conforme todos os relatos —, nenhum indício de homossexualidade no sentido vulgar.

Procurarei mostrar — acreditando que isso não é supérfluo ou injustificável — que o nosso atual conhecimento dos processos psíquicos, adquirido mediante a psicanálise, já nos permite compreender o papel do desejo homossexual na formação da paranoia. Pesquisas recentes[63] chamaram nossa atenção para um estágio, no desenvolvimento da libido, pelo qual se passa no caminho do autoerotismo ao amor objetal.[64] Ele foi chamado de *Narzissismus*; eu prefiro o termo *Narziβmus*, talvez menos

---

63 I. Sadger, "Ein Fall von multipler Perversion mit hysterischen Absenzen" [Um caso de perversão múltipla com ausências histéricas], *Jahrbuch für psychoanalytische und psychopathologishche Forschungen*, v. 2 B, 1910. Freud, "Eine Kindheitserinnerung des Leonardo da Vinci" [Uma recordação de infância de Leonardo da Vinci], *Schriften zur angewandten Seelenkunde*, caderno VII, 1910, p. 5.
64 *Três ensaios sobre a teoria da sexualidade*, 1905 [*Gesammelte Werke* V, pp. 49-50; primeiro ensaio, seção 2a].

III. SOBRE O MECANISMO DA PARANOIA

correto, porém mais curto e que soa melhor.* Ele consiste no fato de o indivíduo em desenvolvimento, que unificou seus instintos sexuais que agem de forma autoerótica, a fim de obter um objeto de amor, primeiramente toma a si mesmo, a seu próprio corpo, como objeto de amor, antes de passar à escolha de uma outra pessoa como objeto. Uma tal fase mediadora entre autoerotismo e escolha objetal talvez seja imprescindível normalmente; parece que muitas pessoas ficam nela retidas por um tempo insolitamente longo, e que muita coisa desse estado persiste em estágios posteriores de desenvolvimento. Nesse Eu-mesmo tomado como objeto de amor, os genitais podem já ser a coisa principal. O prosseguimento desse caminho leva à escolha de um objeto com genitais semelhantes; ou seja, através da escolha objetal homossexual, até à heterossexualidade. Supomos que as pessoas que depois se tornam homossexuais manifestos nunca se libertaram da exigência de o objeto ter genitais como os seus; nisso têm considerável influência as teorias sexuais infantis, que inicialmente atribuem os mesmos genitais a ambos os sexos.

Uma vez alcançada a escolha heterossexual de objeto, as tendências homossexuais não são abolidas ou sus-

---

* O "z" alemão tem som de "ts", de modo que a pronúncia do primeiro termo é algo como "nartsissísmus", que de fato não soa muito bem. Freud então corta a penúltima sílaba da palavra, o que resulta no termo pronunciado como "nartsísmus" (a letra ß equivale a dois "s"). Naturalmente, em português não há esse problema; "narcisismo" não soa mal, já que o "s" tem som de "z", quando do ocorre entre duas vogais.

OBSERVAÇÕES PSICANALÍTICAS SOBRE UM CASO DE PARANOIA

pensas, mas apenas desviadas da meta sexual e dirigidas para novas aplicações. Juntam-se a partes dos instintos do Eu e, como componentes nelas "apoiados", constituem os instintos sociais, representando assim a contribuição do erotismo à amizade, à camaradagem, ao sentido comunitário e ao amor pelos seres humanos em geral. Dificilmente se depreende, a partir das relações sociais normais entre os indivíduos, a magnitude dessas contribuições oriundas de fontes eróticas, com inibição da meta sexual. Mas convém observar que justamente homossexuais manifestos, e, entre eles, os que rejeitam as práticas sensuais, destacam-se pela intensa participação nos interesses gerais da humanidade, surgidos mediante a sublimação do erotismo.

Nos *Três ensaios sobre a teoria da sexualidade* expressei a opinião de que cada etapa no desenvolvimento da psicossexualidade traz uma possibilidade de "fixação" e, com isso, um ponto de predisposição. Pessoas que não se desprenderam inteiramente do estágio do narcisismo, ou seja, que têm ali uma fixação que pode atuar como predisposição à doença, acham-se expostas ao perigo de que um grande fluxo de libido, não encontrando outro escoamento, submeta os seus instintos sociais à sexualização, fazendo assim recuar as sublimações conquistadas no curso do desenvolvimento. Pode conduzir a um resultado desses tudo o que produz uma corrente libidinal que retrocede ("regressão"), tanto um fortalecimento colateral graças à decepção com a mulher, um represamento direto devido a fracassos nas relações sociais com os homens — am-

III. SOBRE O MECANISMO DA PARANOIA

bos casos de "frustração" —, como também uma elevação geral da libido, muito forte para que pudesse achar saída pelos caminhos já abertos, e que por isso rompe a barragem nos pontos fracos da construção. Como vemos, em nossas análises, que os paranoicos *buscam defender-se de tal sexualização de seus investimentos instintuais sociais*, somos obrigados a supor que o ponto fraco de seu desenvolvimento deve estar no trecho entre autoerotismo, narcisismo e homossexualidade, que ali se acha a sua predisposição à doença, predisposição talvez suscetível de uma definição mais precisa. Teríamos de atribuir tal predisposição à *dementia praecox*, de Kraepelin, ou *esquizofrenia* (segundo Bleuler), e esperamos obter elementos que nos permitam fundamentar as diferenças quanto a forma e desenlace, entre as duas doenças, com as diferenças respectivas na fixação predisponente.

Se assim ousamos sustentar que o desejo-fantasia de *amar um homem* é o cerne do conflito na paranoia masculina, não podemos esquecer que a confirmação de uma hipótese tão relevante há de pressupor a investigação de grande número de todas as formas de paranoia. Devemos estar preparados, portanto, para eventualmente limitar nossa afirmação a um único tipo da doença. Mas não deixa de ser notável que as principais formas conhecidas da paranoia possam, todas elas, ser apresentadas como contradições à frase: "*Eu* (um homem) *amo ele* (um homem)", e que, de fato, esgotem todas as formulações possíveis da contradição.

A afirmação "Eu amo ele (um homem)" é contraria-da pelo

a) Delírio de perseguição, pois este proclama:

"Eu não o *amo* — eu o *odeio*." Essa contradição, que no inconsciente[65] não poderia ter outra expressão, não pode tornar-se consciente dessa forma no paranoico. O mecanismo da formação de sintoma da paranoia requer que a percepção interna, o sentimento, seja substituída por uma percepção externa. Assim, a frase: "Eu o odeio" se transforma, por projeção, nesta outra: "Ele *me odeia* (me persegue), o que então justifica que eu o odeie". O sentimento inconsciente impulsor aparece como dedução de uma percepção externa:

"Eu não o *amo* — eu o *odeio* — porque *e l e   m e   p e r s e g u e.*"

A observação não deixa dúvida de que o persegui-dor não é outro senão o que foi amado antes.

b) Outro elemento a que se recorre para a contradi-ção é a *erotomania*, que sem essa concepção permanece-ria ininteligível.

"Eu não o amo — eu amo a *ela*."

E a mesma compulsão a projetar imprime esta mu-dança na frase: "Eu noto que *ela* me ama".

"Eu não o amo — é a *ela* que eu amo — porque *e l a   m e   a m a.*"

Muitos casos de erotomania podem dar a impressão de serem fixações heterossexuais exageradas ou distor-cidas, sem algum outro fundamento, caso não se preste

---

65 Na "língua básica", como diria Schreber.

III. SOBRE O MECANISMO DA PARANOIA

atenção ao fato de que essas paixões não têm início com a percepção interna de amar, mas com aquela de ser amado, vinda do exterior. Nessa forma de paranoia a proposição intermediária, "Eu amo *ela*", pode também tornar-se consciente, porque sua contradição à primeira frase não é frontal, não é tão insuportável como aquela entre amar e odiar. É sempre possível amar a *ela*, além de a *ele*. Desse modo pode acontecer que a frase substituta alcançada por projeção, "*Ela me ama*", dê novamente lugar à proposição em "língua fundamental", "Eu amo *ela*".

c) Ainda um terceiro modo possível de contradição seria o delírio ciumento, de que podemos estudar formas características no homem e na mulher.

α) O delírio de ciúmes do alcoólatra. O papel do álcool nessa afecção é para nós compreensível em todo aspecto. Sabemos que essa bebida anula inibições e desfaz sublimações. Não é raro o homem ser impelido para o álcool por uma decepção com a mulher, o que significa, geralmente, que ele vai para a taberna e para a companhia dos homens, que lhe dão a satisfação emocional que lhe faltou em casa com a mulher. Se esses homens tornam-se objeto de um mais forte investimento libidinal em seu inconsciente, ele se defende disso mediante a terceira forma de contradição:

"Não sou *eu* que amo um homem — *ela o ama*", e desconfia da mulher em relação a todos os homens que esteve inclinado a amar.

A distorção através da projeção deixa de ocorrer aqui, pois, com a mudança do sujeito que ama, o processo é lançado para fora do Eu. Que a mulher ame os homens continua sendo algo da percepção externa; que o indivíduo não ame, mas odeie, que não ame esta, mas aquela pessoa, são fatos da percepção interna.

β) De modo inteiramente análogo produz-se a paranoia ciumenta na mulher.

"Não sou *eu* que amo as mulheres — *ele as ama*." A mulher ciumenta desconfia do marido em relação a todas as mulheres que a ela mesma agradam, em virtude do seu narcisismo exacerbado, predisponente, e de sua homossexualidade. A influência da época da vida em que sucedeu a fixação evidencia-se de modo claro na escolha dos objetos amorosos imputados ao marido; são, com frequência, pessoas velhas, inadequadas para um amor real, revivescências das babás, criadas, amigas de infância ou irmãs que eram suas concorrentes diretas.

Seria de crer que uma frase composta de três termos, como *"Eu o amo"*, permitisse somente três espécies de contradição. O delírio de ciúmes contradiz o sujeito, o delírio de perseguição contradiz o verbo, a erotomania, o objeto. No entanto, é realmente possível uma quarta espécie de contradição, a rejeição completa de toda a frase:

"Eu não amo absolutamente, não amo ninguém", e essa frase parece psicologicamente equivalente à seguinte, já que em algum lugar é preciso pôr sua libido: "Eu amo apenas a mim". Tal espécie de contradição nos proporciona o delírio de grandeza, que podemos apreender como uma *superestimação sexual do próprio Eu* e, as-

III. SOBRE O MECANISMO DA PARANOIA

sim, pôr ao lado da conhecida superestimação do objeto amoroso.[66]

Não é algo sem importância, para outros aspectos da teoria da paranoia, que se possa constatar um elemento de delírio de grandeza na maioria das outras formas de doença paranoide. É lícito supormos que o delírio de grandeza é, em todo caso, infantil, e que na sua evolução posterior é sacrificado à sociedade, assim como nenhuma outra influência o reprime de maneira tão intensa como uma paixão que se apodera fortemente do indivíduo:

Pois onde o amor desperta
morre o Eu, o sombrio déspota.[67]

Após essa discussão sobre a inesperada importância do desejo-fantasia homossexual na paranoia, voltemos aos dois fatores nos quais localizamos inicialmente o que é característico dessa forma de doença: o mecanismo da *formação de sintomas* e o da *repressão*.

De início não estamos autorizados a supor que esses dois mecanismos sejam idênticos, que a formação de sintomas proceda pela mesma via que a repressão, o mesmo caminho sendo percorrido em direções opostas. Semelhante identidade é também pouco pro-

---

66 *Três ensaios sobre a teoria da sexualidade*, 2ª ed., 1910, p. 18 [*Gesammelte Werke* v, pp. 49-50]. A mesma concepção e formulação acha-se em Abraham (op. cit.) e Maeder (op. cit.).
67 [*"Denn wo die Lieb' erwachet, stirbt/ das Ich, der finstere Despot."*] Jalal al-Din Rumi, traduzido por Rückert; citado por Kuhlenbeck, na introdução ao volume v das obras de Giordano Bruno.

vável; mas vamos nos abster de qualquer afirmativa antes da investigação.

Na formação de sintomas da paranoia é notável, antes de tudo, a característica que recebe o nome de projeção. Uma percepção interna é suprimida* e, em substituição, seu conteúdo vem à consciência, após sofrer certa deformação, como percepção de fora. Essa deformação consiste, no delírio persecutório, numa transformação do afeto; o que deveria ser sentido internamente como amor é percebido como ódio vindo do exterior. Estaríamos inclinados a ver neste singular processo a coisa mais significativa da paranoia e absolutamente patognomônico no que diz respeito a ela, se não nos lembrássemos, oportunamente, que 1) a projeção não tem o mesmo papel em todas as formas da paranoia, e que 2) ela não aparece somente na paranoia, mas também em outras condições da vida psíquica, e inclusive tem uma participação regular em nossa atitude para com o mundo externo. Quando não procuramos as causas primeiras de certas sensações em nós mesmos, como fazemos

---

* "Suprimida": *unterdrückt* — nas versões estrangeiras consultadas: *reprimida, sofocada, repressa, réduite au silence, suppressed, onderdrukt*. Há estudiosos de Freud que preferem "repressão" para *Unterdrückung* e "recalque" para *Verdrängung*, enquanto outros adotam "supressão" e "repressão", como aqui fizemos. Em *As palavras de Freud: o vocabulário freudiano e suas versões* (São Paulo: Companhia das Letras, nova ed. revista, 2010, capítulo sobre esse termo) procuramos mostrar que há argumentos para as duas opções e até mesmo para a não distinção entre *Unterdrückung* e *Verdrängung*, às vezes usados alternadamente por Freud.

III. SOBRE O MECANISMO DA PARANOIA

com outras, mas as situamos fora, também este processo normal recebe o nome de projeção. Assim advertidos de que o entendimento da projeção tem a ver com problemas psicológicos mais gerais, resolvemos guardar o estudo da projeção — e, com isso, o do mecanismo da formação paranoica — para outro contexto, e voltamo-nos para a questão de que ideia podemos fazer do mecanismo da repressão na paranoia. Já antecipo, para justificar nossa renúncia momentânea, que o modo do processo de repressão liga-se mais intimamente à história do desenvolvimento da libido e à predisposição que ela traz do que o modo da formação de sintoma.

Na psicanálise fazemos derivar os fenômenos patológicos da repressão, de maneira bastante geral. Se examinarmos atentamente o que chamamos de "repressão", encontraremos motivo para decompor o processo em três fases, que permitem uma boa distinção conceitual.

1. A primeira fase consiste na *fixação*, que precede e é condição para toda "repressão". O fato da fixação pode ser enunciado da seguinte forma: um instinto, ou parte de um instinto, não acompanha o desenvolvimento previsto como normal e, graças a essa inibição no desenvolvimento, permanece num estágio infantil. A corrente libidinal em questão se comporta, diante das formações psíquicas posteriores, como se fizesse parte do sistema do inconsciente, como reprimida. Já dissemos que em tais fixações dos instintos se acha a predisposição para a futura doença, e, podemos acrescentar, sobretudo a determinação para o desfecho da terceira fase da repressão.

2. A segunda fase da repressão é a repressão propriamente dita, que até agora focalizamos preferencialmente. Ela vem dos sistemas mais desenvolvidos do Eu, capazes de consciência, e pode ser descrita, na verdade, como uma "pós-pressão".* Dá impressão de algo essencialmente ativo, enquanto a fixação apresenta-se, de fato, como um passivo ficar para trás. Experimentam repressão os derivados psíquicos dos instintos que primariamente ficaram para trás, quando o seu fortalecimento acarreta o conflito entre eles e o Eu (ou os instintos sintonizados com o Eu), ou as tendências psíquicas contra as quais se ergue, por outros motivos, uma forte aversão. Mas essa aversão não teria por consequência a repressão, caso não se produzisse um nexo entre as tendências desagradáveis a serem reprimidas e aquelas já reprimidas. Os dois casos que aqui separamos podem, na realidade, ser menos claramente diferenciados, e distinguir-se apenas por uma contribuição maior ou menor dos instintos primariamente reprimidos.

3. A terceira fase, a mais importante no que toca os fenômenos patológicos, é a do fracasso da repressão, a da *irrupção*, do *retorno do reprimido*. Essa irrupção ocorre a partir do ponto de fixação e consiste numa regressão do desenvolvimento da libido até esse ponto.

* "Pós-pressão": *Nachdrängen*, termo cunhado por Freud — nas versões estrangeiras consultadas foi traduzido por: *impulso secundario, esfuerço de dar caça, post-rimoçione, repousser après-coup, after-pressure, nadringen*. Cf. "A repressão" (1915), onde ele também aparece.

III. SOBRE O MECANISMO DA PARANOIA

Já mencionamos a multiplicidade de fixações; são tantas quanto os estágios no desenvolvimento da libido. Devemos estar preparados para semelhante multiplicidade dos mecanismos da repressão propriamente dita e daqueles da irrupção (ou da formação de sintomas), e já agora talvez possamos conjecturar que não será possível ligar todas essas multiplicidades apenas ao desenvolvimento da libido.

É fácil perceber que com essa discussão tangenciamos o problema da escolha da neurose, que, porém, não pode ser atacado sem trabalhos preliminares de outra espécie. Lembremo-nos que já abordamos a fixação, deixando para depois a formação de sintomas, e limitemo-nos a averiguar se a análise do caso Schreber fornece alguma indicação quanto ao mecanismo de repressão (propriamente dita) vigente na paranoia.

No auge da doença formou-se em Schreber, sob influência de visões "em parte de natureza terrificante, e em parte de uma grandiosidade indescritível" (p. 73), a convicção de que haveria uma grande catástrofe, um fim de mundo. Vozes lhe diziam que estava perdida a obra de um passado de 14 mil anos (p. 71), que a Terra duraria apenas mais 212 anos; e na última parte de sua estadia na clínica de Flechsig ele achava que esse período já havia terminado. Ele próprio era "o único ser humano verdadeiro que ainda restava", e as poucas figuras humanas que ele ainda via, o médico, os enfermeiros e pacientes, afirmava serem "homens feitos às pressas, produzidos por milagre". De vez em quando a corrente oposta abria caminho; foi-lhe mostrada uma folha de jornal com a no-

OBSERVAÇÕES PSICANALÍTICAS SOBRE UM CASO DE PARANOIA

tícia de sua própria morte (p. 81), ele mesmo existira numa forma inferior, e nela expirara suavemente (p. 73). Mas a configuração de delírio que mantinha o Eu e sacrificava o mundo revelou-se de longe a mais forte. Sobre as causas dessa catástrofe ele imaginou coisas diversas; ora pensava numa glaciação devida a um retraimento do Sol, ora numa destruição por terremotos, em que, como "vidente", ele tinha um papel fundamental, semelhante ao que um outro vidente teria tido no terremoto de Lisboa, em 1755 (p. 91). Ou então Flechsig era o culpado, tendo espalhado medo e horror entre os homens com suas artes mágicas, tendo destruído as bases da religião e causado a disseminação de um nervosismo e uma imoralidade gerais, em consequência da qual pestes devastadoras se abateram sobre os homens (p. 91). De todo modo, o fim do mundo era consequência do conflito que irrompera entre ele e Flechsig, ou, segundo a etiologia adotada na segunda fase do delírio, da ligação indissolúvel que se formara entre ele e Deus, ou seja, o resultado necessário de sua doença. Anos depois, quando o dr. Schreber voltou à sociedade e não pôde descobrir, nos livros, partituras musicais e outros objetos que lhe retornavam às mãos, nada compatível com a hipótese de um *grande abismo temporal* na história da humanidade, admitiu que sua concepção não mais se sustentava: "[...] não posso deixar de reconhecer que *do ponto de vista externo* tudo permaneceu como antes. Mais adiante se discutirá se *no entanto não se verificou uma profunda modificação interna*" (p. 85). Ele não podia duvidar que o mundo acabara durante a sua doença, e o que via então já não era o mesmo mundo!

III. SOBRE O MECANISMO DA PARANOIA

Em outras histórias clínicas também não é rara uma catástrofe mundial assim, durante o tumultuoso estágio da paranoia.[68] Com base em nossa concepção de investimento libidinal, e guiando-nos pelo julgamento das outras pessoas como "homens feitos às pressas", não nos será difícil a explicação dessas catástrofes.[69] O doente retirou das pessoas de seu ambiente e do mundo exterior o investimento libidinal que até então lhes dirigira; com isso, tudo para ele tornou-se indiferente e sem relação, e tem de ser explicado, numa racionalização secundária, como "produzido por milagre, feito às pressas". O fim do mundo é a projeção dessa catástrofe interior; seu mundo subjetivo acabou, depois que retirou dele o seu amor.[70]

Após a maldição com que Fausto se desliga do mundo, o Coro dos Espíritos canta:

Ai!
Com punho poderoso
Destruíste

---

68 Uma espécie de "fim do mundo" com motivação diferente ocorre no auge do êxtase amoroso (*Tristão e Isolda*, de Wagner); neste não é o Eu, mas o objeto único que absorve todos os investimentos oferecidos ao mundo exterior.

69 Cf. Abraham, "Die psychosexuellen Differenzen der Hysterie und der *dementia praecox*", *Zentralblatt für Nervenheilkunde und Psychiatrie*, 1908; C. G. Jung, *Über die Psychologie der dementia praecox*, 1907. O breve estudo de Abraham contém quase todos os pontos de vista essenciais deste trabalho sobre o caso Schreber.

70 Talvez não apenas o investimento libidinal, mas o interesse em geral, isto é, também os investimentos que procedem do Eu. Ver mais adiante a discussão desse problema.

OBSERVAÇÕES PSICANALÍTICAS SOBRE UM CASO DE PARANOIA

O mundo belo;
Ele cai, desmorona
Um semideus o destroçou!
[...]
Mais poderoso
Dos filhos da Terra.
Mais esplêndido
Constrói-o de novo,
Em teu seio reconstrói-o! [71]

E o paranoico o reconstrói, não mais esplêndido, é certo, mas ao menos de forma a nele poder viver. Ele o constrói mediante o trabalho de seu delírio. *O que consideramos produto da doença, a formação delirante, é na realidade tentativa de cura, reconstrução.* Após a catástrofe, a reconstrução tem sucesso maior ou menor, nunca total; nas palavras de Schreber, "uma profunda modificação interna" verificou-se no mundo. Mas o sujeito readquiriu uma relação com as pessoas e coisas do mundo, com frequência muito intensa, ainda que possa ser hostil, quando era antes afetuosa. Diremos, então, que o processo de repressão consiste num desprender-se da libido em relação a pessoas — e coisas — antes amadas. Ele se realiza em silêncio; não temos notícia dele, somos obrigados a inferi-lo dos eventos consecutivos. O que

---

71 [*"Weh! Weh!/ du hast sie zerstört,/ die schöne Welt,/ mit mächtiger Faust;/ sie stürzt, sie zerfällt!/ Ein Halbgott hat sie zerschlagen! (...) Mächtiger/ der Erdensöhne,/ Prächtiger/ baue sie wieder,/ in deinem Busen baue sie auf!"*] Goethe, *Fausto* I, versos 1607-21 (cena 4).

III. SOBRE O MECANISMO DA PARANOIA

se faz notar flagrantemente, para nós, é o processo de cura, que desfaz a repressão e reconduz a libido às pessoas por ela abandonadas. Ele se realiza, na paranoia, pela via da projeção. Não foi correto dizer que a sensação interiormente suprimida é projetada para fora; vemos, isto sim, que aquilo interiormente cancelado retorna a partir de fora. A investigação minuciosa do processo de repressão, que adiamos para outra oportunidade, nos trará certeza quanto a isso.

Mas agora não deixaremos de estar satisfeitos pelo fato de a compreensão recém-adquirida nos levar a uma série de novas discussões.

1. A primeira nos diz que um desprendimento da libido pode não ocorrer exclusivamente na paranoia, nem ter consequências tão desastrosas ali onde ocorrer mais. É bem possível que o desprendimento da libido seja o mecanismo essencial e regular de toda repressão; nada saberemos a respeito, enquanto outras enfermidades da repressão não forem submetidas a investigação análoga. É certo que na vida psíquica normal (e não só no luto) realizamos constantemente esses desprendimentos da libido em relação a pessoas ou outros objetos, sem adoecer por isso. Quando Fausto se desliga do mundo com aquelas maldições, disso não resulta uma paranoia ou alguma neurose, mas um estado de ânimo especial. Portanto, em si o desprendimento da libido não pode ser o fator psicogênico na paranoia, faz-se necessária uma característica especial que distinga a retração paranoica da libido de outras espécies do mesmo acontecimento. Não

é difícil sugerir qual pode ser essa característica. Que emprego se faz da libido liberada mediante esse desprendimento? Normalmente buscamos de imediato um substituto para a conexão anulada; até esse substituto ser encontrado, mantemos a libido livre flutuando na psique, onde ela produz tensões e influi no ânimo; na histeria o montante de libido liberado se transforma em inervações somáticas ou em angústia. Na paranoia, no entanto, há indícios clínicos de que a libido retirada ao objeto recebe um emprego especial. Lembramos que a maioria dos casos de paranoia exibe algum delírio de grandeza, e que o delírio de grandeza por si só pode constituir uma paranoia. Disso inferimos que na paranoia a libido liberada se volta para o Eu, é utilizada para o engrandecimento do Eu. Com isso atinge-se novamente o estágio do narcisismo, conhecido no desenvolvimento da libido, no qual o próprio Eu era o único objeto sexual. Por causa desse testemunho clínico supomos que os paranoicos trazem uma *fixação no narcisismo*, e dizemos que *o recuo da homossexualidade sublimada ao narcisismo* indica o montante da *regressão* característica da paranoia.

2. Na história clínica de Schreber (como em muitas outras) pode se apoiar a objeção, igualmente plausível, de que o delírio de perseguição (ante Flechsig) surge nitidamente mais cedo do que a fantasia do fim do mundo, de maneira que o suposto retorno do reprimido precederia a repressão mesma, o que é obviamente um contrassenso. Devido a essa objeção temos que descer da consideração mais geral à apreciação das circunstâncias reais, certamente muito mais complicadas. Deve-

III. SOBRE O MECANISMO DA PARANOIA

mos admitir a possibilidade de que tal desprendimento da libido seja tanto parcial, um retraimento de um complexo particular, como geral. O parcial seria muito mais frequente, e aquele que introduziria o geral, já que em princípio é motivado apenas pelas influências da vida. Então pode ser que tudo fique no desprendimento parcial, ou que este venha a se tornar um geral, que se manifeste claramente no delírio de grandeza. No caso de Schreber, o desprendimento da libido em relação à pessoa de Flechsig pode ter sido aquele primário; a ele segue-se logo o delírio, que conduz novamente a libido para Flechsig (com sinal negativo, como marca da repressão havida), anulando assim o trabalho da repressão. O combate da repressão desencadeia-se de novo, mas dessa vez recorre a meios mais fortes; à medida que o objeto de litígio se torna o mais importante do mundo exterior, e de um lado quer atrair toda a libido para si, de outro lado mobiliza todas as resistências contra si, a luta pelo objeto vem a ser comparável a uma batalha geral, no decurso da qual a vitória da repressão manifesta-se na convicção de que o mundo acabou e restou apenas o Eu. Olhando as engenhosas construções que o delírio de Schreber ergueu em terreno religioso (a hierarquia de Deus — as almas provadas — os vestíbulos do céu — o Deus inferior e o superior), pode-se medir retrospectivamente a riqueza de sublimações que foi destruída na catástrofe do desprendimento geral da libido.

3. Uma terceira reflexão, nascida no terreno das concepções aqui desenvolvidas, coloca a seguinte questão: devemos tomar o desprendimento geral da libido em re-

OBSERVAÇÕES PSICANALÍTICAS SOBRE UM CASO DE PARANOIA

lação ao mundo externo como suficientemente eficaz, para com ele explicar o "fim do mundo", ou nesse caso não deveriam bastar os investimentos do Eu* conservados, para manter o vínculo com o mundo externo? Seria preciso, então, ou fazer coincidir o que chamamos investimento libidinal (interesse de fontes eróticas) com o interesse em geral, ou considerar a possibilidade de que um amplo distúrbio na alocação da libido também possa induzir um distúrbio correspondente nos investimentos do Eu. Mas para a solução desses problemas ainda nos sentimos canhestros e desamparados. Seria diferente se pudéssemos nos basear numa sólida teoria dos instintos. Mas não dispomos de algo assim, na verdade. Percebemos o instinto como o conceito-limite entre o somático e o psíquico, nele vemos o representante psíquico de poderes orgânicos, e aceitamos a distinção popular entre instintos do Eu e instinto sexual, que nos parece condizer com a dupla posição biológica do ser individual, que aspira tanto à sua própria conservação como à da espécie. Mas tudo o mais são construções, que erguemos e que de bom grado abandonamos, a fim de nos orientarmos no emaranhado de obscuros processos psíquicos, e das investigações psicanalíticas de pro-

---

* "Investimentos do Eu": *Ichbesetzungen*. Em português e em alemão — e também em inglês, como registra Strachey — essa expressão é ambígua: pode significar tanto investimentos feitos no Eu como pelo Eu. No contexto se depreende que ela tem o segundo significado. Além disso, Freud explicita o complemento quando a usa no primeiro sentido: "investimento do Eu com libido" (*"Ichbesetzung mit Libido"*) lê-se na "Introdução ao narcisismo" (1914).

III. SOBRE O MECANISMO DA PARANOIA

cessos psíquicos patológicos esperamos justamente que nos obriguem a certas decisões nas questões da teoria dos instintos. Devido ao caráter recente e isolado dessas investigações, tal expectativa não pode ainda encontrar satisfação. Não podemos afastar a possibilidade de que distúrbios da libido reajam sobre os investimentos do Eu, nem tampouco o inverso, que alterações anormais no Eu ocasionem distúrbio secundário ou induzido nos processos libidinais. É mesmo provável que processos desse gênero constituam o caráter diferenciador da psicose. O quanto disso se aplica à paranoia não é possível dizer atualmente. Eu gostaria de enfatizar um único ponto. Não se pode afirmar que o paranoico retirou completamente o seu interesse do mundo externo, mesmo no auge da repressão, como há que se dizer de algumas outras formas de psicose alucinatória (como a *amentia*, de Meynert). Ele percebe o mundo externo, cogita razões para as mudanças, é incitado a elaborar explicações (os "homens feitos à pressas") pela impressão que dele recebe, e por isso acho bem mais provável que sua relação alterada com o mundo se explique apenas ou sobretudo pelo fim do interesse libidinal.

4. Dados os estreitos vínculos da paranoia com a *dementia praecox*, não se pode fugir à questão de como uma tal concepção da primeira doença deve influir sobre a concepção da segunda. Considero bem justificado o passo de Kraepelin, de juntar grande parte do que antes se chamava paranoia com a catatonia e outras formas, numa nova unidade — para a qual a denominação *dementia praecox*, porém, foi uma escolha inadequada.

OBSERVAÇÕES PSICANALÍTICAS SOBRE UM CASO DE PARANOIA

Também à designação do mesmo grupo de formas como *esquizofrenia*, feita por Bleuler, seria de objetar que o nome parece aplicável apenas quando esquecemos do seu significado literal.* Mas ele prejulga excessivamente, utilizando uma característica postulada teoricamente para a denominação, e ademais uma característica que não pertence somente a essa enfermidade, nem pode ser tida como essencial à luz de outras concepções. Mas, tudo somado, não importa muito como se denomina um quadro clínico. Mais essencial, a meu ver, é que se mantenha a paranoia como tipo clínico autônomo, ainda que seu quadro frequentemente seja complicado por traços esquizofrênicos, pois do ponto de vista da teoria da libido ela se diferenciaria da *dementia praecox* por uma outra localização da fixação predisponente e um outro mecanismo do retorno [do reprimido] (formação de sintomas), tendo em comum com ela a característica principal da repressão propriamente dita, o desprendimento libidinal com regressão ao Eu. Penso que o mais adequado seria dar à *dementia praecox* o nome de *parafrenia*, que, de conteúdo em si indeterminado, exprime suas relações com a paranoia (cuja denominação não muda) e também recorda a hebefrenia, que se inclui na *dementia praecox*. Não seria relevante que esse nome já tenha sido proposto para outras coisas, pois essas outras utilizações não se impuseram.

Abraham mostrou convincentemente (op. cit.) que a característica do afastamento da libido do mundo exter-

---

* "Alma cindida".

III. SOBRE O MECANISMO DA PARANOIA

no é muito clara na *dementia praecox*. Dessa característica inferimos a repressão por desprendimento da libido. Também vemos a fase das alucinações turbulentas como uma fase de luta entre a repressão e uma tentativa de cura que pretende conduzir a libido novamente a seus objetos. Com extraordinária agudeza analítica, Jung percebeu nos delírios e estereotipias motoras da doença os restos de antigos investimentos objetais, obstinadamente retidos. Mas essa tentativa de cura, que para um observador é a própria doença, não recorre à projeção, como na paranoia, mas ao mecanismo alucinatório (histérico). Eis uma das grandes diferenças em relação à paranoia; ela é passível de explicação genética, por outro lado. O desfecho da *dementia praecox*, quando a afecção não permanece muito parcial, constitui a segunda diferença. Esse desenlace é, em geral, menos favorável do que o da paranoia; a vitória não cabe à reconstrução, como nesta, mas à repressão. A regressão vai não apenas até o narcisismo, que se manifesta em delírio de grandeza, mas até o pleno abandono do amor objetal e retorno ao autoerotismo infantil. De modo que a fixação predisponente deve situar-se antes daquela da paranoia, deve estar no começo do desenvolvimento que vai do autoerotismo ao amor objetal. Além disso, de maneira nenhuma é provável que os impulsos homossexuais, encontrados frequentemente — talvez invariavelmente — na paranoia, tenham papel da mesma importância na etiologia da *dementia praecox*, que é muito mais abrangente.

Nossas hipóteses sobre as fixações predisponentes na paranoia e na parafrenia tornam compreensível que um

OBSERVAÇÕES PSICANALÍTICAS SOBRE UM CASO DE PARANOIA

caso tenha início com sintomas paranoicos e se transforme em demência, que manifestações paranoides e esquizofrênicas se combinem em qualquer proporção, que apareça um quadro clínico como o de Schreber, que merece o nome de uma demência paranoide, apresentando caráter parafrênico pelo surgimento de fantasia--desejo e alucinações, e caráter paranoide pelo ensejo imediato, o mecanismo de projeção e o desenlace. Pois várias fixações podem ter sido deixadas para trás no desenvolvimento, permitindo, uma após a outra, a irrupção da libido afastada, primeiramente a adquirida depois e, no curso posterior da doença, a original, mais próxima do ponto de partida. Bem gostaríamos de saber a que condições se deve a solução relativamente favorável desse caso, pois relutamos em atribuí-la somente a algo tão casual como a "melhora por mudança de local", que sobreveio com a saída da instituição de Flechsig.[72] Mas as lacunas em nosso conhecimento das circunstâncias íntimas desse caso tornam impossível dar uma resposta a essa interessante pergunta. Pode-se fazer a conjectura de que o matiz essencialmente positivo do complexo paterno, a relação provavelmente tranquila com um pai excelente nos últimos anos, possibilitou a reconciliação com a fantasia homossexual e, assim, um desenlace semelhante à cura.

72 Cf. Riklin, "Über Versetzungsbesserungen" [Sobre melhoras por mudança de local], *Psychiatrisch-neurologische Wochenschrift*, 1905, n. 16-8.

III. SOBRE O MECANISMO DA PARANOIA

Como não receio a crítica e não fujo à autocrítica, não tenho motivo para evitar a menção de uma analogia que, no julgamento de muitos leitores, pode ser prejudicial à nossa teoria da libido. Os "raios divinos" de Schreber, feitos de uma condensação de raios solares, fibras nervosas e espermatozoides, não são outra coisa senão os investimentos libidinais concretamente representados e projetados para fora, e conferem ao seu delírio uma espantosa concordância com nossa teoria. A crença de que o mundo vai acabar, porque o Eu do paciente atrai para si todos os raios, sua angustiosa preocupação depois, durante o processo de reconstrução, de que Deus possa interromper a conexão de raios com ele, essas e outras particularidades da formação delirante de Schreber soam quase como percepções endopsíquicas dos processos cuja existência supus, neste trabalho, como fundamento para uma compreensão da paranoia. Mas posso invocar o testemunho de um colega especialista, de que desenvolvi a teoria da paranoia antes de conhecer o teor do livro de Schreber. O futuro decidirá se na teoria há mais delírio do que eu penso, ou se no delírio há mais verdade do que outros atualmente acreditam.

Por fim, não quero encerrar este estudo, que mais uma vez é apenas parte de um contexto maior, sem lembrar as duas teses principais que a teoria libidinal das neuroses e psicoses aspira demonstrar: que as neuroses resultam essencialmente do conflito do Eu com o instinto sexual, e que suas formas guardam as marcas da história do desenvolvimento da libido — e do Eu.

OBSERVAÇÕES PSICANALÍTICAS SOBRE UM CASO DE PARANOIA

PÓS-ESCRITO

Tratando do caso clínico do juiz-presidente Schreber, ofereci deliberadamente o mínimo de interpretação, e confio em que todo leitor instruído na psicanálise apreenda mais do material transmitido do que o que é dito expressamente; que não lhe seja difícil juntar mais estreitamente os fios e chegar a conclusões que eu apenas insinuo. Um acaso feliz, que dirigiu a atenção de outros autores do mesmo volume* para a autobiografia de Schreber, permite imaginar também o quanto se pode ainda extrair do teor simbólico das fantasias e ideias delirantes desse inteligente paranoico.[73]

Desde a publicação do estudo sobre Schreber, um acréscimo fortuito em meus conhecimentos deixa-me agora em condição de apreciar melhor uma de suas afirmações delirantes e perceber como ela se relaciona ricamente à *mitologia*. À página 71 eu menciono o vínculo especial que tem o doente com o Sol, caracterizando este como um "símbolo paterno" sublimado. O Sol lhe fala em linguagem humana, dando-se a conhecer como um ser animado. Ele costuma xingar o Sol, gritando-

* Freud se refere ao volume da publicação em que saiu originalmente o trabalho.
73 Cf. C. G. Jung, "Wandlungen und Symbole der Libido" [Transformações e símbolos da libido], em S. Reinach, *Cultes, mythes et religions*, t. III, [Paris,] 1908, pp. 164 e 207; S. Spielrein, "Über den psychischen Inhalt eines Falles von Schizophrenie" [Sobre o conteúdo psíquico de um caso de esquizofrenia], em Reinach, op. cit., p. 350.

POS-ESCRITO

-lhe ameaças. Assegura também que os seus raios empalidecem, quando fala em voz alta na sua direção. Após sua "cura" ele se gaba de poder olhar tranquilamente para o Sol e ficar apenas um pouco ofuscado, o que naturalmente não era possível antes (nota à página 139 do livro de Schreber).

É a esse delirante privilégio, poder olhar o Sol sem ofuscar a vista, que se relaciona o interesse mitológico. Lemos em S. Reinach[74] que os naturalistas da Antiguidade atribuíam essa capacidade apenas às águias, que, habitando as altas regiões do ar, vieram a ter íntima ligação com o céu, o Sol e o relâmpago.[75] As mesmas fontes também dizem que a águia submete seus filhotes a uma prova, antes de reconhecê-los como legítimos. Quando eles não conseguem olhar para o Sol sem piscar, são jogados para fora do ninho.

Não pode haver dúvidas quanto ao significado desse mito animal. Certamente se atribui aos animais o que é costume sagrado entre os homens. O que a águia realiza com seus filhotes é um *ordálio*, uma prova de descendência, tal como nos relatos sobre povos diversos dos tempos antigos. Os celtas que habitavam as margens do Reno confiavam seus recém-nascidos às águas do rio, para verificar se eram realmente de seu sangue. Na região da Trípoli de hoje, a tribo dos psilos, que se jactava de descender de cobras, expunha seus filhos ao contato

---

74 *Cultes, mythes et religions*, op. cit., p. 80 (citando Keller, *Tiere des Altertums* [Animais da Antiguidade]).

75 Nos lugares mais altos dos templos eram postas imagens de águias, como para-raios "mágicos" (Reinach, op. cit.).

OBSERVAÇÕES PSICANALÍTICAS SOBRE UM CASO DE PARANOIA

das cobras; os legítimos rebentos da tribo não eram picados ou logo se recuperavam das consequências da picada.[76] A premissa de todas essas provas nos leva ao interior do pensamento *totêmico* dos povos primitivos. O totem — o animal ou força natural apreendida de forma animista, de que a tribo crê descender — poupa os membros da tribo como sendo seus filhos, tal como ele próprio é adorado e eventualmente poupado por eles, como pai da tribo. Nisso chegamos a coisas que me parecem destinadas a possibilitar uma compreensão psicanalítica das origens da religião.

A águia, que faz seus filhotes olharem o Sol e exige que não sejam ofuscados pela luz, age como um descendente do Sol que submete os filhos à prova da linhagem. E, quando Schreber se gaba de poder olhar impunemente e sem ofuscamento para o Sol, ele reencontra a expressão mitológica para seu vínculo com o Sol, confirma a percepção que temos de seu Sol como símbolo do pai. Se lembrarmos que, na sua doença, Schreber exprime livremente o seu orgulho familiar ("Os Schreber pertencem à mais alta nobreza celeste"),[77] e que vimos na falta de filhos um motivo humano para ele adoecer com uma fantasia-desejo feminina, ficará bastante claro o nexo entre o seu delirante privilégio e os fundamentos da sua doença.

Este breve suplemento à análise de um paranoico talvez demonstre como é justificada a afirmativa de Jung,

76 Ver referências em Reinach, op. cit., t. III e t. I, p. 74.
77 *Memórias*, p. 24. "*Adel*" [nobreza] faz parte da "*Adler*" [águia].

POS-ESCRITO

de que as forças produtoras de mitos da humanidade não estão exauridas, mas nos dias de hoje ainda geram, nas neuroses, os mesmos produtos psíquicos que nos tempos mais remotos. Quero retomar uma sugestão que fiz no passado,[78] dizendo que o mesmo vale para as forças criadoras de religiões. E acho que logo será o momento de ampliar uma tese que nós, psicanalistas, enunciamos há muito tempo, de juntar ao seu conteúdo individual, ontogeneticamente compreendido, a complementação antropológica, a ser apreendida filogeneticamente. Dissemos que no sonho e na neurose encontramos de novo a criança, com as peculiaridades de seu modo de pensar e de sua vida afetiva. E acrescentaremos: também o homem *selvagem*, o *primitivo*, tal como ele nos aparece à luz da arqueologia e da etnologia.

78 "Atos obsessivos e práticas religiosas" (1907).

FORMULAÇÕES SOBRE OS DOIS PRINCÍPIOS DO FUNCIONAMENTO PSÍQUICO (1911)

TÍTULO ORIGINAL: "FORMULIERUNGEN ÜBER DIE ZWEI PRINZIPIEN DES PSYCHISCHEN GESCHEHENS". PUBLICADO PRIMEIRAMENTE EM: *JAHRBUCH FÜR PSYCHOANALYTISCHE UND PSYCHOPATHOLOGISCHE FORSCHUNGEN* [ANUÁRIO DE PESQUISAS PSICANALÍTICAS E PSICOPATOLÓGICAS], V. 3, N. 1, PP. 1-8. TRADUZIDO DE: *GESAMMELTE WERKE* VIII, PP. 229-38; TAMBÉM SE ACHA EM *STUDIENAUSGABE* III, PP. 13-24. ESTA TRADUÇÃO FOI PUBLICADA ORIGINALMENTE NO *JORNAL DE PSICANÁLISE*, SOCIEDADE BRASILEIRA DE PSICANÁLISE DE SÃO PAULO, V. 27, N. 51, 1994; NA PRESENTE EDIÇÃO O TEXTO FOI REVISADO, ALGUMAS NOTAS DO TRADUTOR FORAM OMITIDAS E OUTRAS FORAM MODIFICADAS.

FORMULAÇÕES SOBRE OS DOIS PRINCÍPIOS DO FUNCIONAMENTO PSÍQUICO

Há algum tempo notamos que toda neurose tem a consequência, e provavelmente a tendência,* portanto, de retirar o doente da vida real, de afastá-lo da realidade. Um fato como esse não poderia escapar tampouco à observação de Pierre Janet; ele falou de uma perda "*de la fonction du réel*" [da função do real] como característica especial dos neuróticos, mas sem desvelar o nexo dessa perturbação com as condições básicas da neurose.[1]

Ao introduzir o processo de repressão na gênese das neuroses pudemos discernir esse nexo. Os neuróticos dão as costas à realidade por considerá-la — no todo ou em parte — insuportável. O tipo mais extremo desse afastamento da realidade aparece em alguns casos de psicose alucinatória, nos quais se procura negar o acontecimento que provocou a loucura (Griesinger). Mas, na verdade, todo neurótico faz o mesmo com algum fragmento da realidade.[2] E assim nos defrontamos com a tarefa de investi-

---

* "Tendência": *Tendenz*, no original; na *Standard* inglesa (trad. James Strachey. *Standard edition*. Londres: Hogarth Press, 1958) se acha *purpose*, "propósito", o que nos parece questionável. A versão espanhola tradicional, de Lopez-Ballesteros (*Obras completas*. Madri: Biblioteca Nueva, 3ª ed., 1973), omite o trecho que inclui a palavra: "e provavelmente a tendência, portanto"; a omissão de palavras e de passagens inteiras é, infelizmente, algo comum nessa versão espanhola.

1 P. Janet, *Les névroses*, [Paris,] 1909, Bibliothèque de Philosophie Scientifique.

2 Otto Rank apontou recentemente, numa passagem de Schopenhauer, uma intuição notavelmente clara dessa relação causal (*O mundo como vontade e representação*, v. 2 [cap. 32]. Ver *Zentralblatt für Psychoanalyse*, caderno 1/2, 1910 [Freud se refere aqui a uma contribuição de Rank, publicada nesse número da *Zentralblatt*, intitulada

FORMULAÇÕES SOBRE OS DOIS PRINCÍPIOS DO FUNCIONAMENTO PSÍQUICO

gar, em seu desenvolvimento, a relação do neurótico e do próprio ser humano com a realidade, desse modo admitindo, no corpo de nossas teorias,[*] a significação psicológica do mundo externo real.

Na psicologia baseada na psicanálise, habituamo-nos a tomar como ponto de partida os processos anímicos[**]

"Schopenhauer über den Wahnsinn" (Schopenhauer sobre a loucura). Na frase anterior ele menciona Wilhelm Griesinger, 1817-1868, psiquiatra berlinense que já havia considerado a realização de desejos um traço característico das psicoses e dos sonhos].

[*] "No corpo de nossas teorias": *in das Gefüge unserer Lehren*. A palavra *Gefüge* pede um comentário, pois sua semântica é mais sutil que a do termo português que empregamos: ela designa os encaixes de uma construção, as junções de um sistema, em sentido concreto ou figurado. Das traduções consultadas, duas também utilizaram "corpo": a antiga espanhola (op. cit.) e a francesa (Anne Berman, em *La technique psychanalytique*. Paris: PUF, 5ª ed, 1975). A nova tradução castelhana (José L. Etcheverry, em *Obras completas*. Buenos Aires: Amorrortu, 4ª reimpressão da 2ª ed., 1993), que sempre busca a literalidade, usa *ensambladura*; a inglesa, *structure*. Esse último é um termo que Strachey usa com frequência para verter palavras diversas, o que, de acordo com alguns críticos, seria indicativo de uma tendência a interpretar a teoria freudiana de modo mais esquemático do que o permitido pelo original alemão.

[**] "Processos anímicos": *seelische Vorgänge*. Também se poderia dizer "psíquicos", pois não parece haver diferença no uso que Freud faz de *psychisch* e *seelisch*. Como se sabe, Bruno Bettelheim usou a palavra "alma" como pedra de toque em sua crítica da edição *Standard* inglesa (*Freud e a alma humana*. São Paulo: Cultrix, 1984), distinguindo na versão de *Seele* por *mind* um desvirtuamento da concepção freudiana. Alguns anos depois, Jean Laplanche (em *Traduzir Freud*. São Paulo: Martins Fontes, 1992) diferenciou resolutamente o psíquico do anímico. Uma refutação desses dois autores, nessa questão específica, pode ser lida em Paulo César de Souza, *As palavras de Freud: o vocabulário freudiano e suas versões*. São Paulo: Companhia das Letras, nova ed. revista, 2010, capítulo sobre a gênese da nova edição francesa.

FORMULAÇÕES SOBRE OS DOIS PRINCÍPIOS DO FUNCIONAMENTO PSÍQUICO

inconscientes, cujas peculiaridades nos são conhecidas através da análise. Nós os vemos como os mais antigos, como primários, vestígios de uma fase de desenvolvimento em que constituíam a única espécie de processos anímicos. É fácil distinguir a tendência principal a que estes processos primários obedecem; ela é designada como princípio do prazer-desprazer (ou, mais sinteticamente, princípio do prazer). Tais processos se empenham em ganhar prazer; daqueles atos que podem suscitar desprazer a atividade psíquica se retira (repressão). Nossos sonhos noturnos, nossa tendência, quando acordados, de fugir às impressões penosas, são resíduos da dominação desse princípio e provas de seu poder.

Retomo linhas de pensamento que desenvolvi num outro lugar (na seção geral da *Interpretação dos sonhos*), ao supor que o estado de repouso psíquico foi inicialmente perturbado pelas exigências imperiosas das necessidades internas. Nesse caso, o pensado (desejado) foi simplesmente colocado de modo alucinatório, tal como ainda hoje acontece a cada noite com nossos pensamentos oníricos.[3] Apenas a ausência da satisfação esperada, a decepção, levou a que se abandonasse a tentativa de satisfação por meio alucinatório. Em vez disso, o aparelho psíquico teve que se decidir a formar uma ideia das reais cir-

---

3 O estado de sono pode oferecer a imagem fiel da vida psíquica antes do reconhecimento da realidade, pois tem como pressuposto a negação intencional da realidade (o desejo de dormir).

cunstâncias do mundo exterior e se empenhar em sua real transformação. Com isso foi introduzido um novo princípio de atividade psíquica; já não se imaginava o que era agradável, mas sim o que era real, ainda que fosse desagradável.[4] Esse estabelecimento do princípio da realidade resultou ser um passo de enormes consequências.

4 Tentarei complementar essa exposição esquemática com alguns detalhes. Com razão se objetará que tal organização, que se abandona ao princípio do prazer e negligencia a realidade do mundo externo, não poderia se manter viva por um tempo mínimo, de modo que nem sequer chegaria a nascer. O emprego de uma ficção como essa se justifica, porém, pela observação de que o bebê, se considerarmos igualmente o cuidado materno, quase que realiza um sistema psíquico desse tipo. Ele provavelmente alucina o atendimento de suas necessidades internas, revela seu desprazer com o estímulo crescente e a ausência de satisfação, através da descarga motora dos gritos e do esperneio, e então experimenta a satisfação alucinada. Mais tarde, quando criança, aprende a utilizar essas manifestações de descarga intencionalmente, como meios de expressão. Como o trato dos bebês é o modelo do posterior cuidado das crianças, o domínio do princípio do prazer só pode realmente acabar quando há o completo desligamento psíquico dos pais. Um bom exemplo de sistema psíquico isolado dos estímulos do mundo externo, capaz de satisfazer autisticamente (usando um termo de Bleuler) suas necessidades de alimentação, é oferecido pelo ovo de pássaro que tem a provisão de alimento contida na casca, e para o qual o cuidado materno se limita ao fornecimento de calor. Não verei como retificação, mas como desenvolvimento do esquema em questão, se forem exigidos, para um sistema que vive de acordo com o princípio do prazer, dispositivos mediante os quais ele possa furtar-se aos estímulos da realidade. Esses dispositivos são apenas o correlato da "repressão", que trata estímulos internos de desprazer como se fossem externos, ou seja, coloca-os no mundo exterior.

FORMULAÇÕES SOBRE OS DOIS PRINCÍPIOS DO FUNCIONAMENTO PSÍQUICO

1. Primeiro as novas exigências tornaram necessária uma série de adaptações do aparelho psíquico, que, devido à nossa compreensão insegura ou insuficiente, podemos expor apenas por alto.

A maior significação da realidade externa elevou também a significação dos órgãos dos sentidos voltados para o mundo externo e da *consciência* a eles vinculada, que além das qualidades de prazer e desprazer, as únicas que até então lhe interessavam, começou a apreender também as qualidades sensoriais. Foi estabelecida uma função especial que devia examinar periodicamente o mundo exterior, para que seus dados já fossem conhecidos quando surgisse uma necessidade interior inadiável — a *atenção*. Esta atividade vai ao encontro das impressões dos sentidos, em vez de aguardar seu aparecimento. É provável que ao mesmo tempo fosse instituído um sistema de *registro*, cuja tarefa seria guardar os resultados dessa periódica atividade da consciência, uma parte do que chamamos *memória*.

No lugar da repressão, que excluía do investimento uma parte das ideias emergentes, por gerarem desprazer, colocou-se o juízo imparcial, que deveria resolver se uma determinada ideia era verdadeira ou falsa, isto é, se concordava ou não com a realidade, e o fazia comparando-a com os traços de memória da realidade.

A descarga motora, que sob o governo do princípio do prazer tinha servido para aliviar o aparelho anímico de aumentos de estímulos, por meio de inervações enviadas para o interior do corpo (mímica, expressões de afeto), recebeu uma nova função, ao ser utilizada na modificação adequada da realidade. Transformou-se em ação.

FORMULAÇÕES SOBRE OS DOIS PRINCÍPIOS DO FUNCIONAMENTO PSÍQUICO

A suspensão da descarga motora (da ação), que se tornou necessária, foi arranjada mediante o *processo de pensamento* que se formou a partir do imaginar. O pensar foi dotado de características que permitiram ao aparelho psíquico suportar a elevada tensão dos estímulos durante a suspensão da descarga. Trata-se, na essência, de uma ação experimental em que são deslocadas quantidades menores de investimento, com menor dispêndio (descarga) delas. Isso requeria uma conversão dos investimentos livremente deslocáveis em investimentos fixos, o que foi alcançado ao se elevar o nível de todo o processo de investimento. É provável que o pensar fosse originalmente inconsciente, na medida em que se elevou acima do mero imaginar e se voltou para as relações entre as impressões de objetos, e apenas através da ligação a resíduos verbais tenha adquirido novas qualidades, perceptíveis para a consciência.

2. Uma tendência geral de nosso aparelho psíquico, que pode ser relacionada ao princípio econômico da poupança de gastos, parece manifestar-se no tenaz apego às fontes de prazer disponíveis e na dificuldade em renunciar a elas. Com a introdução do princípio da realidade, dissociou-se um tipo de atividade de pensamento que permaneceu livre do teste da realidade e submetida somente ao princípio do prazer.[5] É a atividade da *fantasia*, que tem início já na brincadeira das crianças e

5 Como uma nação cuja riqueza se baseia na exploração de recursos do solo, mas reserva um determinado território, que deve ser deixado na condição original e poupado das mudanças trazidas pela cultura (Yellowstone Park).

FORMULAÇÕES SOBRE OS DOIS PRINCÍPIOS DO FUNCIONAMENTO PSÍQUICO

que depois, prosseguindo como *devaneio*, deixa de lado a sustentação em objetos reais.

3. A substituição do princípio do prazer pelo princípio da realidade, com as consequências psíquicas dela resultantes, e que na presente exposição esquemática é resumida numa frase, na realidade não se efetua de uma só vez e simultaneamente em todos os pontos. Pois enquanto ocorre esse desenvolvimento nos instintos do Eu, os instintos sexuais se destacam deles de modo significativo. Os instintos sexuais se comportam a princípio autoeroticamente; acham satisfação no próprio corpo e por isso não chegam à situação de frustração que levou ao estabelecimento do princípio da realidade. E, quando mais tarde começa neles o processo de busca do objeto, ele experimenta logo uma demorada interrupção no período de latência, que retarda o desenvolvimento sexual até a puberdade. Esses dois fatores — autoerotismo e período de latência — têm por consequência que o instinto sexual é detido em seu desenvolvimento psíquico e permanece muito mais tempo sob o domínio do princípio do prazer, ao qual em muitas pessoas não consegue jamais se subtrair.

Devido a essas condições, cria-se uma relação mais estreita entre o instinto sexual e a fantasia, por um lado, e os instintos do Eu e atividades da consciência, por outro. Tanto em indivíduos sãos como em neuróticos esta relação se apresenta bem íntima, embora tais considerações de psicologia genética nos façam reconhecê-la como *secundária*. A continuidade do autoerotismo é que torna possível se ater por tanto tempo à satisfação mais fácil com o objeto sexual, momentânea e fantástica, em lugar

FORMULAÇÕES SOBRE OS DOIS PRINCÍPIOS DO FUNCIONAMENTO PSÍQUICO

da satisfação real, que demanda esforço e adiamento. A repressão permanece todo-poderosa no âmbito da fantasia; ela consegue inibir ideias *in statu nascendi*, antes que sejam notadas pela consciência, quando o seu investimento pode ocasionar o desprazer. Esse é o ponto fraco de nossa organização psíquica, que pode ser utilizado para fazer voltar ao domínio do princípio do prazer processos de pensamento que já se haviam tornado racionais. Um elemento essencial da predisposição psíquica para a neurose é então fornecido pelo atraso em educar o instinto sexual na consideração da realidade, e também pelas condições que tornam possível esse atraso.

4. Assim como o Eu-de-prazer não pode senão *desejar*, trabalhar pela obtenção de prazer e evitar o desprazer, o Eu-realidade* necessita apenas buscar o que é útil e proteger-se dos danos.[6] Na verdade, a substituição do

---

* "Eu-de-prazer, Eu-realidade": *Lust-Ich, Real-Ich* — omitimos o "de" na segunda expressão por razões de eufonia, acreditando que o entendimento não será comprometido por isso; as versões consultadas usam: *el Yo sometido al principio del plazer, el Yo regido por el principio de la realidad; yo-placer, yo-realidad; moi-plaisir, moi-realité; pleasure-ego, reality-ego.* Na presente edição das obras de Freud adotamos "Eu" para verter o *Ich*, algo que já se admitia no *Vocabulário de psicanálise* (São Paulo: Martins Fontes, 11ª ed., revista e adaptada para o Brasil, 1991); de todo modo, este tradutor não conseguiria utilizar *ego* para verter o simples e corriqueiro *Ich* alemão.

6 A vantagem do Eu-realidade sobre o Eu-de-prazer foi muito bem expressa por Bernard Shaw, com as seguintes palavras: "*To be able to choose the line of greatest advantage instead of yielding in the direction of least resistance*" ["Ser capaz de escolher a linha de maior vantagem, em vez de ceder na direção de menor resistência"] (*Man and superman: a comedy and a philosophy*).

FORMULAÇÕES SOBRE OS DOIS PRINCÍPIOS DO FUNCIONAMENTO PSÍQUICO

princípio do prazer pelo da realidade não significa a deposição do princípio do prazer, mas a sua salvaguarda. Abandona-se um prazer momentâneo, incerto quanto a seus resultados, para ganhar, no novo caminho, um prazer seguro, que virá depois. A impressão endopsíquica produzida por essa substituição foi tão poderosa, que se refletiu num mito religioso especial. A doutrina da recompensa no outro mundo pela renúncia — voluntária ou imposta — aos prazeres terrenos não é mais que a projeção mítica dessa reviravolta psíquica. Seguindo consequentemente esse modelo, as religiões puderam impor a renúncia absoluta ao prazer nesta vida, em troca do ressarcimento numa vida futura; mas uma superação do princípio do prazer elas não obtiveram por esse meio. A ciência estaria mais próxima de obtê-lo, mas oferece também prazer intelectual no trabalho e promete um ganho prático no final.

5. A *educação* pode ser descrita, sem hesitação, como um incentivo à superação do princípio do prazer, à substituição dele pelo princípio da realidade; ela pretende ajudar no processo de desenvolvimento que afeta o Eu, recorre para isso a prêmios de amor oferecidos pelo educador, e por isso falha, se a criança mimada pensa que de todo modo possui esse amor e que em nenhuma circunstância o perde.

6. A *arte* efetua, por via peculiar, uma reconciliação dos dois princípios. O artista é originalmente um homem que se afasta da realidade por não poder aceitar a renúncia à satisfação dos instintos que ela inicialmente requer, e concede a seus desejos eróticos e ambiciosos

FORMULAÇÕES SOBRE OS DOIS PRINCÍPIOS DO FUNCIONAMENTO PSÍQUICO

inteira liberdade na fantasia. Mas encontra o caminho de volta desse mundo de fantasia para a realidade, ao transformar suas fantasias, por meio de dons especiais, em realidades de um novo tipo,* valorizadas pelos homens como reflexos preciosos do real. De certa maneira, ele se torna assim o herói, o rei, o criador, o favorito que desejava ser, sem tomar o longo rodeio da efetiva mudança do mundo exterior. Mas o consegue somente porque as outras pessoas partilham a sua insatisfação com a renúncia real exigida, e porque tal insatisfação, que resulta da substituição do princípio do prazer pelo da realidade, é ela mesma parte da realidade.[7]

7. Enquanto o Eu perfaz sua transformação de Eu-de-prazer em Eu-realidade, os instintos sexuais experimentam as mudanças que os levam do autoerotismo inicial até o amor objetal a serviço da procriação, passando por várias fases intermediárias. Se for correto que cada etapa desses dois cursos de desenvolvimento pode se tornar a sede da predisposição para uma neurose posterior, é natural supor que a decisão sobre a forma da doença posterior (a escolha da neurose) dependerá da fase do desenvolvimento do Eu e da libido em que ocorreu a inibição do desenvolvimento que predispõe à en-

* "Realidades de um novo tipo": *eine neue Art von Wirklichkeiten*. Na edição *Standard* (v. XII, Londres, 1958, p. 224) se acha *truths of a new kind* ("verdades de um novo tipo"). Strachey mudou de forma injustificada a versão inglesa anterior, que dizia *a new kind of reality* (no singular; o original é plural).
7 Cf. algo semelhante em Otto Rank, *Der Künstler* [O artista], [Leipzig e] Viena, 1907.

FORMULAÇÕES SOBRE OS DOIS PRINCÍPIOS DO FUNCIONAMENTO PSÍQUICO

fermidade. Adquirem insuspeitada importância, desse modo, as características temporais dos dois desenvolvimentos, ainda não estudadas, o possível retardamento de um em relação ao outro.*

8. A mais surpreendente característica dos processos inconscientes (reprimidos), à qual o investigador se habitua apenas com grande superação de si, consiste em que neles a prova da realidade não conta, a realidade do pensamento é equiparada à realidade externa, o desejo à sua realização, ao acontecimento, tal como sucede naturalmente sob o domínio do velho princípio do prazer. Daí também a dificuldade em distinguir fantasias inconscientes de lembranças tornadas inconscientes. Mas

---

* "O possível retardamento de um em relação ao outro": *deren mögliche Verschiebung gegeneinander* — nas versões consultadas: *y sus posibles desplazamientos recíprocos, y su posible desplazamiento recíproco, et la possibilité de leur déplacement l'un par rapport à l'autre,* and [...] *possible variations in their synchronization*. A primeira acepção do verbo *verschieben* é deslocar (uma peça de mobília, por exemplo). Daí a costumeira versão de *Verschiebung* por "deslocamento". Mas esse termo também pode designar um deslocamento temporal, um adiamento — acepção testemunhada, por exemplo, no provérbio que diz: *Verschiebe nicht auf morgen, was du heute kannst besorgen* ("Não deixe para amanhã o que pode fazer hoje"). Logo, passa a fazer sentido a versão à primeira vista surpreendente de Strachey, *synchronization*, e também a expressão *variations in speed*, na versão inglesa anterior (de M. N. Searl, em *Collected papers* IV, Londres, 1925) perde algo de sua estranheza. Um indício de que o deslocamento temporal seria a conotação pretendida por Freud, nessa passagem, está em que ele não usa a conjunção "e", ou seja, está especificando as "características temporais dos dois desenvolvimentos", e não acrescentando algo mais que "adquire insuspeitada importância".

FORMULAÇÕES SOBRE OS DOIS PRINCÍPIOS DO FUNCIONAMENTO PSÍQUICO

não nos deixemos induzir ao erro de transpor para formações psíquicas reprimidas os valores da realidade, de subestimar, por exemplo, o papel das fantasias na formação dos sintomas, pelo fato de não serem justamente realidades, ou derivar de alguma outra fonte um sentimento de culpa neurótico, por não se ter evidência de um crime real cometido. Temos a obrigação de usar a moeda vigente no país que investigamos, no caso a moeda neurótica. Procure-se desvendar um sonho como este, por exemplo. Um homem, que cuidou de seu pai numa prolongada e penosa doença mortal, conta que nos meses seguintes ao falecimento sonhou repetidas vezes que o pai vivia novamente e falava com ele como antes; mas ao mesmo tempo lhe doía muito que o pai já tivesse morrido e apenas não o soubesse. Não resta outro caminho para compreender este sonho aparentemente absurdo senão acrescentar "conforme o desejo do sonhador" ou "em consequência do seu desejo" após as palavras "que o pai já tivesse morrido", e "que ele o desejava" após as últimas palavras. O pensamento onírico é então o seguinte: para ele é uma lembrança dolorosa ter tido que desejar a morte do pai (como liberação) enquanto ele ainda vivia, e como seria terrível se ele tivesse suspeitado disso. Trata-se então do conhecido caso de autorrecriminações após a perda de uma pessoa querida, e a recriminação diz respeito, neste exemplo, à significação infantil do desejo de morte relativo ao pai.

As deficiências deste pequeno ensaio, mais preparatório do que conclusivo, talvez sejam desculpadas em alguma medida se eu afirmar que são inevitáveis. Nes-

FORMULAÇÕES SOBRE OS DOIS PRINCÍPIOS DO FUNCIONAMENTO PSÍQUICO

sas poucas páginas sobre as consequências psíquicas da adaptação ao princípio da realidade, tive que anunciar pontos de vista que de preferência ainda manteria reservados, e que demandarão esforços nada pequenos para serem fundamentados. Mas quero crer que ao leitor benevolente não escapará onde, também neste trabalho, começa o domínio do princípio da realidade.

O USO DA INTERPRETAÇÃO DOS SONHOS NA PSICANÁLISE (1911)

TÍTULO ORIGINAL: "DIE HANDHABUNG DER TRAUMDEUTUNG IN DER PSYCHOANALYSE". PUBLICADO PRIMEIRAMENTE EM *ZENTRALBLATT FÜR PSYCHOANALYSE* [FOLHA CENTRAL DE PSICANÁLISE], V. 2, N. 3, PP. 109-13. TRADUZIDO DE *GESAMMELTE WERKE* VIII, PP. 350-7; TAMBÉM SE ACHA EM *STUDIENAUSGABE, ERGÄNZUNGSBAND* [VOLUME COMPLEMENTAR], PP. 149-56. ESTA TRADUÇÃO FOI PUBLICADA ORIGINALMENTE EM *JORNAL DE PSICANÁLISE*, SOCIEDADE BRASILEIRA DE PSICANÁLISE DE SÃO PAULO, V. 31, N. 57, PP. 259-64, SETEMBRO DE 1998; ALGUMAS DAS NOTAS DO TRADUTOR FORAM OMITIDAS NA PRESENTE EDIÇÃO.

O USO DA INTERPRETAÇÃO DOS SONHOS NA PSICANÁLISE

A *Zentralblatt für Psychoanalyse* pretende não só informar acerca dos progressos da psicanálise e publicar colaborações breves, mas cumprir também as tarefas de expor claramente ao aprendiz o que já é conhecido e poupar tempo e esforço ao iniciante na prática psicanalítica, oferecendo-lhe instruções adequadas. De modo que a partir de agora também aparecerão nesta revista ensaios didáticos e de conteúdo técnico, nos quais não será essencial que transmitam coisas novas.

A questão que hoje tenciono abordar não é a da técnica de interpretação dos sonhos. Não se discutirá como interpretar sonhos e que valor dar à sua interpretação, mas apenas que utilização se deve fazer, no tratamento psicanalítico de doentes, da arte da interpretação dos sonhos. Sem dúvida pode-se proceder de maneiras diversas, mas nunca é óbvia, na psicanálise, a resposta a questões técnicas. Se existe mais de um caminho bom, há também muitos ruins, e uma comparação de técnicas diversas é sempre esclarecedora, mesmo quando não leva à escolha de um determinado método.

Quem chega à prática psicanalítica a partir da interpretação de sonhos mantém o interesse pelo conteúdo dos sonhos, e procura então interpretar o mais completamente possível cada sonho que o doente lhe traz. Mas logo verá que trabalha em condições bem diferentes, e que entra em choque com as tarefas imediatas da terapia, se tenta realizar seu propósito. Se, digamos, o primeiro sonho do paciente revelou-se extraordinariamente adequado para introduzir as primeiras explicações a lhe serem dadas, não tardam a surgir sonhos tão com-

O USO DA INTERPRETAÇÃO DOS SONHOS NA PSICANÁLISE

pridos e obscuros que sua interpretação não pode ser consumada no limitado período de uma sessão. Prosseguindo esse trabalho de interpretação nos dias seguintes, o médico ouvirá novos sonhos, que terão de ser deixados para depois, até que ele possa dar por resolvido o primeiro. Ocasionalmente a produção de sonhos é tão rica, e tão hesitante o progresso do doente na compreensão deles, que o analista não pode se furtar à ideia de que tal abundância de material seria apenas uma manifestação de resistência, que se aproveita da experiência de que a terapia*não pode dar conta do que lhe é assim apresentado. Mas nesse meio-tempo a terapia ficou muito atrás do presente e perdeu o contato com a atualidade. A semelhante técnica deve-se contrapor a regra de que, para o tratamento, é da maior importância conhecer a todo momento a superfície psíquica do doente, estar a par dos complexos e das resistências que então foram nele ativados, e da reação consciente a eles que governará sua conduta. Dificilmente será lícito descuidar esse objetivo terapêutico em favor do interesse na interpretação de sonhos.

* "Terapia": *Kur*. A tradução de *Kur* por "cura" seria enganosa, pois em português (diferentemente de outras línguas latinas) a palavra denota antes a recuperação da saúde do que o tratamento dela: o resultado, não o processo. Strachey (*Standard edition*. Londres: Hogarth Press, 1958) usa *method* nessa frase, mas em geral recorre a *treatment*, que já se encontra na frase seguinte, onde novamente aparece *Kur*.

O USO DA INTERPRETAÇÃO DOS SONHOS NA PSICANÁLISE

Como agir então com a interpretação de sonhos na análise, se tivermos presente essa regra? Mais ou menos desta forma: devemos nos contentar com a interpretação a que conseguimos chegar numa sessão, e não ver como uma perda o fato de não conhecermos integralmente o conteúdo do sonho. No dia seguinte não se deve prosseguir o trabalho de interpretação naturalmente, mas apenas ao notar que entretanto nada mais se apresentou em primeiro plano ao paciente. Pois assim não se faz exceção, em favor de uma interpretação de sonho interrompida, à regra de abordar sempre o que primeiro vem à cabeça do paciente. Se novos sonhos aparecem antes de terminarmos com os anteriores, voltemo-nos para essas mais recentes produções, sem nos recriminarmos por negligenciar as mais antigas. Se os sonhos se tornaram demasiado amplos e difusos, devemos de antemão renunciar a uma solução completa. Evitemos, em geral, mostrar especial interesse pela interpretação dos sonhos ou despertar no doente a crença de que o trabalho pararia, caso ele não mais os trouxesse. Senão corre-se o perigo de guiar a resistência para a produção onírica e provocar um esgotamento dos sonhos. O analisando deve, isto sim, ser levado à convicção de que em todo caso a análise tem material para prosseguir, trazendo ele sonhos ou não, e independente do quanto nos ocupemos deles.

Agora surge a pergunta: não se renuncia a muito material valioso para a revelação do inconsciente ao fazer a interpretação de sonhos apenas com tais restrições de método? A isso cabe responder que a perda não é tão

O USO DA INTERPRETAÇÃO DOS SONHOS NA PSICANÁLISE

grande quanto pode parecer antes de nos aprofundar-
mos na matéria. Tenhamos claro, por um lado, que em
casos severos de neurose qualquer produção onírica
elaborada deve, em princípio, ser tida como não solu-
cionável por completo. Um sonho tal se baseia frequentemente em todo o material patogênico do caso, que o
médico e o paciente ainda não conhecem (os chamados
"sonhos programáticos", sonhos biográficos); às vezes
ele equivale a uma tradução para a linguagem onírica
de todo o conteúdo da neurose. Tentando interpretar
um sonho desses, todas as resistências presentes e ainda
intactas entrarão em atividade e em breve porão um limite à compreensão.* A completa interpretação de um
sonho desses coincide justamente com a realização de
toda a análise. Tendo-o registrado no começo da análise, possivelmente o compreenderemos no fim da mesma, muitos meses depois. É o mesmo caso do entendimento de um sintoma isolado (do sintoma principal,
digamos). A análise inteira serve ao esclarecimento

---

* "Compreensão": *Einsicht* — termo de tradução notoriamente
problemática, correspondendo em geral ao inglês *insight*. No caso,
porém, está mais próximo de *understanding*, e essa é, de fato, a versão preferida por Strachey nesse ponto (*Standard edition* XII, 93).
Nas outras versões estrangeiras consultadas se encontram as seguintes opções: *penetración* (trad. L.Lopez-Ballesteros y de Torres. *Obras completas* II. Madri: Biblioteca Nueva, 3ª ed., 1973,
p. 1645), *intelección* (Etcheverry, em *Obras completas*. Buenos Aires: Amorrortu, 4ª reimpressão da 2ª ed., 1993, p. 89), *on n'y voit
plus rien* (Anne Berman, em *La technique psychanalytique*. Paris:
PUF, 5ª ed., 1975, p. 46), *inʒicht* (Wilfred Oranje, *Nederlandse Editie, Klinische Beschouwingen* 4. Amsterdã: Boom, 1992, p. 63).

O USO DA INTERPRETAÇÃO DOS SONHOS NA PSICANÁLISE

dele; durante o tratamento é preciso tentar apreender, um após o outro, ora esse, ora aquele fragmento de significação do sintoma, até podermos juntá-los todos. Portanto, mais não se pode exigir de um sonho que sobrevém no começo da análise; devemos nos dar por satisfeitos, se na tentativa de interpretação já percebemos um único desejo* patogênico.

Assim, não renunciamos a nada exequível, ao abandonar o propósito de uma completa interpretação de sonho. Mas via de regra também nada perdemos, ao inter-

---

* "Desejo": *Wunschregung*; nas traduções consultadas: *impulso optativo*, *moción de deseo*, *émoi de désir*, *wishful impulse*, *wensimpuls*. *Wunsch*, claramente aparentado ao inglês *wish* e ao holandês *wens*, traduz-se desde sempre por "desejo". O problema está em como verter *Regung*. Com exceção do tradutor argentino, os consultados recorreram a "impulso". Etcheverry foi certamente influenciado pelos novos tradutores franceses, que empregam *motion*. "Moção" está ligado etimologicamente a "mover", sem dúvida: quem gosta de cinema não esquece a expressão inglesa para filmes, *motion pictures* (imagens em movimento). Mas em português a palavra designa uma proposta feita numa assembleia, é parte da linguagem político-parlamentar; ninguém a usa com o sentido de "movimento". Por isso utilizamos também "impulso", numa outra ocasião em que a traduzimos (cf. "Recordar, repetir e elaborar", neste mesmo volume). Aqui, porém, ela vem qualificada pelo substantivo que a precede e que com ela forma um composto. "Impulso desejoso" soaria "deveras" estranho. Daí a versão por simplesmente "desejo", tendo em mente passagens onde Freud alterna, por exemplo, *Trieb* e *Triebregung*, com o mesmo sentido ("O inconsciente", *Gesammelte Werke* X, p. 276, parte III); cf. também "Nota sobre a tradução dos compostos alemães", em Paulo César de Souza, *As palavras de Freud: o vocabulário freudiano e suas versões*. São Paulo: Companhia das Letras, nova ed. revista, 2010.

romper a interpretação de um sonho mais antigo para nos dirigirmos a um mais recente. Vimos, por bons exemplos de sonhos plenamente interpretados, que várias cenas sucessivas do mesmo sonho podem ter o mesmo conteúdo, que nelas se impõe com crescente nitidez. Também vimos que vários sonhos ocorrendo na mesma noite talvez não passem de tentativas de representar o mesmo conteúdo de maneiras diversas. Em geral podemos estar certos de que todo desejo que hoje dá origem a um sonho retornará num outro sonho, na medida em que não seja entendido e subtraído à dominação do inconsciente. Assim, frequentemente sucede que o melhor caminho para completar a interpretação de um sonho é deixá-lo e nos dedicarmos ao novo sonho, que abriga o mesmo material em forma talvez mais acessível. Sei que não apenas para o analisando, mas também para o médico significa pedir muito abandonar as ideias conscientes intencionais,* durante o tratamento, e entregar-se

---

* "Ideias conscientes intencionais": *bewußte Zielvorstellungen*. O adjetivo *bewußt* significa "consciente"; o problema, aqui, está na versão do substantivo composto. *Ziel* é, literalmente, "alvo, meta"; *Vorstellung* tem os sentidos de "apresentação, representação, ideia, noção, imagem". Por *Zielvorstellung* Freud entende o oposto de associações ou pensamentos espontâneos — ou melhor, a ausência de "ideias conscientes intencionais" é uma condição para que haja aqueles. As demais traduções oferecem: *orientación consciente*, *representaciones-meta consciente*, *l'idée des buts conscients*, *conscious purposive aims*, *bewuste doelvoorstellingen*. Cabe registrar que normalmente Strachey usa *purposive idea*. Sobre as questões envolvendo a tradução de *Vorstellung*, ver o capítulo dedicado a esse termo, em *As palavras de Freud*, op. cit.

O USO DA INTERPRETAÇÃO DOS SONHOS NA PSICANÁLISE

totalmente a uma orientação que sempre nos parece "casual". Mas posso garantir que somos recompensados cada vez que nos decidimos a ter fé em nossas afirmações teóricas e nos convencemos a não disputar à direção do inconsciente o estabelecimento das conexões.

Portanto, advogo que a interpretação de sonhos no tratamento analítico não seja praticada como uma arte em si mesma, mas que o seu uso seja submetido às regras técnicas que presidem a realização da terapia. Naturalmente há ocasiões em que se pode agir de outro modo e ceder um tanto ao interesse teórico. Mas é preciso saber o que se está fazendo. Um outro caso a ser considerado apresentou-se desde que passamos a ter maior confiança em nossa compreensão do simbolismo onírico, vendo-nos mais independentes das associações do paciente. Um intérprete de sonhos particularmente hábil talvez se ache em condição de penetrar cada sonho do paciente, sem ter de obrigá-lo ao demorado e trabalhoso escrutínio* do sonho. Para tal psicanalista não há, portanto, qualquer conflito entre as exigências da interpretação dos sonhos e as da terapia. E também ele se sentirá tentado a explorá-la totalmente a cada vez, comunicando ao paciente tudo o que discerniu em seus sonhos. Com isso, porém, ele estará adotando uma metodologia que difere consideravelmente daquela regular, como de-

---

* "Escrutínio": *Bearbeitung — elaboración*, idem, *paraphrase*, *working over, bewerking*. O termo alemão foi aqui traduzido excepcionalmente por "escrutínio", porque "elaboração", no caso, indicaria antes o processo de fabricar ou tecer o sonho.

monstrarei num outro contexto. De todo modo, para os iniciantes na prática psicanalítica não é aconselhável que tomem esse caso excepcional por modelo.

Em face dos primeiros sonhos comunicados pelo paciente, enquanto ele nada aprendeu ainda sobre a técnica de traduzir sonhos, todo analista se comporta como o superior intérprete de sonhos que imaginamos. Estes sonhos iniciais são ingênuos, por assim dizer; eles revelam muito ao ouvinte, tal como os sonhos dos chamados homens saudáveis. Aqui surge a pergunta: deve o médico imediatamente traduzir para o doente tudo o que ele próprio leu do sonho? Ela não será respondida agora, porém, pois claramente se subordina a outra, mais abrangente, sobre em que fase do tratamento e em que marcha o doente deve ser iniciado, pelo médico, no conhecimento do que lhe está oculto na psique.* Quanto mais o paciente aprende sobre o exercício da interpretação de sonhos, mais obscuros serão, via de regra, seus sonhos posteriores. Todo saber adquirido sobre os sonhos serve também como advertência para a formação de sonhos.

Nos trabalhos "científicos" sobre os sonhos, que apesar do repúdio à interpretação dos sonhos receberam um novo impulso através da psicanálise, constantemen-

---

* "Do que lhe está oculto na psique": no original, *des ihm seelisch Verhüllten* — nas versões consultadas: *de su psiquismo inconsciente, de lo anímico que le está escondido, les choses qui lui sont psychiquement dissimulées, of what lies veiled in his mind, van wat in zijn psyche verborgen ligt.*

O USO DA INTERPRETAÇÃO DOS SONHOS NA PSICANÁLISE

te se acha um cuidado bem supérfluo com a fiel conservação do texto do sonho, que supostamente deve ser preservado das desfigurações e desgastes das horas diurnas seguintes. E alguns psicanalistas parecem não se valer de modo coerente do conhecimento adquirido sobre as condições de formação dos sonhos, quando encarregam o paciente de fixar por escrito cada sonho logo após o despertar. Essa medida é supérflua na terapia; e os doentes gostam de se valer de tal instrução para perturbar o próprio sono e empregar enorme zelo onde isso não é útil. Pois, tendo assim salvado laboriosamente o texto de um sonho que de outro modo seria apagado pelo esquecimento, não é difícil dar-se conta de que com isso nada foi alcançado para o doente. Não surgem associações relativas ao texto, e o resultado é o mesmo que teríamos se o sonho não tivesse sido conservado. Certamente o médico se inteirou de algo que de outra forma lhe teria escapado. Mas não é a mesma coisa se é o médico ou o paciente que sabe de algo; a importância dessa diferença para a técnica da psicanálise será por nós apreciada em outra ocasião.

Finalizando, mencionarei um tipo especial de sonho que, por suas condições, somente numa terapia analítica pode ocorrer, e que talvez desconcerte ou desencaminhe o iniciante. São os chamados sonhos confirmadores ou "que seguem atrás", facilmente acessíveis à interpretação, e cuja tradução resulta apenas no que o tratamento já inferira do material das associações diurnas nos últimos dias. É como se o paciente tivesse a amabilidade de nos trazer em forma de sonho justamente o que lhe "sugerimos" logo antes. Sem dúvida o analista mais treinado não espera tais amabilidades do seu paciente; ele toma tais sonhos como confirmações desejadas, e constata que são observados apenas em determinadas condições da influência mediante o tratamento. A grande maioria dos sonhos corre adiante da terapia, de modo que, uma vez despojados de tudo já conhecido e compreensível, tem-se uma indicação mais ou menos clara do que até então permanecera oculto.

A DINÂMICA DA TRANSFERÊNCIA (1912)

TÍTULO ORIGINAL: "ZUR DYNAMIK DER ÜBERTRAGUNG". PUBLICADO PRIMEIRAMENTE EM *ZENTRALBLATT FÜR PSYCHOANALYSE* [FOLHA CENTRAL DE PSICANÁLISE], V. 2, N. 4, PP. 167-73. TRADUZIDO DE *GESAMMELTE WERKE* VIII, PP. 364-74; TAMBÉM SE ACHA EM *STUDIENAUSGABE, ERGÄNZUNGSBAND* [VOLUME COMPLEMENTAR], PP. 157-68. ESTA TRADUÇÃO FOI PUBLICADA ORIGINALMENTE EM *JORNAL DE PSICANÁLISE*, SOCIEDADE BRASILEIRA DE PSICANÁLISE DE SÃO PAULO, V. 31, N. 57, PP. 251-8, SETEMBRO DE 1998; ALGUMAS DAS NOTAS DO TRADUTOR FORAM OMITIDAS NA PRESENTE EDIÇÃO.

A DINÂMICA DA TRANSFERÊNCIA

A "transferência", um tema quase inesgotável, foi recentemente abordado de modo descritivo por W. Stekel nesta *Zentralblatt*. Desejo agora acrescentar algumas observações que levem a entender como surge necessariamente a transferência numa terapia analítica e como ela chega a desempenhar seu conhecido papel no tratamento.

Tenhamos presente que todo ser humano, pela ação conjunta de sua disposição inata e de influências experimentadas na infância, adquire um certo modo característico de conduzir sua vida amorosa, isto é, as condições que estabelece para o amor, os instintos que satisfaz então, os objetivos que se coloca.[1] Isso resulta, por assim dizer, num

---

1 Este é o momento de nos defendermos da injusta objeção de que teríamos negado a importância dos fatores inatos (constitucionais), por ressaltarmos as impressões infantis. Uma tal objeção deriva da estreiteza da necessidade causal das pessoas, que, contrariamente à configuração habitual da realidade, quer se satisfazer com um único fator causador. A psicanálise manifestou-se bastante acerca dos fatores acidentais da etiologia e pouco a respeito dos constitucionais, mas somente porque pôde contribuir com algo novo para aqueles, enquanto sobre estes não sabia mais do que o que geralmente se sabe. Nós nos recusamos a estabelecer em princípio uma oposição entre as duas séries de fatores etiológicos; supomos, isto sim, uma regular colaboração de ambas para produzir o efeito observado. $\Delta\alpha\acute{\iota}\mu\omega\nu$ $\kappa\alpha\iota$ $T\acute{\upsilon}\chi\eta$ [Disposição e Acaso] determinam o destino de um ser humano; raramente, talvez nunca, apenas um desses poderes. Só individualmente será possível avaliar como se divide entre os dois a eficácia etiológica. A série na qual se arranjam as magnitudes variáveis dos dois fatores também terá seus casos extremos. Segundo o estágio de nosso conhecimento, estimaremos de modo diverso a parte da constituição ou da experiência em cada caso individual, mantendo o direito de modificar nosso juízo conforme a mudança em nossa compreensão. Aliás, pode-se ousar ver a constituição mesma como o precipitado das influências acidentais sobre a infinita série dos antepassados.

A DINÂMICA DA TRANSFERÊNCIA

clichê (ou vários), que no curso da vida é regularmente repetido, novamente impresso, na medida em que as circunstâncias externas e a natureza dos objetos amorosos acessíveis o permitem, e que sem dúvida não é inteiramente imutável diante de impressões recentes. Nossas observações mostraram que somente uma parte desses impulsos que determinam a vida amorosa perfaz o desenvolvimento psíquico; essa parte está dirigida para a realidade, fica à disposição da personalidade consciente e constitui uma porção desta. Outra parte desses impulsos libidinais foi detida em seu desenvolvimento, está separada tanto da personalidade consciente como da realidade, pôde expandir-se apenas na fantasia ou permaneceu de todo no inconsciente, de forma que é desconhecida para a consciência da personalidade. Aquele cuja necessidade de amor não é completamente satisfeita pela realidade se voltará para toda pessoa nova com expectativas libidinais,*

---

* "Expectativas libidinais": *libidinöse Erwartungsvorstellungen* — nas versões estrangeiras consultadas durante a elaboração desta encontramos: *representaciones libidinosas* (trad. L. Lopez-Ballesteros y de Torres. *Obras completas* II. Madri: Biblioteca Nueva, 3ª ed., 1973, p. 1648), *representaciones-expectativa libidinosas* (trad. José L. Etcheverry. *Obras completas* XII. Buenos Aires: Amorrortu, 4ª reimpressão da 2ª ed., 1993, p. 98), *un certain espoir libidinal* (trad. Anne Berman. *La technique psychanalytique*. Paris: PUF, 5ª ed., 1975, p. 51), *libidinal anticipatory ideas* (James Strachey. *Standard edition*, v. XII. Londres: Hogarth Press, 1958, p. 100), *libidineuze verwachtingsvoorstellingen* (Wilfred Oranje. *Nederlandse Editie, Klinische Beschouwingen* 4. Amsterdã: Boom, 1992, p. 74). Optamos por usar apenas "expectativa" para traduzir *Erwartungsvorstellung*, por entender que a palavra já compreende "ideia" ou "representação"; seria estranho falar de "representações ou ideias expectantes".

A DINÂMICA DA TRANSFERÊNCIA

e é bem provável que as duas porções de sua libido, tanto a capaz de consciência quanto a inconsciente, tenham participação nessa atitude.

É perfeitamente normal e compreensível, portanto, que o investimento libidinal de uma pessoa em parte insatisfeita, mantido esperançosamente em prontidão, também se volte para a pessoa do médico. Conforme nossa premissa, tal investimento se apegará a modelos, se ligará a um dos clichês presentes no indivíduo em questão ou, como podemos também dizer, ele incluirá o médico numa das "séries" que o doente formou até então. Combina com os laços reais com o médico o fato de nessa inclusão ser decisiva a "imago paterna" (para usar a feliz expressão de Jung).[2] Mas a transferência não se acha presa a esse modelo, pode também suceder conforme a imago da mãe, do irmão etc. As peculiaridades da transferência para o médico, em virtude das quais ela excede em gênero e medida o que se justificaria em termos sensatos e racionais, tornam-se inteligíveis pela consideração de que não só as expectativas conscientes, mas também as retidas ou inconscientes produziram essa transferência.

Sobre essa conduta da transferência não haveria mais o que dizer ou cismar, se dois pontos de especial interesse para o analista não permanecessem inexplicados. Em primeiro lugar, não entendemos por que a transferência, nos indivíduos neuróticos em análise, ocorre

2 *Wandlungen und Symbole der Libido* [Transformações e símbolos da libido], 1911, p. 164.

136

A DINÂMICA DA TRANSFERÊNCIA

muito mais intensamente do que em outros, que não fazem psicanálise; em segundo lugar, continua sendo um enigma que a transferência nos apareça como *a mais forte resistência* ao tratamento, enquanto fora da análise temos que admiti-la como portadora da cura, como condição do bom sucesso. Pois observamos — e é uma observação que pode ser repetida à vontade — que, quando as associações livres de um paciente falham,[3] a interrupção pode ser eliminada com a garantia de que no momento ele se acha sob o domínio de um pensamento ligado à pessoa do médico ou a algo que lhe diz respeito. Tão logo é feito esse esclarecimento, a interrupção acaba, ou a situação muda: a cessação dá lugar ao silenciamento do que ocorre ao paciente.

À primeira vista parece uma imensa desvantagem metodológica da psicanálise o fato de nela a transferência, ordinariamente a mais forte alavanca do sucesso, tornar-se o mais poderoso meio de resistência. Olhando mais atentamente, porém, ao menos o primeiro dos dois problemas é afastado. Não é correto que durante a psicanálise a transferência surja de modo mais intenso e desenfreado que fora dela. Em instituições onde os doentes de nervos são tratados não analiticamente, observam-se as maiores intensidades e as mais indignas formas de uma transferência que beira a servidão, e também o seu inequívoco matiz erótico. Uma observadora sutil como Gabriele Reuter mostrou isso quando

3 Quero dizer, quando realmente cessam, e não, por exemplo, quando ele silencia em virtude de um banal sentimento de desprazer.

A DINÂMICA DA TRANSFERÊNCIA

ainda não se falava em psicanálise, num livro notável que deixa transparecer as melhores percepções da natureza e da origem das neuroses.[4] Essas características da transferência não devem, portanto, ser lançadas à conta da psicanálise, mas atribuídas à neurose mesma. O segundo problema continua de pé.

Esse problema — a questão de por que a transferência nos surge como resistência na psicanálise — devemos agora abordar. Vejamos a situação psicológica do tratamento. Uma precondição regular e indispensável de todo adoecimento neurótico é o processo que Jung designou adequadamente como *introversão* da libido.[5] Ou seja: diminui a porção da libido capaz de consciência, voltada para a realidade, e aumenta no mesmo grau a porção afastada da realidade, inconsciente, que ainda pode alimentar as fantasias da pessoa, mas que pertence ao inconsciente. A libido (no todo ou em parte) tomou a via da regressão e reanimou as imagos infantis.[6] A tera-

4 *Aus guter Familie* [De boa família], Berlim, 1895.
5 Embora várias manifestações de Jung levem a pensar que ele vê nessa introversão algo característico da *dementia praecox*, que não tem a mesma importância em outras neuroses.
6 Seria cômodo dizer que ela reinvestiu os "complexos" infantis; mas não seria justo. Justificável seria apenas "as partes inconscientes desses complexos". A natureza intrincada do assunto deste trabalho torna tentador o exame de vários problemas vizinhos, cujo esclarecimento seria de fato necessário, para que pudéssemos falar inequivocamente dos processos psíquicos que aqui se descreve. Tais problemas são: a delimitação recíproca da introversão e da regressão, o ajustamento da teoria dos complexos à teoria da libido, as relações do fantasiar com o consciente e o inconsciente, assim como com a realidade etc. Não preciso desculpar-me por haver resistido a essas tentações neste momento.

A DINÂMICA DA TRANSFERÊNCIA

pia analítica segue-a então, procurando achá-la, torná--la novamente acessível à consciência, pô-la a serviço da realidade. Ali onde a investigação psicanalítica depara com a libido recolhida em seus esconderijos, uma luta tem de irromper; todas as forças que causaram a regressão da libido se levantarão como "resistências" ao trabalho, para conservar esse novo estado de coisas. Pois se a introversão ou regressão da libido não fosse justificada por uma determinada relação com o mundo exterior (nos termos mais gerais: pela frustração da satisfação) e não fosse adequada para o momento, não poderia em absoluto efetuar-se. Mas as resistências que têm essa origem não são as únicas, nem mesmo as mais fortes. A libido à disposição da personalidade sempre estivera sob a atração dos complexos inconscientes (mais corretamente, das partes desses complexos que pertencem ao inconsciente), e caiu na regressão porque a atração da realidade havia relaxado. Para libertá-la, essa atração do inconsciente tem que ser superada, isto é, a repressão dos instintos inconscientes e de suas produções, desde então constituída no indivíduo, tem que ser eliminada. Disso vem a parte maior, bem maior da resistência, que frequentemente faz a doença persistir, mesmo quando o afastamento da realidade perdeu sua justificativa momentânea. A psicanálise tem de lidar com as resistências das duas fontes. A resistência acompanha o tratamento passo a passo; cada pensamento, cada ato do analisando precisa levar em conta a resistência, representa um compromisso entre as forças que visam a cura e as aqui descritas, que a ela se opõem.

A DINÂMICA DA TRANSFERÊNCIA

Seguindo um complexo patogênico desde sua representação no consciente (seja evidente, na forma de sintoma, seja bastante discreto) até sua raiz no inconsciente, logo se chega a uma região em que a resistência vigora tão claramente que a associação seguinte tem de levá-la em conta e aparecer como compromisso entre as suas exigências e as do trabalho de investigação. É então, segundo nossa experiência, que surge a transferência. Quando algo do material do complexo (do conteúdo do complexo) se presta para ser transferido para a pessoa do médico, ocorre essa transferência; ela produz a associação seguinte e se anuncia mediante sinais de resistência como uma interrupção, por exemplo. Dessa experiência inferimos que essa ideia transferencial irrompeu até à consciência antes de todas as outras associações possíveis *porque* satisfaz também a resistência. Algo assim se repete inúmeras vezes no curso de uma análise. Sempre que nos avizinhamos de um complexo patogênico, a parte desse complexo capaz de transferência é empurrada para a consciência e defendida com enorme tenacidade.[7]

Após sua superação, a dos outros componentes do complexo não traz maior dificuldade. Quanto mais tem-

---

7 Do que não é lícito concluir, porém, que em geral o elemento escolhido para a resistência transferencial tem uma importância patogênica particular. Se, numa batalha pela posse de uma pequena igreja ou de uma propriedade, os soldados lutam com particular empenho, não precisamos supor que a igrejinha seja um santuário nacional, ou que a casa abrigue o tesouro do exército. O valor dos objetos pode ser puramente tático, existindo talvez durante uma batalha somente.

A DINÂMICA DA TRANSFERÊNCIA

po dura uma terapia analítica, e quanto mais claramente o analisando reconhecer que apenas distorções do material patogênico não o protegem de ser revelado, mais consequentemente ele se serve do tipo de distorção que claramente lhe oferece as maiores vantagens, a distorção pela transferência. Essas circunstâncias tendem para uma situação em que afinal todos os conflitos têm que ser decididos no âmbito da transferência.

Assim, a transferência na análise sempre nos aparece, de imediato, apenas como a mais poderosa arma da resistência, e podemos concluir que a intensidade e a duração da transferência são efeito e expressão da resistência. O mecanismo da transferência é explicado[*] se o referimos à prontidão da libido, que permaneceu de posse de imagos infantis; mas só chegamos ao esclarecimento de seu papel na terapia se abordamos os seus vínculos com a resistência.

Por que a transferência se presta assim admiravelmente a servir como meio de resistência? Seria de crer que a resposta a essa pergunta deve ser fácil. Pois é claro que a confissão de todo desejo proibido é especialmente dificultada, quando deve ser feita à própria pessoa à qual ele diz respeito. Tal imposição leva a situações que parecem quase inviáveis no mundo real. É precisamente isso o que pretende alcançar o analisando, quando faz coincidir o objeto de seus impulsos afetivos com o médico.

---

[*] "É explicado": *ist erledigt*. O verbo *erledigen* se traduz, em princípio, por "resolver, dar conta de, liquidar"; nas versões consultadas: *queda explicado, se averigua, on explique, is dealt with, is geliquideerd*.

A DINÂMICA DA TRANSFERÊNCIA

Uma reflexão mais atenta mostra, porém, que esse aparente ganho não pode trazer a solução do problema. Uma relação de terno e dedicado afeto pode, pelo contrário, ajudar a vencer todas as dificuldades da admissão. Em condições reais análogas costuma-se dizer: "Na sua frente não me envergonho, a você posso falar tudo". A transferência para o médico poderia igualmente facilitar a confissão, não se compreendendo por que a dificulta.

A resposta a essa questão, que repetidamente colocamos aqui, não será obtida mediante mais reflexão, mas pelo que se aprende na investigação das resistências transferenciais da terapia. Nota-se, por fim, que não é possível entender o uso da transferência para a resistência, se pensamos tão só em "transferência". É preciso resolver-se a distinguir uma transferência "positiva" de uma "negativa", a transferência de sentimentos ternos daquela hostil, e tratar diferentemente os dois tipos de transferência para o médico. A transferência positiva decompõe-se ainda na dos sentimentos amigáveis ou ternos que são capazes de consciência, e na dos prolongamentos destes no inconsciente. Quanto aos últimos, a psicanálise mostra que via de regra remontam a fontes eróticas, de maneira que temos de chegar à compreensão de que todos os nossos afetos de simpatia, amizade, confiança etc., tão proveitosos na vida, ligam-se geneticamente à sexualidade e se desenvolveram, por enfraquecimento da meta sexual, a partir de anseios puramente sexuais, por mais puros e não sensuais que se apresentem à nossa autopercepção consciente. Originalmente só conhecemos objetos sexuais; a psicanálise

A DINÂMICA DA TRANSFERÊNCIA

nos faz ver que as pessoas que em nossa vida são apenas estimadas ou respeitadas podem ser ainda objetos sexuais para o inconsciente dentro de nós.

A solução do enigma é, portanto, que a transferência para o médico presta-se para resistência na terapia somente na medida em que é transferência negativa, ou transferência positiva de impulsos eróticos reprimidos. Se "abolimos" a transferência tornando-a consciente, apenas desligamos da pessoa do médico esses dois componentes do ato afetivo; o outro componente, capaz de consciência e não repulsivo, subsiste e é o veículo do sucesso na psicanálise, exatamente como em outros métodos de tratamento. Até então admitimos de bom grado que os resultados da psicanálise se basearam na sugestão; mas deve-se entender por sugestão aquilo que, juntamente com Ferenczi,[8] nela encontramos: a influência sobre um indivíduo por meio dos fenômenos de transferência nele possíveis. Nós cuidamos da independência final do paciente ao utilizar a sugestão para fazê-lo realizar um trabalho psíquico que terá por consequência necessária uma duradoura melhora da sua situação psíquica.

Pode-se ainda perguntar por que os fenômenos de resistência da transferência surgem somente na psicanálise, e não num tratamento indiferenciado, por exemplo, em instituições. A resposta é: eles se mostram também ali, mas têm de ser apreciados como tais. A irrupção da transferência negativa é até mesmo frequente nas insti-

---

8 S. Ferenczi, "Introjektion und Übertragung" [Introjeção e transferência], *Jahrbuch für Psychoanalyse*, v. I, 1909.

A DINÂMICA DA TRANSFERÊNCIA

tuições. Tão logo o doente cai sob o domínio da transferência negativa, ele deixa a instituição sem ter mudado ou tendo piorado. A transferência erótica não age tão inibidoramente em instituições, pois ali, como na vida, é atenuada, em vez de revelada. Manifesta-se bem nitidamente como resistência à cura, porém; não ao tirar o doente da instituição — pelo contrário, ela o retém lá —, mas ao mantê-lo afastado da vida. Pois para a cura não importa se o doente internado supera essa ou aquela angústia ou inibição; interessa é que também na realidade de sua vida ele se livre delas.

A transferência negativa merece uma apreciação mais detalhada, que não pode ser feita nos limites deste trabalho. Nas formas curáveis de psiconeuroses ela se acha ao lado da transferência afetuosa, com frequência dirigida simultaneamente à mesma pessoa — para esse fato*Bleuler cunhou a feliz expressão "ambivalência".[9] Tal ambivalência de sentimentos parece normal até uma certa medida, mas um alto grau de ambivalência dos sentimentos é sem dúvida uma peculiaridade dos neuróticos. Na neurose obsessiva, uma precoce "separação dos pares de opostos" parece ser característica da vida instintual e representar uma de suas precondições cons-

---

* "Fato": *Sachverhalt* — nas versões consultadas: *situación, estado de cosas, état de choses, phenomenon, stand van saken*.

9 E. Bleuler, "Dementia praecox oder Gruppe der Schizophrenien", *Aschaffenburgs Handbuch der Psychiatrie*, 1911; palestra sobre a ambivalência em Berna, 1910, referida em *Zentralblatt für Psychoanalyse*, v. 1, p. 266. Para os mesmos fenômenos Stekel havia sugerido a designação de "bipolaridade".

A DINÂMICA DA TRANSFERÊNCIA

titucionais. A ambivalência nas inclinações afetivas é o que melhor explica a capacidade de os neuróticos porem suas transferências a serviço da resistência. Quando a capacidade de transferência torna-se essencialmente negativa, como nos paranoicos, acaba a possibilidade de influência e de cura.

Mas em toda essa discussão apreciamos, até aqui, apenas um lado do problema da transferência; é necessário voltar nossa atenção para outro aspecto do mesmo tema. Quem teve a impressão correta de como o analisando é lançado para fora de suas reais relações com o médico assim que cai sob o domínio de uma formidável resistência de transferência, como ele então se permite a liberdade de ignorar a regra psicanalítica básica, a de que se deve informar de maneira acrítica tudo o que vier à mente, como esquece os propósitos com que iniciou o tratamento, e como nexos e conclusões lógicas que pouco antes lhe haviam feito enorme impressão se lhe tornam indiferentes — esse terá necessidade de explicar tal impressão a partir de outros fatores que não os mencionados aqui, e eles não se acham distantes, afinal: resultam novamente da situação psicológica em que a terapia colocou o paciente.

Na busca da libido que se extraviou do consciente penetramos no âmbito do inconsciente. As reações que obtemos trazem então à luz algumas das características dos processos inconscientes que chegamos a conhecer pelo estudo dos sonhos. Os impulsos inconscientes não querem ser lembrados como a terapia o deseja, procurando, isto sim, reproduzir-se, de acordo com a atempo-

A DINÂMICA DA TRANSFERÊNCIA

ralidade e a capacidade de alucinação do inconsciente. Tal como nos sonhos, o doente atribui realidade e atualidade aos produtos do despertar de seus impulsos inconscientes; ele quer dar corpo*a suas paixões, sem considerar a situação real. O médico quer levá-lo a inserir esses impulsos afetivos no contexto do tratamento e no da sua história, a submetê-los à consideração intelectual e conhecê-los** segundo o seu valor psíquico. Essa luta entre médico e paciente, entre intelecto e vida instintual, entre conhecer e querer "dar corpo", desenrola-se quase exclusivamente nos fenômenos da transferência. É nesse campo que deve ser conquistada a vitória, cuja expressão é a permanente cura da neurose. É inegável que o controle dos fenômenos da transferência oferece as maiores dificuldades ao psicanalista, mas não se deve esquecer que justamente eles nos prestam o inestimável serviço de tornar atuais e manifestos os impulsos amorosos ocultos e esquecidos dos pacientes, pois afinal é impossível liquidar alguém *in absentia* ou *in effigie*.

* "Dar corpo": *agieren* — nas versões estrangeiras consultadas: *dar alimento, actuar, mettre en actes, put into action, ageren*.
** *Erkennen* — um verbo que admite vários sentidos ou nuances de sentido, como se vê pelas diferentes escolhas dos cinco tradutores a que recorremos: *estimar, discernir, apprécier, understand, onderkennen* ("reconhecer").

RECOMENDAÇÕES AO MÉDICO QUE PRATICA A PSICANÁLISE (1912)

TÍTULO ORIGINAL: "RATSCHLÄGE FÜR DEN ARZT BEI DER PSYCHOANALYTISCHEN BEHANDLUNG". PUBLICADO PRIMEIRAMENTE EM *ZENTRALBLATT FÜR PSYCHOANALYSE* [FOLHA CENTRAL DE PSICANÁLISE], V. 2, N. 9, PP. 483-9. TRADUZIDO DE *GESAMMELTE WERKE* VIII, PP. 376-87; TAMBÉM SE ACHA EM *STUDIENAUSGABE, ERGÄNZUNGSBAND* [VOLUME COMPLEMENTAR], PP. 169-80. ESTA TRADUÇÃO FOI PUBLICADA ORIGINALMENTE EM *JORNAL DE PSICANÁLISE*, SOCIEDADE BRASILEIRA DE PSICANÁLISE DE SÃO PAULO, V. 32, N. 58/59, PP. 427-36, NOVEMBRO DE 1999; ALGUMAS DAS NOTAS DO TRADUTOR FORAM OMITIDAS NA PRESENTE EDIÇÃO.

RECOMENDAÇÕES AO MÉDICO QUE PRATICA A PSICANÁLISE

As regras técnicas que ofereço me resultaram de longos anos de experiência, depois de à própria custa encetar e abandonar outros caminhos. Logo se notará que elas, ou ao menos muitas delas, podem se resumir a um único preceito. Espero que sua observância poupe esforços inúteis aos médicos que exercem a psicanálise e lhes permita evitar alguma omissão; mas devo enfatizar que essa técnica revelou-se a única adequada para a minha individualidade. Não me atrevo a contestar que uma personalidade médica de outra constituição seja levada a preferir uma outra atitude ante os pacientes e a tarefa a ser cumprida.

a) A primeira tarefa com que se defronta o analista que atende mais de um paciente por dia lhe parecerá também a mais difícil. Ela consiste em reter na memória todos os inúmeros nomes, datas, detalhes de lembranças, pensamentos espontâneos e produções patológicas que um paciente traz durante o tratamento, no curso de meses e anos, e não confundi-los com material semelhante de outros pacientes, analisados antes ou no mesmo período. Quando temos que analisar diariamente seis, oito pacientes ou mais, a proeza mnemônica que isso implica despertará, nas demais pessoas, incredulidade, admiração ou até mesmo pena. De todo modo as pessoas estarão curiosas em relação à técnica que torna possível dominar tão grande material, e esperarão que ela recorra a meios especiais.

No entanto, essa técnica é bem simples. Ela rejeita qualquer expediente, como veremos, mesmo o

RECOMENDAÇÕES AO MÉDICO QUE PRATICA A PSICANÁLISE

de tomar notas, e consiste apenas em não querer notar nada em especial, e oferecer a tudo o que se ouve a mesma "atenção flutuante",* segundo a expressão que usei. Assim evitamos uma fadiga da atenção, que certamente não poderíamos manter por muitas horas ao dia, e escapamos a um perigo que é inseparável do exercício da atenção proposital. Pois, ao intensificar deliberadamente a atenção, começamos também a selecionar em meio ao material que se apresenta; fixamos com particular agudeza um ponto, eliminando assim outro, e nessa escolha seguimos nossas expectativas ou inclinações. Justamente isso não podemos fazer; seguindo nossas expectativas, corremos o perigo de nunca achar senão o que já sabemos; seguindo nossas inclinações, com certeza falsearemos o que é possível perceber. Não devemos esquecer que em geral es-

---

* No original, *gleichschwebende Aufmerksamkeit*. Uma nota da *Standard* inglesa informa que, ao dizer que já usou a expressão, Freud alude provavelmente a uma passagem da "Análise da fobia de um garoto de cinco anos" (1909), e que há uma ligeira diferença entre as duas passagens. De fato, no texto do "Pequeno Hans" Freud usa *gleiche Aufmerksamkeit*, "mesma atenção", enquanto o adjetivo que agora emprega é também formado de *schwebend* (do verbo *schweben*, pairar). Strachey utiliza *evenly-suspended*, que parece ser a melhor versão (não considerando a holandesa, que pode usar um composto exatamente igual ao alemão: *gelijkzwevende*). A antiga tradução espanhola utiliza *flotante*, a nova, argentina, optou por *parejamente flotante*, e a antiga versão francesa acrescenta aspas ao adjetivo: "*flottante*".

RECOMENDAÇÕES AO MÉDICO QUE PRATICA A PSICANÁLISE

cutamos coisas cujo significado será conhecido*apenas posteriormente.

Como se vê, o preceito de notar igualmente tudo é a necessária contrapartida à exigência de que o analisando relate tudo o que lhe ocorre, sem crítica ou seleção. Se o médico se comporta de outra maneira, desperdiça em boa parte o ganho que resulta da obediência à "regra fundamental da psicanálise" por parte do paciente. Para o médico, a regra pode ser formulada assim: manter toda influência consciente longe de sua capacidade de observação e entregar-se totalmente à sua "memória inconsciente", ou, expresso de maneira técnica: escutar e não se preocupar em notar alguma coisa.

O que desse modo alcançamos satisfaz a todas as exigências durante o tratamento. Os elementos do material que já formam um nexo ficarão à disposição consciente do médico; outros, ainda não relacionados, caoticamente desordenados, parecem primeiro submersos, mas emergem prontamente na consciência, tão logo o paciente traz algo novo, ao qual aqueles podem se ligar e mediante o qual podem ter continuidade. Então recebemos do analisando, com um sorriso, o imerecido cumprimento por uma "memória extraordinária", quando após bastante tempo reproduzimos um detalhe

---

* O verbo aqui usado por Freud, *erkennen*, pode significar "conhecer, reconhecer, discernir, perceber"; por isso as versões estrangeiras variam: *descubrimos, uno* [...] *discernirá, se révèle, recognized, onderkend* ("reconhecido").

RECOMENDAÇÕES AO MÉDICO QUE PRATICA A PSICANÁLISE

que provavelmente teria contrariado a intenção consciente de fixá-lo na memória.

Erros nesse processo de recordar sucedem apenas em momentos e circunstâncias em que somos perturbados pelo envolvimento pessoal (ver adiante), ficando muito aquém do ideal do analista, portanto. Mistura com o material de outros pacientes acontece raramente. Numa eventual disputa com o analisando, sobre ele ter ou não dito certa coisa, ou o modo como o disse, geralmente o médico está certo.[1]

b) Não posso recomendar que se tomem muitas notas durante as sessões, que se redijam atas etc. Além da impressão desfavorável que isso causa em alguns pacientes, valem aqui as mesmas considerações que tecemos a respeito da atenção. Ao redigir notas ou estenografar, fazemos forçosamente uma seleção prejudicial do que ouvimos e ocupamos uma parte de nossa atividade mental, que teria melhor emprego se aplicada na interpretação do material. Pode-se admitir exceções a essa regra, sem qualquer objeção, no caso de datas, textos de sonhos ou conclusões isoladas dignas de nota, que facilmente são destacados do contexto e se prestam a um uso independente como exemplos. Mas também isso não costumo

1 Com frequência o analisando afirma já ter dito algo, enquanto podemos garantir, com tranquila superioridade, que o está fazendo pela primeira vez. Então se verifica que o analisando já teve antes a intenção de dizê-lo, mas foi impedido por uma resistência ainda em ação. A lembrança de tal intenção é para ele indistinguível da lembrança de sua realização.

RECOMENDAÇÕES AO MÉDICO QUE PRATICA A PSICANÁLISE

fazer. Redijo os exemplos à noite, de memória, após o trabalho; os textos de sonhos que me interessam, faço os pacientes registrarem após o relato do sonho.*

c) Tomar notas durante a sessão poderia ser justificado pela intenção de tornar o caso objeto de uma publicação científica. Algo que em princípio não se pode proibir. Mas deve-se ter em mente que protocolos exatos, num caso clínico psicanalítico, ajudam menos do que se poderia esperar. A rigor, ostentam a pseudoexatidão de que a "moderna" psiquiatria nos oferece exemplos notórios. Geralmente

---

* "Faço os pacientes registrarem após o relato do sonho": *lasse ich von den Patienten nach der Erzählung des Traumes fixieren*. Essa oração não é totalmente clara. Por isso há divergências nas traduções consultadas: *hago que el mismo enfermo ponga por escrito su relato después de habérselo oído de palabra, hago que los pacientes mismos los fijen {por escrito}* [sic; entre chaves] *tras relatar el sueño, J'abandonne au patient le soin de fixer lui-même* [...], *I get the patient to repeat them to me after he has related them so that I can fix them in my mind, laak ik door de patiënten na het vertellen van de droom vastleggen*. O problema é duplo: o sentido do verbo *fixieren* (é registrar por escrito ou fixar na memória?) e o agente desse verbo (é o analista ou o paciente?). Os dois tradutores de língua espanhola concordam na primeira e na segunda opções, respectivamente (as palavras "por escrito", entre chaves, acham-se no texto da edição argentina). A tradutora francesa omite parte da oração, mas também vê o paciente como sujeito de *fixer*, e não especifica esse verbo mais que o original. A versão inglesa é a que mais discrepa: o analista "fixa na mente" o sonho que fez o paciente repetir. Para o tradutor holandês, está claro que a tarefa cabe ao paciente, e o verbo que usa para verter *fixieren* é *vastleggen* (aparentado ao alemão *festlegen*), que significa "assentar, consignar". Um professor alemão — e professor de alemão — que consultei acha bastante provável o sentido de "registrar por escrito".

RECOMENDAÇÕES AO MÉDICO QUE PRATICA A PSICANÁLISE

são cansativos para o leitor, e não conseguem substituir para ele a presença na análise. A experiência mostra que o leitor, se estiver disposto a crer no analista, lhe dará crédito também pelo pouco de elaboração que ele empreendeu no material; mas, se não pretender levar a sério a análise e o analista, ignorará também protocolos fiéis do tratamento. Este não parece ser o caminho para remediar a falta de evidência que se enxerga nos relatos psicanalíticos.

d) Um dos méritos que a psicanálise reivindica para si é o fato de nela coincidirem pesquisa e tratamento; mas a técnica que serve a uma contradiz, a partir de certo ponto, o outro. Não é bom trabalhar cientificamente um caso enquanto seu tratamento não foi concluído, compor sua estrutura,* prever seu prosseguimento, de

---

* "Compor sua estrutura": *seinen Aufbau zusammensetzen*. Alguns tradutores preferiram "reconstruir, reconstituir" para verter o verbo alemão: *reconstruir su estructura, componer su edifício, en reconstituer la structure, to piece together its structure, de loop ervan te construeren*. O significado literal de *zusammensetzen* é "colocar junto"; nada nele recomenda o recurso ao prefixo "re", em português. E lembremos do próprio título de um importante artigo técnico de Freud: "Construções na análise" (Konstruktionen in der Analyse, de 1937). Outro ponto passível de discussão, nesse trecho, é a versão de *Aufbau* por "estrutura". *Aufbau* pode significar também "construção, edifício, montagem, organização, carroceria (de automóvel)". Deve-se ter presente que a *Standard* inglesa emprega com relativa frequência o termo *structure*, para traduzir diversas palavras alemãs, e isso pode dar uma maior impressão de rigidez ou solidez das formações psíquicas do que a que o original nos transmite. É talvez significativo que a edição holandesa (a mais nova entre essas) use a palavra *loop* ("curso", equivalente ao alemão *Lauf*) para *Aufbau*.

RECOMENDAÇÕES AO MÉDICO QUE PRATICA A PSICANÁLISE

quando em quando registrar o estado em que se acha, como exigiria o interesse científico. O êxito é prejudicado, nesses casos destinados de antemão ao uso científico e tratados conforme as necessidades deste; enquanto são mais bem-sucedidos os casos em que agimos como que sem propósito, surpreendendo-nos a cada virada, e que abordamos sempre de modo despreconcebido e sem pressupostos. A conduta correta, para o analista, está em passar de uma atitude psíquica para outra conforme a necessidade, em não especular e não cogitar enquanto analisa, e submeter o material reunido ao trabalho sintético do pensamento* apenas depois que a análise for concluída. A distinção entre as duas atitudes não faria sentido se já tivéssemos todos os conhecimentos — ou pelo menos os essenciais — sobre a psicologia do inconsciente e sobre a estrutura das neuroses, que podemos adquirir no trabalho psicanalítico. Atualmente estamos ainda longe desse objetivo, e não devemos nos interditar os meios de testar o que até agora aprendemos e de acrescentar coisas novas a isso.

e) Recomendo enfaticamente aos colegas que no tratamento psicanalítico tomem por modelo o cirurgião, que deixa de lado todos os seus afetos e até mesmo sua compaixão de ser humano, e concentra suas energias

---

* "Trabalho sintético do pensamento": no original, *synthetischen Denkarbeit*; nas traduções consultadas: *labor mental de síntesis, trabajo sintético del pensar, travail de synthèse, synthetic process of thought, synthetische denkarbeid*.

RECOMENDAÇÕES AO MÉDICO QUE PRATICA A PSICANÁLISE

mentais* num único objetivo: levar a termo a operação do modo mais competente possível. Nas circunstâncias de hoje, um afeto perigoso para o analista é a ambição terapêutica de realizar, com seu novo e discutido método, algo que tenha efeito convincente em outras pessoas. Isso não apenas o coloca numa disposição pouco favorável para o trabalho, como também o deixa inerme ante determinadas resistências do paciente, cujo restabelecimento depende em primeiro lugar, como se sabe, do jogo de forças dentro dele. A justificação para se requerer tal frieza de sentimentos do psicanalista está em que ela cria as condições mais vantajosas para as duas partes: para o médico, a desejável proteção de sua própria vida afetiva; para o doente, o maior grau de ajuda que hoje podemos dar. Um antigo cirurgião teve por lema a seguinte frase: *Je le pensai, Dieu le guérit* [Eu lhe fiz os curativos, Deus o curou]. O analista deveria se contentar com algo assim.

f) É fácil ver para qual objetivo essas diferentes regras convergem. Elas pretendem criar, para o médico, a contrapartida da "regra fundamental da psicanálise" estabelecida para o analisando. Assim como este deve comunicar tudo o que sua auto-observação capta, suspendendo toda objeção lógica e afetiva que procure induzi-lo a fazer uma seleção, também o médico deve

---

* "Energias mentais": *geistige Kräfte* — *energías psíquicas, fuerzas espirituales*, (omissão na tradução francesa), *mental forces, geesteskrachten*.

RECOMENDAÇÕES AO MÉDICO QUE PRATICA A PSICANÁLISE

colocar-se na posição de utilizar tudo o que lhe é comunicado para os propósitos da interpretação, do reconhecimento* do inconsciente oculto, sem substituir pela sua própria censura a seleção a que o doente renunciou. Expresso numa fórmula: ele deve voltar seu inconsciente, como órgão receptor, para o inconsciente emissor do doente, colocar-se ante o analisando como o receptor do telefone em relação ao microfone. Assim como o receptor transforma novamente em ondas sonoras as vibrações elétricas da linha provocadas por ondas sonoras, o inconsciente do médico está capacitado a, partindo dos derivados do inconsciente que lhe foram comunicados, reconstruir o inconsciente que determinou os pensamentos espontâneos do paciente.

No entanto, se o médico for capaz de usar de tal forma seu inconsciente como instrumento na análise, ele próprio tem que satisfazer em grande medida uma condição psicológica. Ele não pode tolerar, em si mesmo, resistências que afastam de sua consciência o que foi percebido** por seu inconsciente; senão introduziria na análise um novo tipo de seleção e distorção, bem mais prejudicial do que a produzida pelo recurso à atenção consciente. Para isso não basta que ele próprio seja um indivíduo aproximadamente normal; pode-se exigir que

---

* "Reconhecimento": *Erkennung*, no original; nas versões estrangeiras consultadas: *descubrimiento, discernimiento, découvrir, recognizing, doorgronden* ["penetrar"]; ver nota sobre *erkennen* na p. 150, acima.
** "Percebido": novamente o verbo *erkennen*, agora no particípio — *descubierto, discernido, les perceptions, perceived, onderkend*.

RECOMENDAÇÕES AO MÉDICO QUE PRATICA A PSICANÁLISE

ele tenha se submetido a uma purificação psicanalítica e tenha tomado conhecimento daqueles seus complexos que seriam capazes de perturbar a apreensão do que é oferecido pelo analisando. Não se pode razoavelmente duvidar do efeito desqualificador dessas falhas próprias; a cada repressão não resolvida do médico corresponde, na expressão pertinente de Wilhelm Stekel, um "ponto cego" na sua percepção psicanalítica.

Anos atrás, dei a seguinte resposta à questão de como alguém pode tornar-se psicanalista: "Pela análise dos próprios sonhos". Tal preparação basta para muitas pessoas, certamente, mas não para todos que querem aprender a analisar. Além disso, nem todos conseguem interpretar os próprios sonhos sem ajuda externa. Incluo entre os muitos méritos da escola psicanalítica de Zurique ter reforçado essa condição e tê-la fixado na exigência de que todo indivíduo que queira efetuar análise em outros deve primeiramente submeter-se ele próprio a uma análise com um especialista. Quem levar a sério este trabalho deveria eleger esse caminho, que promete várias vantagens; o sacrifício de franquear a intimidade a um estranho, sem que a enfermidade o obrigue a isso, é amplamente recompensado. A pessoa não apenas realiza muito mais rapidamente e com menor gasto afetivo a intenção de tomar conhecimento do que traz oculto em si mesma, como adquire na própria carne, por assim dizer, impressões e convicções que procura em vão nos livros e nas conferências. Por fim, deve-se apreciar também o benefício da duradoura relação espiritual que costuma se estabelecer entre o analisando e aquele que o guia.

Uma tal análise de alguém praticamente sadio permanecerá inconclusa, como é de se esperar. Quem estimar o valor do autoconhecimento e da elevação do autocontrole, adquiridos por meio dela, prosseguirá no exame analítico da própria pessoa em forma de autoanálise, e se contentará com o fato de que, tanto dentro de si como fora, sempre deve esperar encontrar algo novo. Mas quem, como analista, desdenhou a precaução de analisar a si mesmo, não apenas se vê castigado com a incapacidade de aprender mais que uma certa medida de seus pacientes, corre também um perigo mais sério e que pode se tornar perigo para os outros. Ele facilmente cairá na tentação de projetar sobre a ciência, como teoria de validade geral, aquilo que em obscura percepção ele enxerga das peculiaridades de sua própria pessoa, carreando descrédito para o método psicanalítico e desencaminhando os inexperientes.

g) Acrescento mais algumas regras, em que passo da atitude do médico para o tratamento do analisando.

É sem dúvida atraente, para um psicanalista jovem e entusiasmado, colocar muito de sua individualidade, para arrastar consigo o paciente e elevá-lo acima dos limites de sua estreita personalidade. Seria perfeitamente admissível, e mesmo adequado para a superação das resistências ativas no doente, que o médico lhe oferecesse um vislumbre dos próprios defeitos e conflitos mentais, e lhe possibilitasse pôr-se em pé de igualdade, dando-

RECOMENDAÇÕES AO MÉDICO QUE PRATICA A PSICANÁLISE

-lhe notícias confidenciais de sua vida. Pois uma confiança vale a outra, e quem solicita intimidade de outro deve dá-la em troca.

Mas na relação psicanalítica muita coisa transcorre de modo diferente do que se esperaria conforme a psicologia da consciência. A experiência não depõe a favor de uma técnica afetiva semelhante. Também não é difícil ver que com ela abandonamos o terreno psicanalítico e nos aproximamos do tratamento por sugestão. Consegue-se que o paciente comunique mais cedo e mais facilmente o que ele próprio já sabe, e o que resistências convencionais o fariam reter por algum tempo ainda. Quanto a pôr a descoberto o que é inconsciente para o doente, essa técnica não ajuda, apenas o torna ainda mais incapaz de superar resistências mais profundas, e em casos mais difíceis fracassa devido à insaciabilidade que foi despertada no paciente, que então gostaria de inverter a relação e acha a análise do médico mais interessante do que a sua. Também a resolução da transferência, uma das principais tarefas do tratamento, é dificultada por uma atitude íntima do médico, de sorte que o eventual ganho do início é mais que contrabalançado, afinal. Não hesito, portanto, em rejeitar como defeituosa essa técnica. O médico deve ser opaco para o analisando, e, tal como um espelho, não mostrar senão o que lhe é mostrado. Na prática, é certo que nada se pode objetar quando um psicoterapeuta mistura um quê de análise com uma parte de influência por sugestão, para alcançar êxitos visíveis em tempo mais curto, tal como é necessário, por exemplo, em instituições; mas pode-se

RECOMENDAÇÕES AO MÉDICO QUE PRATICA A PSICANÁLISE

exigir que ele tenha dúvida acerca do que faz, que saiba que o seu método não é o da verdadeira psicanálise.

h) Outra tentação vem da atividade pedagógica que no tratamento psicanalítico recai sobre o médico, sem que haja intenção por parte dele. Dissolvendo-se as inibições ao desenvolvimento, ocorre naturalmente que o médico chegue à situação de indicar novas metas para as tendências*liberadas. É então compreensível que ele ambicione fazer algo extraordinário da pessoa em cuja libertação da neurose ele tanto se empenhou, e prescreva elevados objetivos para os desejos dela. Mas também aí o médico deveria se manter em xeque e orientar-se mais pela aptidão do paciente do que por seus próprios desejos. Nem todos os neuróticos possuem grande talento para a sublimação; de muitos podemos supor que não teriam adoecido, caso dispusessem da arte de sublimar seus instintos. Se os pressionamos demasiadamente para a sublimação e lhes tiramos as gratificações de instintos mais imediatas e cômodas, em geral lhes tornamos a vida ainda mais difícil do que eles a sentem. Como médicos devemos sobretudo ser tolerantes com as fraquezas do doente, temos de nos contentar em recuperar, ainda que seja para alguém de não muito valor, algo da capacidade de realização e de fruição. A ambi-

---

* "Tendências": não traduz exatamente *Strebungen*, substantivo (atualmente não mais usado) do verbo *streben*, que significa "esforçar-se por, aspirar a, ambicionar"; os outros tradutores usam *tendencias, aspiraciones, pulsions, trends, strevingen*.

RECOMENDAÇÕES AO MÉDICO QUE PRATICA A PSICANÁLISE

ção pedagógica é tão pouco adequada quanto a terapêutica. Há a considerar, também, que muitas pessoas adoecem precisamente na tentativa de sublimar seus instintos além do montante permitido por sua organização, e que naqueles capacitados para a sublimação este processo costuma se efetuar por si mesmo, tão logo as inibições são vencidas pela análise. Acho, portanto, que o esforço de regularmente usar o tratamento analítico para a sublimação de instintos é sempre louvável, mas de modo algum aconselhável em todos os casos.

i) Dentro de que limites devemos buscar a colaboração intelectual do analisando no tratamento? É difícil afirmar algo de aplicação geral neste ponto. A personalidade do paciente é que decide em primeiro lugar. Mas de todo modo se deve observar cautela e reserva. É errado colocar tarefas para o analisando, dizer que ele deveria juntar suas lembranças, meditar sobre um determinado período de sua vida etc. Ele tem que aprender, isto sim — o que para ninguém é fácil admitir —, que com a atividade mental dessa espécie, com o esforço da vontade e da atenção não se resolve nenhum dos enigmas da neurose, mas somente através da observância paciente da regra psicanalítica que manda afastar a crítica ao inconsciente e seus derivados. De modo particularmente implacável devemos insistir nessa regra junto aos pacientes que praticam a arte de escapulir para o âmbito intelectual no tratamento, e que então refletem bastante, às vezes sabiamente, sobre o seu estado, poupando-se de fazer alguma coisa para vencê-lo. Por isso não gosto que meus pacientes recorram à leitura de textos psicanalíticos; peço que aprendam na sua própria pessoa, e lhes garanto que desse modo saberão mais do que o que toda a literatura psicanalítica poderia ensinar-lhes. Mas reconheço que nas condições de um internamento em instituição pode ser muito vantajoso utilizar a leitura para preparar os analisandos e para produzir uma atmosfera de influência.

Desaconselho enfaticamente que se procure o apoio e a aquiescência de pais ou parentes, dando-lhes uma obra de psicanálise para ler, seja ela profunda ou introdutória. Essa medida bem-intencionada basta, via de regra, para fazer surgir prematuramente a natural — e, cedo ou tarde, inevitável — oposição dos parentes ao tratamento psicanalítico de um dos seus, de forma tal que o tratamento não chega a ter início.

Manifesto a esperança de que a progressiva experiência dos analistas levará em breve a um acordo quanto à técnica mais adequada para o tratamento dos neuróticos. Com relação ao tratamento de parentes, confesso minha perplexidade e deposito bem pouca confiança no seu tratamento individual.

O INÍCIO DO TRATAMENTO (1913)

NOVAS RECOMENDAÇÕES SOBRE A TÉCNICA DA PSICANÁLISE I

TÍTULO ORIGINAL: "ZUR EINLEITUNG DER BEHANDLUNG. (WEITERE RATSCHLÄGE ZUR TECHNIK DER PSYCHOANALYSE I)". PUBLICADO PRIMEIRAMENTE EM *INTERNATIONALE ZEITSCHRIFT FÜR ÄRZTLICHE PSYCHOANALYSE* [REVISTA INTERNACIONAL DE PSICANÁLISE MÉDICA], V. 1, N. 1, PP. 1-10. TRADUZIDO DE *GESAMMELTE WERKE* VIII, PP. 454-78; TAMBÉM SE ACHA EM *STUDIENAUSGABE, ERGÄNZUNGSBAND* [VOLUME COMPLEMENTAR], PP. 181-203. ESTA TRADUÇÃO FOI PUBLICADA ORIGINALMENTE NO *JORNAL DE PSICANÁLISE*, SOCIEDADE BRASILEIRA DE PSICANÁLISE DE SÃO PAULO, V. 29, N. 54, SETEMBRO DE 1996, PP 153-70; O TEXTO FOI REVISADO E ALGUMAS NOTAS DO TRADUTOR FORAM OMITIDAS NA PRESENTE EDIÇÃO.

O INÍCIO DO TRATAMENTO

Quem desejar aprender nos livros o nobre jogo do xadrez logo descobrirá que somente as aberturas e os finais permitem uma descrição sistemática exaustiva, enquanto a infinita variedade de movimentos após a abertura desafia uma tal descrição. Apenas o estudo diligente de partidas dos mestres pode preencher a lacuna na instrução. As regras que podemos oferecer para o exercício do tratamento psicanalítico estão sujeitas a limitações parecidas.

Nas páginas que seguem procurarei reunir, para uso do analista praticante, algumas dessas regras acerca do início do tratamento. Entre elas estão determinações que podem parecer triviais, e que provavelmente o são. Para sua justificação vale dizer que são precisamente regras do jogo, que têm de retirar seu significado do contexto maior do jogo. Mas farei bem em designá-las como "recomendações" e em não reivindicar sua obrigatoriedade. A extraordinária diversidade das constelações psíquicas envolvidas, a plasticidade de todos os processos anímicos e a riqueza de fatores determinantes resistem à mecanização da técnica e permitem que um procedimento em geral correto permaneça eventualmente sem efeito, e que um outro, normalmente errado, conduza ao objetivo. Essas circunstâncias não impedem, porém, que se estabeleça uma conduta medianamente adequada para o médico.

Dei as indicações mais importantes para a escolha dos doentes em outro lugar,[1] alguns anos atrás. De

---

1 "Sobre a psicoterapia" (1905).

O INÍCIO DO TRATAMENTO

modo que não as repetirei aqui; nesse meio-tempo elas tiveram a aprovação de outros psicanalistas. Mas acrescento que desde então me habituei, tratando-se de um doente que conheço pouco, a aceitá-lo de início provisoriamente, pelo período de uma ou duas semanas. Havendo interrupção nesse período, poupamos ao doente a dolorosa impressão de uma tentativa de cura fracassada. Fez-se apenas uma sondagem, para conhecer o caso e decidir se é apropriado para a análise. Não dispomos de uma outra espécie de prova além desse ensaio; conversas e perguntas durante a sessão, mesmo que frequentes e prolongadas, não poderiam substituí-lo. Mas esse ensaio preliminar já é o começo da análise, e deve seguir as regras da mesma. Talvez se possa distingui-lo por deixarmos o paciente falar, sobretudo, e lhe darmos apenas os esclarecimentos que forem indispensáveis à continuação de sua narrativa.

O começo do tratamento com um período de prova de algumas semanas tem também uma motivação relacionada ao diagnóstico. Frequentemente, em face de uma neurose com sintomas histéricos ou obsessivos, mas não demasiadamente pronunciados e existindo há não muito tempo, ou seja, precisamente a forma que tenderíamos a ver como propícia para o tratamento, deve-se admitir a dúvida de que o caso talvez corresponda a um estágio preliminar do que se chama *dementia praecox* ("esquizofrenia", segundo Bleuler; "parafrenia", segundo a minha sugestão), e que mais cedo ou mais tarde venha a exibir um quadro acentuado dessa afecção. Eu questiono que seja sempre possível fazer a distinção. Sei que há psi-

O INÍCIO DO TRATAMENTO

quiatras que hesitam bem menos no diagnóstico diferencial, mas pude me convencer que também erram com a mesma frequência. Ocorre que para o psicanalista o erro é mais funesto que para o assim chamado psiquiatra clínico. Pois este não empreende, seja num caso ou no outro, algo de realmente proveitoso; corre apenas o perigo de um erro teórico, e seu diagnóstico tem interesse apenas acadêmico. Já o psicanalista comete, num caso desfavorável, um desacerto prático, torna-se culpado de um gasto inútil e desacredita seu procedimento terapêutico. Ele não pode manter sua promessa de cura caso o paciente sofra, não de histeria ou de neurose obsessiva, mas de parafrenia, e então tem motivos particularmente fortes para evitar o erro diagnóstico. Num tratamento experimental de algumas semanas, ele com frequência perceberá coisas suspeitas, que poderão levá-lo a não prosseguir com a tentativa. Infelizmente não posso afirmar que tal experiência permita via de regra uma decisão segura; é apenas mais uma boa precaução.[2]

Longas entrevistas antes do início do tratamento, uma terapia preliminar de outra espécie, assim como

---

2 Haveria muito a dizer sobre o tema da insegurança no diagnóstico, sobre as chances da análise em formas leves de parafrenia e sobre as razões da similaridade entre as duas afecções, mas não posso fazê-lo aqui. Bem gostaria, acompanhando Jung, de contrapor histeria e neurose obsessiva, como *"neuroses de transferência"*, às afecções parafrênicas, como *"neuroses de introversão"*, se este uso não privasse o conceito de "introversão" (da libido) de seu único sentido justificado.

O INÍCIO DO TRATAMENTO

um conhecimento anterior entre o médico e o futuro analisando, têm nítidas consequências desfavoráveis, para as quais se deve estar preparado. Pois fazem o paciente encarar o médico com atitude transferencial pronta, que o médico tem de primeiro descobrir lentamente, em vez de ter a oportunidade de observar a transferência nascer e crescer. Desse modo o paciente tem uma dianteira por algum tempo, algo que na terapia só lhe concedemos a contragosto.

Deve-se desconfiar de todos os que propõem adiar o começo do tratamento. A experiência mostra que depois do prazo combinado eles não aparecem, mesmo quando o motivo desse adiamento, isto é, a racionalização do propósito, parece irrepreensível para o não iniciado.

Dificuldades especiais ocorrem quando há vínculos sociais ou de amizade entre o médico e o paciente que ingressa na análise, ou entre suas famílias. O psicanalista a quem se pede que receba em tratamento a esposa ou o filho de um amigo, pode se preparar para o fato de que o empreendimento, não importando o resultado, vai lhe custar a amizade. E tem que fazer o sacrifício, se não arranjar um substituto confiável.

Leigos e médicos que ainda confundem de bom grado a psicanálise e um tratamento por sugestão costumam atribuir grande valor à expectativa que o paciente traz para o novo tratamento. Acham com frequência que não se terá muito trabalho com um doente que tem enorme confiança na psicanálise e está plenamente convencido de sua verdade e eficácia. Com um outro será mais difícil, pois ele se mostra cético e em nada acredita, até ver o resultado em sua própria pessoa. Mas na realidade essa atitude dos doentes tem importância mínima; sua temporária confiança ou desconfiança pouco significa, ante as resistências internas que servem de âncora para a neurose. Claro que a disposição confiante do paciente torna agradável o trato inicial com ele; nós lhe agradecemos por isso, mas o advertimos que sua prevenção favorável será destruída pela primeira dificuldade que surgir no tratamento. E ao cético diremos que a análise não requer confiança, que ele pode ser crítico e desconfiado como quiser, que não levaremos sua atitude à conta do seu julgamento, pois ele não se acha em condição de formar um juízo confiável nessas questões; sua desconfiança é justamente um sintoma ao lado de seus outros sintomas, e não interferirá se ele apenas seguir conscientemente o que a regra do tratamento dele exigir.

Quem estiver familiarizado com a natureza da neurose, não se espantará de ouvir que mesmo alguém habilitado a praticar a psicanálise em outros pode se comportar como qualquer mortal e será capaz de produzir as mais fortes resistências, tão logo se torne ele mesmo objeto da análise. Então mais uma vez percebemos a dimensão psíquica profunda, e nada vemos de surpreendente no fato de a neurose se enraizar em camadas psíquicas em que a formação analítica não penetrou.

Pontos importantes no começo da terapia analítica são as estipulações a respeito de *tempo* e *dinheiro*.

O INÍCIO DO TRATAMENTO

No tocante ao tempo, sigo estritamente o princípio de contratar uma hora definida. Cada paciente recebe uma determinada hora de meu dia de trabalho; ela é sua, ele é responsável por ela, mesmo quando não a utiliza. Essa determinação, que em nossa sociedade é vista como natural para um professor de língua ou de música, pode parecer muito rígida, ou indigna da profissão, no caso de um médico. As pessoas tenderão a lembrar os numerosos acasos que podem impedir o paciente de a cada vez chegar ao médico na mesma hora, e pedirão que sejam levadas em conta as muitas doenças intercorrentes, que podem sobrevir no curso de um longo tratamento analítico. A minha resposta é: não há outra maneira. Com uma prática mais tolerante, as desistências "eventuais" se multiplicam de tal forma que o médico vê ameaçada a sua existência material. Na observância rigorosa dessa determinação, porém, verifica-se que impedimentos ocasionais não ocorrem absolutamente, e enfermidades intercorrentes são raras. Dificilmente nos vemos na situação de gozar um ócio de que nos envergonharíamos; podemos continuar o trabalho sem interrupções, evitando a experiência penosa e desconcertante de sempre ver surgir uma pausa de que não temos culpa, quando o trabalho prometia se tornar particularmente importante e rico em conteúdo. Somente após exercer por alguns anos a psicanálise, em severa obediência ao princípio da hora contratada, é que nos persuadimos realmente da importância do fator psicogênico na vida cotidiana das pessoas, da frequência das "doenças escolares" e da insignificância do acaso. Havendo indubitáveis afecções orgânicas,

O INÍCIO DO TRATAMENTO

que certamente não podem ser excluídas pelo interesse psíquico do paciente [em comparecer], eu interrompo o tratamento, considero-me autorizado a dar outro emprego à hora liberada, e aceito novamente o paciente, tão logo ele se restabeleça e eu tenha uma outra hora livre.

Trabalho com os pacientes diariamente, com exceção dos domingos e dias feriados, ou seja, normalmente seis vezes na semana. Para casos leves, ou continuação de tratamentos avançados, bastam três horas por semana. Fora isso, limitações de tempo não são vantajosas nem para o médico nem para o paciente; e no começo devem ser inteiramente rejeitadas. Até mesmo interrupções breves perturbam um pouco o trabalho; costumávamos falar, brincando, de uma "crosta da segunda-feira", ao começar de novo após o descanso de domingo. No trabalho pouco frequente há o perigo de não acompanharmos o ritmo das vivências reais do paciente, de a terapia perder o contato com o presente e enveredar por caminhos secundários. Ocasionalmente encontramos doentes aos quais é preciso dedicar mais tempo que a média de uma hora, pois gastam a maior parte dessa hora para "degelar" e se tornar comunicativos.

Uma pergunta incômoda para o médico, que o doente lhe dirige logo no começo, é: "Quanto tempo vai durar o tratamento? Quanto tempo o senhor precisa para me livrar de meu sofrimento?". Tendo proposto uma experiência de algumas semanas, escapamos de uma resposta direta a essa pergunta, ao prometer que depois do período experimental poderemos dar uma notícia mais segura. Respondemos quase como Esopo na fábula, quando o

O INÍCIO DO TRATAMENTO

andarilho pergunta pela extensão do caminho e ouve a exortação: "Anda!", que é explicada com a justificativa de que é preciso antes conhecer o passo do andarilho, para poder calcular a duração de sua viagem. Esse expediente nos ajuda nas primeiras dificuldades, mas a comparação não é boa, pois o neurótico pode mudar seu andamento com facilidade, e fazer progressos muito lentos às vezes. A pergunta sobre a duração do tratamento é quase impossível de responder, na verdade.

A falta de percepção dos doentes e a insinceridade dos médicos se juntam para que as mais desmedidas exigências sejam feitas à análise, concedendo-lhe para isso um mínimo de tempo. Ofereço como exemplo os seguintes dados, da carta de uma senhora da Rússia, que há poucos dias recebi. Ela tem 53 anos de idade, vem sofrendo há 23 anos, há dez é incapaz de qualquer trabalho constante. "Tratamentos em várias clínicas de nervos" não conseguiram habilitá-la para uma "vida ativa". Ela espera ser completamente curada pela psicanálise, sobre a qual leu alguma coisa. Mas seu tratamento já custou tanto à sua família que ela não poderia permanecer mais que seis ou oito semanas em Viena. Outra dificuldade está em que ela deseja, desde o início, "manifestar-se" apenas por escrito, pois tocar em seus complexos provocaria nela uma explosão, ou a deixaria "temporariamente muda". Ninguém espera que se possa erguer uma pesada mesa com dois dedos, como um leve banquinho, ou construir uma casa grande no mesmo intervalo de tempo que uma palhoça, mas quando se trata de neuroses, que não parecem estar incluídas no conjunto do pensar

O INÍCIO DO TRATAMENTO

humano, mesmo pessoas inteligentes esquecem que existe proporcionalidade entre tempo, trabalho e êxito. O que é, aliás, uma compreensível decorrência da ignorância profunda acerca da etiologia das neuroses. Devido a essa ignorância, a neurose lhes parece uma "garota vinda de longe".* Não se sabe de onde veio; por isso esperam que um belo dia desapareça.

Os médicos apoiam essa fácil confiança; mesmo os informados entre eles deixam de estimar corretamente a severidade dos distúrbios neuróticos. Um colega e amigo, que tenho em alta conta por ter se voltado para a psicanálise após várias décadas de trabalho científico baseado em outras premissas, escreveu-me certa vez: "O que necessitamos é um tratamento ambulatorial curto e cômodo para as neuroses obsessivas". Não pude lhe fornecer isso, envergonhei-me, e procurei me desculpar com a observação de que provavelmente os especialistas em medicina interna** ficariam também satisfeitos com uma terapia da tuberculose ou do câncer que reunisse essas vantagens.

---

* Alusão a um poema de Schiller que tem esse título, "Das Mädchen aus der Fremde".
** "Especialistas em medicina interna": o termo original, *Internisten*, não tem equivalência em português; traduzi-lo por "clínicos gerais" seria equivocado. Um *Internist* é um especialista (ou semiespecialista) que se ocupa de medicina interna, de uma área que reúne elementos da gastroenterologia, cardiologia, endocrinologia, oncologia etc. Os dicionários alemães e bilíngues apenas o definem como "especialistas em doenças internas" — a solução que foi adotada na *Standard* inglesa, enquanto as demais versões consultadas recorreram simplesmente a "internistas" e, no caso da francesa, a *médecins*.

O INÍCIO DO TRATAMENTO

Para dizê-lo de modo mais direto, a psicanálise requer longos períodos de tempo, semestres ou anos inteiros, mais longos do que espera o paciente. Por isso temos a obrigação de revelar esse fato ao doente, antes que ele se decida finalmente pelo tratamento. Considero mais digno, e também mais adequado, se já de antemão o prevenimos, sem pretender assustá-lo, acerca dos sacrifícios e das dificuldades da terapia analítica, privando-o assim de qualquer direito de afirmar depois que foi atraído para um tratamento cuja extensão e significado ele não conhecia. Quem se deixa intimidar por essas informações se revelaria depois inapto, sem dúvida. É bom proceder a uma triagem desse tipo antes do início do tratamento. Com o maior esclarecimento dos enfermos, cresce também o número dos que passam nessa primeira prova.

Eu me recuso a fazer os pacientes se comprometerem por um certo período com o tratamento, permito a cada um interromper a terapia quando lhe aprouver, mas não lhe escondo que uma ruptura, depois de um breve trabalho, não trará consigo nenhum êxito, e facilmente poderá deixá-lo num estado insatisfatório, como uma operação inacabada. Nos primeiros anos de minha atividade psicanalítica, eu tinha enorme dificuldade em fazer os doentes perseverarem; há tempos essa dificuldade se modificou, agora tenho que me preocupar em induzi-los a parar.

O encurtamento da terapia analítica é um desejo legítimo, cuja realização, como veremos, é tentada por diversos caminhos. Infelizmente um fator importante o

O INÍCIO DO TRATAMENTO

contraria, a lentidão com que se efetuam mudanças psíquicas profundas, e em última instância, talvez, a "atemporalidade" dos nossos processos inconscientes. Quando os doentes se veem ante a dificuldade do enorme gasto de tempo na análise, não é raro proporem um expediente para resolvê-la. Dividem seus males entre aqueles que consideram intoleráveis e os que descrevem como secundários, dizendo: "Se o senhor puder me livrar deste (por exemplo, dores de cabeça, uma determinada angústia), com o outro eu mesmo me arranjo na vida". Nisso, porém, eles superestimam o poder seletivo da análise. Certamente o médico analítico pode fazer muito, mas não é capaz de determinar exatamente o que fará ocorrer. Ele inicia um processo, a dissolução das repressões existentes, pode vigiá-lo, promovê-lo, tirar obstáculos do caminho, e sem dúvida estragá-lo em boa parte também. Mas no conjunto esse processo iniciado segue seu próprio caminho, e não permite que se prescreva nem sua direção nem a sequência dos pontos que ataca. O poder do analista sobre as manifestações da doença pode ser comparado à potência masculina. O homem mais vigoroso é capaz de gerar toda uma criança, mas não de fazer crescer no organismo feminino uma cabeça, um braço ou uma perna; não pode sequer determinar o sexo da criança. Pois apenas inicia também um processo altamente complicado, determinado por acontecimentos antigos, que termina com o filho separando-se da mãe. Também a neurose de uma pessoa tem características de um organismo, suas manifestações parciais não são independentes uma da outra,

O INÍCIO DO TRATAMENTO

elas se condicionam, costumam apoiar-se mutuamente; sofre-se apenas de uma neurose, não de várias que casualmente se encontram num indivíduo. O doente ao qual livramos de um sintoma intolerável, conforme seu desejo, bem poderia descobrir que um sintoma que era ligeiro se exacerbou até ficar intolerável. Quem desejar separar o êxito, tanto quanto for possível, de suas condições sugestivas (isto é, transferenciais) fará bem em renunciar ao quê de influência seletiva sobre o resultado terapêutico, que o médico talvez possua. Os pacientes mais bem-vindos ao psicanalista serão os que lhe pedirem saúde plena, na medida em que puder ser alcançada, e puserem à sua disposição todo o tempo que for necessário para o processo de restabelecimento. É claro que somente em alguns casos pode-se esperar condições tão favoráveis.

O próximo ponto sobre o qual se deve decidir, no começo de um tratamento, é o dinheiro, os honorários do médico. O analista não contesta que o dinheiro deve ser visto em primeiro lugar como meio de autopreservação e obtenção de poder, mas afirma que poderosos fatores sexuais estão envolvidos na apreciação do dinheiro. Ele pode lembrar que as questões de dinheiro são tratadas pelos homens civilizados de modo semelhante ao das coisas sexuais, com a mesma duplicidade, falso pudor e hipocrisia. Então ele já está decidido a não fazer igual, a tratar assuntos de dinheiro, diante do paciente, com a mesma natural franqueza na qual pretende educá-lo em questões sexuais. Ele demonstra ter se desembaraçado

O INÍCIO DO TRATAMENTO

ele mesmo da falsa vergonha, ao comunicar espontaneamente em quanto estima seu tempo. Depois a prudência humana recomenda que não se deixem acumular grandes somas, solicitando o pagamento a intervalos curtos e regulares — mensalmente, digamos. (Como se sabe, o valor de um tratamento não é aumentado aos olhos do paciente quando se cobra bem pouco por ele.) Sabemos que essa não é a prática do médico de nervos e outros especialistas em nossa sociedade europeia. Mas o psicanalista pode se pôr no lugar do cirurgião, que é sincero e custoso, porque dispõe de tratamentos que ajudam. Penso que é mais digno, e eticamente mais irrepreensível, declarar suas reais exigências e necessidades, em vez de, como ainda hoje é costume entre os médicos, fazer papel de filantropo desinteressado, situação que certamente não lhe cabe, e afligir-se ou invectivar a falta de respeito e o afã de exploração do paciente. Em prol de sua reivindicação de pagamento, o analista alegará também que, embora trabalhe muito, jamais ganhará tanto como outros especialistas da medicina.

Pelas mesmas razões ele deve se recusar a tratar alguém sem honorários, e não fazer exceção para os colegas ou seus parentes. Essa última exigência parece ir de encontro à camaradagem médica; mas tenha-se em vista que um tratamento gratuito significa bem mais para um psicanalista que para qualquer outro, ou seja, a subtração de parte considerável do tempo de que dispõe para ganhar a vida (uma oitava, uma sétima parte, talvez), durante muitos meses. Um tratamento gratuito simultâneo lhe roubaria já um quarto ou um terço de

O INÍCIO DO TRATAMENTO

sua capacidade de ganho, o que seria equivalente ao efeito de um grave acidente traumático.

Pergunta-se, então, se a vantagem para o paciente compensa de algum modo o sacrifício do médico. Creio poder arriscar um juízo a esse respeito, pois durante uns dez anos dediquei uma hora por dia, ocasionalmente duas, a tratamentos gratuitos, porque queria trabalhar com a menor resistência possível, a fim de me orientar no estudo da neurose. Mas não encontrei nisso as vantagens que procurava. O tratamento gratuito aumenta bastante algumas resistências do neurótico; nas mulheres jovens, por exemplo, a tentação que está contida na relação de transferência; nos homens jovens, a revolta contra o dever da gratidão, que provém do complexo paterno e se inclui entre os mais sérios obstáculos à ajuda médica. A ausência do efeito regulador proporcionado pelo pagamento ao médico se faz sentir bastante penosamente; toda a relação se afasta do mundo real; retira-se ao paciente um bom motivo para se empenhar pelo fim do tratamento.

Podemos nos situar bem longe da condenação ascética do dinheiro, e no entanto lamentar que a terapia analítica, por razões externas e internas, seja quase inacessível para os pobres. Quanto a isso não há muito a fazer. Talvez haja verdade na afirmação frequente de que sucumbe com menor facilidade à neurose aquele a quem as necessidades da vida fazem trabalhar duramente. Indiscutível é sem dúvida uma outra experiência, a de que um homem pobre que produziu uma neurose dificilmente se livra dela. São muito bons os serviços que ela lhe presta

O INÍCIO DO TRATAMENTO

na luta pela autoafirmação; o ganho secundário trazido pela doença é muito importante para ele. A comiseração que as pessoas recusaram à sua necessidade material, ele agora a reivindica em nome da neurose, e pode se liberar da exigência de combater sua pobreza mediante o trabalho. Quem ataca a neurose de um pobre com os meios da psicoterapia, via de regra faz a comprovação de que o caso pede uma terapia prática inteiramente diversa, do tipo que, segundo a nossa tradição local, era utilizado pelo imperador José II. É claro que ocasionalmente encontramos pessoas valiosas que não têm culpa de seu desamparo, nas quais o tratamento gratuito não esbarra nesses obstáculos e obtém resultados felizes.

Para a classe média, o gasto de dinheiro exigido na psicanálise é excessivo apenas na aparência. Sem considerar que são incomensuráveis, de um lado, saúde e capacidade de realização, e, de outro, um moderado dispêndio financeiro: somando os gastos infindáveis com sanatórios e tratamento médico, e contrapondo a eles o acréscimo da capacidade de realização e aquisição, após uma terapia analítica bem-sucedida, pode-se dizer que os doentes fizeram um bom negócio. Não há nada mais caro na vida que a doença — e a estupidez.

Antes de encerrar estas observações sobre o início do tratamento analítico, direi algo a respeito de um certo cerimonial da situação em que é conduzida a terapia. Eu mantenho o conselho de fazer o paciente deitar sobre um divã, enquanto o analista fica sentado atrás dele, fora de sua vista. Esse arranjo tem um sentido histórico,

O INÍCIO DO TRATAMENTO

é vestígio do tratamento hipnótico, a partir do qual se desenvolveu a psicanálise. Mas ele merece ser mantido por razões diversas. De imediato por um motivo pessoal, que outros talvez partilhem comigo. Eu não consigo ser olhado por outras pessoas durante oito horas (ou mais) diariamente. Como eu também me abandono ao curso de meus pensamentos inconscientes, não quero que as expressões de meu rosto forneçam material para interpretações do paciente ou influenciem o que ele tem a comunicar. O paciente costuma apreender como uma privação a situação que lhe é imposta e se revolta contra ela, em particular se o impulso de olhar* (o voyeurismo) tem papel significativo em sua neurose. Mas eu insisto nessa medida, que tem o propósito e o resultado de impedir a inadvertida intromissão da transferência nos pensamentos espontâneos do paciente, de isolar a transferência e fazer que no devido tempo ela se destaque nitidamente como resistência. Sei que muitos analistas atuam de outro modo, mas não sei se nesta divergência há sobretudo ânsia de agir de outro modo, ou alguma vantagem que encontraram nisso.

* "Impulso de olhar": *Schautrieb*; nas versões consultadas: *el instinto visual*, *pulsión de ver*, omissão na ed. francesa, *instinct for looking*. O termo alemão *Trieb* é geralmente traduzido por "instinto" nesta edição. Embora reconheçamos a insuficiência do termo português, não vemos vantagem em introduzir o feio neologismo "pulsão", como argumentamos em *As palavras de Freud*, op. cit. *Trieb* também admite o significado de "impulso", e recorremos a essa palavra quando a versão por "instinto" nos parece particularmente insatisfatória, como nesse caso.

O INÍCIO DO TRATAMENTO

Uma vez acertadas desse modo as condições da terapia, surge a questão de em que ponto e com que material se deve começar o tratamento.

Tudo considerado, é indiferente o assunto com que se inicia o tratamento, seja a história da vida do paciente, a história de sua doença ou as recordações da infância. Mas de toda maneira deve-se permitir que o paciente fale, deixando à sua escolha o ponto de partida. Então lhe dizemos: "Antes que eu possa lhe dizer algo, preciso saber muito sobre você; por favor, me conte o que sabe de você".

A única exceção diz respeito à regra fundamental da técnica psicanalítica, que o paciente deve observar. Já no início ele é informado acerca dela: "Ainda uma coisa, antes de você começar. Há um ponto em que seu relato deve ser diferente de uma conversa normal. Enquanto geralmente se procura, com razão, manter um fio condutor naquilo que se expõe, excluindo as associações e pensamentos secundários que perturbam a exposição, para não 'ir do centésimo ao milésimo',* como se diz, você deve proceder de outro modo. Observará que durante o seu relato lhe ocorrerão pensamentos diversos, que você gostaria de rejeitar, devido a certas objeções críticas. Estará tentado a dizer a si mesmo que isso ou aquilo não vem ao caso, ou é totalmente irrelevante, ou é absurdo, e

---

* Expressão idiomática alemã; significa, como se nota pelo contexto, "afastar-se muito de um tema".

O INÍCIO DO TRATAMENTO

então não é preciso comunicá-lo. Não ceda jamais a essa crítica, e comunique-o apesar disso, ou melhor, precisamente por isso, porque você sente uma aversão àquilo. A razão dessa regra — a única que deve seguir, na verdade — você perceberá e compreenderá depois. Portanto, diga tudo o que lhe vier à mente. Comporte-se, por exemplo, como um viajante que está sentado à janela do trem e descreve para seu vizinho, alojado no interior, como se transforma a vista ante seus olhos. Enfim, não esqueça jamais que você prometeu sinceridade absoluta, e nunca passe por cima de algo porque por alguma razão lhe é desagradável comunicá-lo".[3]

---

3 Sobre as nossas experiências com a regra fundamental da psicanálise haveria muito a dizer. Eventualmente encontramos pessoas que se comportam como se elas mesmas tivessem feito esta regra. Outras a infringem desde o começo. É indispensável, e também vantajoso, comunicá-la nos primeiros estágios do tratamento; mais tarde, sob o domínio das resistências, diminui a obediência a ela, e sempre chega um momento em que o paciente a ignora. É preciso lembrar-se, a partir da própria autoanálise, como é irresistível a tentação de ceder aos pretextos da crítica para rejeitar os pensamentos espontâneos. Podemos nos convencer da pouca eficácia desses contratos que firmamos com o paciente, ao apresentar a regra psicanalítica fundamental, quando pela primeira vez surge algo íntimo a comunicar sobre uma terceira pessoa. O paciente sabe que deve dizer tudo, mas torna a discrição para com os outros em um novo obstáculo. "Devo dizer tudo realmente? Pensei que isto se aplicava apenas ao que me diz respeito." Naturalmente é impossível levar a cabo um tratamento analítico no qual as relações do paciente com outras pessoas e os seus pensamentos acerca delas estão excluídos da comunicação. *Pour faire une omelette il faut casser des œufs* [Para fazer uma omelete é preciso quebrar os ovos]. Um homem correto esquece prontamente os segredos de

O INÍCIO DO TRATAMENTO

Pacientes que calculam ter adoecido num determinado momento costumam abordar o que ocasionou a doença; outros, que não desconhecem os laços entre sua neurose e sua infância, frequentemente começam pela exposição de toda a história de sua vida. Não se deve esperar um relato sistemático de maneira alguma, nem fazer nada para provocá-lo. Cada pedacinho da história terá de ser contado novamente depois, e somente com essas repetições aparecerão os complementos que fornecem os laços relevantes, desconhecidos do paciente.

Existem pacientes que desde as primeiras sessões preparam cuidadosamente o que vão relatar, supostamente para assegurar a melhor utilização do tempo de tratamento. O que assim se disfarça de zelo é resistência. Deve-se desaconselhar essa preparação, que é realizada

---

gente desconhecida que não lhe parecem relevante saber. Também não se pode admitir a exclusão de nomes; de outro modo, os relatos do paciente adquirem um ar nebuloso, como as cenas de *A filha natural*, de Goethe, e não aderem à memória do médico; além disso, os nomes retidos impedem o acesso a todo tipo de relações importantes. Podemos deixar que nomes sejam reservados, digamos, até que o analisando esteja mais familiarizado com o médico e o procedimento. É bastante notável como toda a tarefa se torna impossível quando se permite a reserva num único ponto. Mas pensemos no que ocorreria se entre nós vigorasse direito de asilo, digamos, num único lugar da cidade; quanto tempo demoraria, até que toda a canalha da cidade se reunisse naquele lugar. Em certa ocasião, tratei um alto funcionário que por juramento era impedido de comunicar certas coisas, como segredos de Estado, e fracassei com ele devido a essa restrição. O tratamento psicanalítico deve sobrepor-se a todas as considerações, porque a neurose e suas resistências não têm consideração.

O INÍCIO DO TRATAMENTO

apenas para proteger-se da emergência de pensamentos indesejados.[4] Por mais que o doente creia sinceramente na sua louvável intenção, a resistência participará desse modo de preparação intencional, obtendo que o material mais precioso escape à comunicação. Logo se perceberá que o paciente inventa outros meios de subtrair ao tratamento o que é exigido. Ele pode, digamos, discutir diariamente a terapia com um amigo íntimo, e abrigar nessa conversa todos os pensamentos que lhe viriam na presença do médico. O tratamento possui então um vazamento, por onde escorre justamente o melhor. Será então oportuno recomendar ao paciente que trate sua análise como um assunto dele e de seu médico, e que não informe outras pessoas a respeito dela, por mais próximas ou mais curiosas que sejam. Em estágios posteriores da terapia, normalmente o paciente não fica sujeito a tentações desse tipo.

Não me oponho aos pacientes que querem manter seu tratamento em segredo, muitas vezes porque guardaram sua neurose em segredo. Naturalmente é secundária a consideração de que, devido a essa reserva, os contemporâneos ignoram alguns dos mais belos casos de cura. Sem dúvida, a decisão de manter sigilo já revela um traço da história secreta do paciente.

Quando exortamos os pacientes, no começo do tratamento, a informar o menor número possível de pessoas, em alguma medida os protegemos das muitas influên-

---

4 Exceções podem ser admitidas apenas para dados como relações de parentesco, períodos e locais de permanência, operações etc.

O INÍCIO DO TRATAMENTO

cias hostis que tentarão afastá-lo da análise. Tais influências poderão ser nocivas no início do tratamento. Mais tarde serão indiferentes, em geral, ou mesmo úteis para trazer à luz as resistências que desejam se ocultar.

Se durante a análise o paciente necessitar temporariamente de uma outra terapia, clínica ou especializada, é bem mais apropriado recorrer a um colega não psicanalista do que prestar essa outra assistência. Tratamentos combinados, para padecimentos neuróticos de forte apoio orgânico, são geralmente impraticáveis. Os pacientes retiram seu interesse da análise, tão logo lhes é mostrado um outro caminho que leve à cura. O melhor é adiar o tratamento orgânico até a conclusão do psíquico; dando precedência ao primeiro, ele não teria sucesso na maioria dos casos.

Voltemos à questão do início do tratamento. Volta e meia surgem pacientes que começam a terapia assegurando que nada lhes ocorre que pudessem relatar, embora tenham diante de si, intocada, toda a história de sua vida e de sua doença. Não devemos atender à solicitação de indicar aquilo que devem falar, nem na primeira vez nem nas outras. É preciso não esquecer aquilo com que estamos lidando. Uma forte resistência passou a primeiro plano para defender a neurose; temos que aceitar imediatamente o desafio e enfrentá-lo. A afirmação, energicamente repetida, de que não existe uma tal ausência de pensamentos espontâneos no início, de que se trata de uma resistência à análise, logo obriga o paciente às confissões esperadas, ou põe a descoberto

O INÍCIO DO TRATAMENTO

uma parcela inicial de seus complexos. Não é bom sinal se ele tiver de confessar que ao ouvir a regra fundamental fez mentalmente a reserva de que entretanto não falaria isso ou aquilo. Menos mal se ele precisar apenas comunicar a desconfiança que tem pela análise, ou as coisas terríveis que escutou sobre ela. Caso ele questione essas e outras possibilidades semelhantes que lhe forem apresentadas, podemos pressioná-lo a reconhecer que negligenciou determinados pensamentos que o ocupavam. Ele pensou no tratamento em si, mas em nada definido, ou se ocupou da aparência da sala onde se encontra, ou teve de pensar nos objetos do consultório, e no fato de estar deitado num divã, e tudo isso ele substitui pela palavra "nada". Essas indicações são compreensíveis; tudo o que se liga à situação presente corresponde a uma transferência para o médico, que resulta adequada para servir de resistência. Então somos obrigados a começar com o desvelamento dessa transferência; a partir dela encontramos rapidamente o caminho para penetrar no material patogênico do doente. Mulheres que, pelos acontecimentos de sua vida passada, estão alertas para uma possível agressão sexual, e homens com homossexualidade reprimida bastante forte, serão os primeiros a recusar-se aos pensamentos espontâneos no começo da análise.

Tal como a primeira resistência, também os primeiros sintomas ou atos ocasionais dos pacientes podem reivindicar um interesse especial e revelar um complexo que governa a sua neurose. Um jovem e espirituoso filósofo, com refinada atitude estética, apres-

O INÍCIO DO TRATAMENTO

sa-se em alinhar o vinco da calça, ao deitar-se para a primeira sessão; verifica-se que ele foi um coprófilo de grande requinte, como se esperaria do futuro esteta. Na mesma situação, uma jovem se precipita em puxar a barra da saia sobre o tornozelo exposto, e com isso revela o principal daquilo que a análise descobrirá, o seu orgulho narcísico pela beleza do corpo e suas tendências exibicionistas.

Um grande número de pacientes é contra a determinação de que se deitem, enquanto o médico fica atrás deles, sentado e fora da sua vista. Eles pedem permissão para fazer o tratamento em outra posição, geralmente porque não querem dispensar a visão do médico. Via de regra isso é recusado; mas não se pode impedi--los de dizer algumas frases antes do começo da "sessão" ou depois de anunciado o seu fim, quando já se levantaram. Assim eles dividem o tratamento em uma parte oficial, durante a qual geralmente se comportam de maneira inibida, e uma "simpática", em que falam de modo realmente livre, comunicando todo tipo de coisas que eles mesmos não incluem no tratamento. O médico não consente essa divisão por muito tempo, ele atenta para o que é falado antes ou depois da sessão, e, ao aproveitá-lo na ocasião seguinte, põe abaixo a parede divisória que o paciente tentou erguer. Ela será novamente construída com o material de uma resistência de transferência.

Enquanto as comunicações e os pensamentos espontâneos do paciente ocorrerem sem interrupção, não se deverá tocar no tema da transferência. Para cuidar disso, o mais

O INÍCIO DO TRATAMENTO

delicado dos procedimentos, espera-se até que a transferência tenha se transformado em resistência.

A próxima questão que nos é colocada é essencial. Ela diz: Quando devemos iniciar as comunicações ao analisando? Quando é oportuno lhe revelar o significado oculto de seus pensamentos espontâneos, iniciá-lo nos pressupostos e procedimentos técnicos da psicanálise?

A resposta tem de ser: apenas depois que se estabeleceu no paciente uma transferência produtiva, um *rapport* apropriado. O primeiro objetivo do tratamento é ligá-lo à terapia e à pessoa do médico. Para isso, não é preciso senão lhe dar tempo. Se testemunhamos um sério interesse por ele, eliminamos as resistências que surgem no início e evitamos determinados erros, o paciente estabelece uma tal ligação por si mesmo e associa o médico a uma das imagos daquelas pessoas de que estava acostumado a receber amor. No entanto, é possível desperdiçar esse primeiro sucesso se adotamos já no início uma outra postura que não a de empatia, uma atitude moralizadora, por exemplo, ou se nos portamos como representante ou mandatário de uma parte interessada, do outro cônjuge etc.

Essa resposta implica naturalmente a condenação do procedimento segundo o qual comunicamos ao paciente as traduções dos seus sintomas tão logo atinamos com elas, ou que até mesmo vê como um triunfo especial jogar-lhe ao rosto estas "soluções" na primeira entrevista. Um analista treinado não terá dificuldade em perceber claramente os desejos contidos de um doente, já nas suas queixas e no relato da doença; mas quanta presunção e leviandade é preciso para informar a um estranho que acabamos de conhecer, e que ignora todos os pressupostos analíticos, que ele se acha unido incestuosamente à sua mãe, que abriga desejos de morte em relação à esposa que supostamente ama, que carrega a intenção de enganar seu chefe e coisas semelhantes! Soube que há psicanalistas que se gabam desses diagnósticos instantâneos e tratamentos expressos, mas quero prevenir a todos contra esses exemplos. Desse modo se obtém descrédito para si mesmo e a psicanálise, despertando igualmente a mais forte oposição, tenha-se ou não acertado; ou melhor, quanto mais se tiver acertado, mais forte a resistência. Via de regra a eficácia terapêutica será nenhuma, mas o desencorajamento diante da análise será definitivo. Mesmo em estágios posteriores do tratamento é necessário ter cautela, a fim de não comunicar uma solução de sintoma ou tradução de desejo antes que o paciente esteja bem próximo dela, de modo que baste um pequeno passo para ele mesmo se apoderar da solução. No passado, pude verificar frequentemente que a comunicação prematura de uma solução trazia um final prematuro ao tratamento, devido às resistências que eram subitamente despertadas, e também graças ao alívio que a solução proporcionava.

Neste ponto será feita a objeção: Nossa tarefa é então prolongar o tratamento, em vez de concluí-lo o mais rápido possível? O doente não sofre por insciência e incompreensão, não há o dever de torná-lo ciente [*wissend*] o mais breve possível, tão logo o médico mesmo se torne ciente?

O INÍCIO DO TRATAMENTO

A resposta a essa questão exige um pequeno excurso a respeito da significação do saber [*Wissen*] e do mecanismo da cura na psicanálise.

É certo que nos primeiros tempos da técnica psicanalítica, numa postura intelectualista, demos bastante valor ao fato de o doente saber o que tinha esquecido, mal distinguindo entre o nosso saber e o dele. Considerávamos muita sorte obter de uma outra pessoa informações sobre o trauma infantil esquecido, dos pais, de quem cuidava da criança ou do próprio sedutor, por exemplo, como se mostrou possível em alguns casos, e nos apressávamos em levar ao conhecimento do doente a notícia e as provas de sua exatidão, na segura expectativa de dar um rápido fim à neurose e ao tratamento. Era grande o desapontamento quando o êxito esperado não se apresentava. Como podia acontecer que o doente, que agora sabia de sua vivência traumática, agisse como se não soubesse mais do que antes? Nem mesmo a lembrança do trauma reprimido vinha à tona, após a comunicação e descrição dele.

Num caso determinado, a mãe de uma garota histérica me revelou a experiência homossexual que tivera grande influência na fixação dos ataques da garota. A própria mãe havia flagrado a cena, mas a doente a esquecera por completo, embora já pertencesse à época da pré-puberdade. Pude então fazer uma experiência instrutiva. Toda vez que repetia o relato da mãe diante da garota, ela reagia com um ataque histérico, e depois a

O INÍCIO DO TRATAMENTO

informação era novamente esquecida. Não havia dúvida de que a doente manifestava a mais forte resistência a um saber que lhe era imposto; chegou a simular imbecilidade e amnésia total, a fim de se proteger do que eu lhe comunicava. Depois disso foi preciso retirar, do fato de saber em si, a importância que lhe fora atribuída, e colocar a ênfase nas resistências que haviam causado o não saber, e que ainda então estavam dispostas a defendê-lo. Diante dessas resistências o saber consciente era impotente, mesmo quando não era novamente expulso.

O estranho comportamento dos doentes, capazes de juntar um saber consciente com o não saber, permanece inexplicável para a chamada psicologia normal. Para a psicanálise isso não oferece dificuldade, devido a seu reconhecimento do inconsciente; mas o fenômeno descrito constitui um bom suporte para a concepção que aborda os processos psíquicos a partir de uma diferenciação topográfica. Os doentes sabem da vivência reprimida, em seu pensamento, mas falta a este a ligação com o lugar onde de algum modo se encontra a lembrança reprimida. Uma modificação pode ocorrer apenas quando o processo de pensar consciente penetra até esse lugar e supera as resistências da repressão. É como se o Ministério da Justiça promulgasse um decreto segundo o qual os delitos juvenis deveriam ser julgados com alguma leniência. Enquanto esse decreto não chegar ao conhecimento dos tribunais municipais, ou se os juízes municipais não tiverem a intenção de respeitar esse decreto, preferindo sentenciar de forma independente, não haverá qualquer mudança no tratamento dos delinquentes

O INÍCIO DO TRATAMENTO

juvenis. Acrescentemos, para maior exatidão, que a comunicação consciente do material reprimido não deixa de produzir efeito no doente. Ela não manifestará o efeito desejado, pôr fim aos sintomas, mas terá outras consequências. Primeiro estimulará resistências, mas depois, quando elas forem superadas, um processo de pensamento no curso do qual se realiza finalmente o influxo esperado sobre a lembrança inconsciente.

Já é tempo de obtermos uma vista panorâmica do jogo de forças que pusemos em ação com o tratamento. O primeiro móvel da terapia é o sofrimento do paciente, e o desejo de cura daí resultante. A magnitude dessa força motriz* é diminuída por várias coisas que apenas no decorrer da análise se revelam, sobretudo o ganho secundário da doença, mas a força motriz mesma deve se conservar até o fim do tratamento; cada melhora produz uma diminuição dela. Por si só, no entanto, ela é incapaz de eliminar a doença; para isso lhe faltam duas coisas: não conhece os caminhos que se deve tomar para alcançar esse fim, e não apresenta os montantes de energia necessários contra as resistências. Ambas as faltas são remediadas pelo tratamento analítico. Ele fornece as magnitudes de afeto requeridas para a superação das re-

---

* "Força motriz": é o sentido tradicional, dicionarizado, de *Triebkraft*, formado de *Kraft*, "força, energia", e *Trieb*, "impulso, instinto". Algumas das versões consultadas preferiram enfatizar o sentido específico desse último termo: *fuerza instintiva, fuerza pulsional, force instinctuelle, força motrice, motive-force*.

O INÍCIO DO TRATAMENTO

sistências, por meio da mobilização das energias que se acham à disposição da transferência; mediante comunicações oportunas, mostra ao doente os caminhos por onde ele deve guiar essas energias. A transferência pode, frequentemente, eliminar sozinha os sintomas de sofrimento, mas isso apenas de maneira provisória, precisamente enquanto ela dura. Isto seria um tratamento sugestivo, e não psicanálise. Ele merece este nome apenas quando a transferência utiliza a sua intensidade para a superação das resistências. Apenas então se torna impossível a doença, mesmo quando a transferência dissolveu-se novamente, como é seu destino.

No decorrer do tratamento um outro fator favorável é despertado, o interesse e compreensão intelectual do doente. Mas ele quase não conta, em relação às outras forças em luta; seu valor é continuamente ameaçado, devido à turbação do julgamento que procede das resistências. De forma que restam a transferência e a instrução (pela comunicação), como as novas fontes de força que o doente deve ao analista. No entanto, ele se serve da instrução apenas na medida em que é levado a isso pela transferência, e por esse motivo a primeira comunicação deve aguardar até que uma forte transferência se tenha estabelecido; e também, acrescentemos, toda comunicação posterior, até que seja eliminada a perturbação da transferência pelas resistências de transferência que aparecem uma após a outra.

RECORDAR, REPETIR E ELABORAR (1914)

NOVAS RECOMENDAÇÕES SOBRE A TÉCNICA DA PSICANÁLISE II

TÍTULO ORIGINAL: "ERINNERN, WIEDERHOLEN UND DURCHARBEITEN. (WEITERE RATSCHLÄGE ZUR TECHNIK DER PSYCHOANALYSE II)". PUBLICADO PRIMEIRAMENTE EM *INTERNATIONALE ZEITSCHRIFT FÜR ÄRZTLICHE PSYCHOANALYSE* [REVISTA INTERNACIONAL DE PSICANÁLISE MÉDICA], V. 2, N. 6, PP. 485-91. TRADUZIDO DE *GESAMMELTE WERKE* X, PP. 126-36; TAMBÉM SE ACHA EM *STUDIENAUSGABE, ERGÄNZUNGSBAND* [VOLUME COMPLEMENTAR], PP. 205-15. ESTA TRADUÇÃO FOI PUBLICADA ORIGINALMENTE NO *JORNAL DE PSICANÁLISE*, SOCIEDADE BRASILEIRA DE PSICANÁLISE DE SÃO PAULO, V. 27, N. 51, 1994; NA PRESENTE EDIÇÃO O TEXTO FOI REVISADO, ALGUMAS NOTAS DO TRADUTOR FORAM OMITIDAS E OUTRAS FORAM MODIFICADAS.

RECORDAR, REPETIR E ELABORAR

Não me parece desnecessário lembrar continuamente, àqueles que estudam a psicanálise, as profundas alterações que a técnica psicanalítica sofreu desde o início. Na primeira fase, a da catarse de Breuer, o foco era colocado sobre o momento da formação do sintoma, e havia o esforço persistente em fazer se reproduzirem os processos psíquicos daquela situação, para levá-los a uma descarga mediante a atividade consciente. Recordar e ab--reagir, com o auxílio do estado hipnótico, eram então as metas a serem alcançadas. Em seguida, depois da renúncia à hipnose, impôs-se a tarefa de descobrir, a partir dos pensamentos espontâneos* do analisando, o que

---

* "Pensamentos espontâneos": nossa tradução para *freie Einfälle*, que nas versões estrangeiras consultadas (duas em espanhol, uma francesa, a italiana da Boringhieri e a *Standard* inglesa) aparece como *ocurrencias espontáneas, ocurrencias libres, associazoni libere, associations libres, free associations*; para mais informações sobre o termo *Einfall*, ver nossa tradução de *Além do bem e do mal*, de Friedrich Nietzsche. São Paulo: Companhia das Letras, 1992 (ed. de bolso, 2005), nota 16.

Na mesma frase, "não conseguia" traduz *versagte*, que os tradutores consultados vertem por *no conseguía, denegaba, non riusciva, n'arrivait pas, failed*. O tradutor argentino usa *denegaba* porque o verbo *versagen* se relaciona a *Versagung*, que ele traduz por *frustración* ou *denegación* (cf. J. L. Etcheverry, *Sobre la versión castellana: volumen de presentación de las Obras completas de Sigmund Freud*. Buenos Aires: Amorrortu, 1978, p. 137). Esse é um problema constante ao se traduzir Freud: deve-se buscar a máxima literalidade técnica, ao risco de produzir textos pouco legíveis, mas que no original fluem naturalmente? (A versão argentina optou pela literalidade total, o que resultou num verdadeiro atentado à língua de Cervantes.) Nesse caso específico, *versagen* denota o fracasso em realizar uma ação — "não se consegue" fazer aquilo. Por isso acompanhamos a coloquialidade das outras versões.

RECORDAR, REPETIR E ELABORAR

ele não conseguia recordar. A resistência seria contornada mediante o trabalho de interpretação e a comunicação dos seus resultados ao doente; mantinha-se o foco sobre as situações em que se tinham formado os sintomas e aquelas que se verificavam por trás do momento em que surgira a doença, a ab-reação caía para segundo plano, parecendo substituída pelo dispêndio de trabalho que o analisando tinha que fazer, na superação da crítica a seus pensamentos espontâneos a que era obrigado (em obediência à regra $\psi\alpha^*$ fundamental). Por fim se formou a técnica coerente de agora, na qual o médico renuncia a destacar um fator ou problema determinado e se contenta em estudar a superfície psíquica apresentada pelo analisando, utilizando a arte da interpretação essencialmente para reconhecer as resistências que nela surgem e torná-las conscientes para o doente. Verifica--se então uma nova espécie de divisão de trabalho: o médico desencobre as resistências desconhecidas para o doente; sendo essas dominadas, com frequência o doente relata sem qualquer dificuldade as situações e os nexos esquecidos. O objetivo dessas técnicas permaneceu inalterado, sem dúvida. Em termos descritivos: preenchimento das lacunas da recordação; em termos dinâmicos: superação das resistências da repressão.

Temos que permanecer gratos à velha técnica hipnótica por nos ter mostrado processos psíquicos da análise de modo isolado e esquemático. Apenas assim pudemos

---

* $\Psi\alpha$: abreviatura do adjetivo "psicanalítica"; pouco usada por Freud, no entanto.

RECORDAR, REPETIR E ELABORAR

adquirir o ânimo de criar nós mesmos situações complicadas na terapia analítica e de mantê-las transparentes.

Naqueles tratamentos hipnóticos o recordar se configurava de forma bem simples. O paciente se punha numa situação anterior, que não parecia jamais se confundir com a presente, comunicava os processos psíquicos da mesma, até onde haviam permanecido normais, e acrescentava o que podia resultar da transformação dos processos antes inconscientes em conscientes.

Neste ponto farei algumas observações que todo analista vê confirmadas em sua experiência. O esquecimento de impressões, cenas, vivências reduz-se em geral a um "bloqueio" delas. Quando o paciente fala desse "esquecimento", raramente deixa de acrescentar: "Na verdade, eu sempre soube, apenas não pensava nisso". Não raro ele expressa desapontamento por não lhe ocorrerem bastantes coisas que possa reconhecer como "esquecidas", em que nunca tenha pensado novamente desde que sucederam. No entanto, também esse anelo é satisfeito, sobretudo nas histerias de conversão. O "esquecimento" sofre ainda limitação se apreciarmos as lembranças encobridoras, de presença universal. Em não poucos casos tive a impressão de que a conhecida amnésia infantil, para nós tão importante teoricamente, é inteiramente contrabalançada pelas lembranças encobridoras. Nestas se conserva não apenas algo essencial da vida infantil, mas verdadeiramente todo o essencial. É preciso apenas saber extraí-lo delas por meio da análise. Elas representam os anos esquecidos da infância tão adequadamente

RECORDAR, REPETIR E ELABORAR

quanto o conteúdo manifesto do sonho representa os pensamentos oníricos.

O outro grupo de eventos* psíquicos que, como atos puramente internos, podem ser contrapostos às impressões e vivências, as fantasias, referências, sentimentos, conexões,**

---

* "Eventos": no original, *Vorgänge*, geralmente traduzida por "processos", mas que pode também significar "acontecimentos, eventos", o que parece ser o caso.

** "Referências, sentimentos, conexões": *Beziehungsvorgänge, Gefühlsregungen, Zusammenhänge* — nas versões consultadas: *las asociaciones, lo sentimientos, etc.* [omissão]; *procesos de referimiento, mociones de sentimiento, nexos*; *i riferimenti, gli impulsi emotivi, le connessioni*; *des idées connexes et des émois* [omissão]; *processes of reference, emotional impulses, thought-connections.* O termo composto *Beziehungsvorgänge* significa literalmente "atos ou processos de relação, de referência", o que seria meio redundante em português. Sobre a possibilidade — ou conveniência — de ocasionalmente verter um composto alemão por uma só palavra em nossa língua, ver o apêndice B de *As palavras de Freud*, op. cit. O mesmo se aplica à palavra seguinte, *Gefühlsregung*, composta de *Gefühl*, "sentimento, sensação, emoção" e *Regung*; mas este segundo termo que a compõe traz uma dificuldade extra. A tendência mais nova, vinda de Paris, é traduzi-lo por "moção" (como em *Triebregung*, "moção pulsional" — essa pérola do jargão psicanalítico). No entanto, é preciso lembrar que, embora etimologicamente relacionado a "mover", "moção" veio a significar, tanto em francês como em português, "uma proposta apresentada numa assembleia deliberativa por um de seus membros", na definição de Domingos de Azevedo, (*Grande dicionário francês-português*. Lisboa: Bertrand, 8ª ed., 1984). Ninguém usa essa palavra com o sentido de "movimento". Em alemão, o verbo *regen* significa "mover, agitar"; uma variante dele é *anregen*, "estimular, incitar". Nossa tradução literal para *Gefühlsregungen* seria "impulsos emocionais"; mas no presente contexto, devido à enumeração em que está inserido o termo ("as fantasias" etc.), preferimos simplesmente "sentimentos".

RECORDAR, REPETIR E ELABORAR

tem de ser considerado separadamente na sua relação com o esquecer e o recordar. Nele sucede com particular frequência que seja "lembrado" algo que não poderia jamais ser "esquecido", pois em tempo algum foi percebido, nunca foi consciente e, além disso, parece não fazer nenhuma diferença, para o decurso psíquico, se uma dessas "conexões" era consciente e foi então esquecida, ou se jamais alcançou a consciência. A convicção que o doente adquire no curso da análise independe por completo de uma tal recordação.

Em especial nas várias formas da neurose obsessiva, o esquecimento se limita geralmente à dissolução de nexos, não reconhecimento de sequências lógicas, isolamento de recordações.

No caso de um tipo especial de vivências muito importantes, que têm lugar nos primórdios da infância e que na época foram vividas sem compreensão, mas depois, *a posteriori*,* encontraram compreensão e interpretação, em geral não é possível despertar a lembrança. Através dos sonhos pode-se chegar a conhecê-las, os motivos mais forçosos do conjunto

---

* *"A posteriori"*: em alemão, *nachträglich* (em itálico no original); nas versões consultadas: *luego, con efecto retardado, a posteriori, ultérieurement, subsequently.* O termo original já foi objeto de boas discussões na literatura psicanalítica. Nossa contribuição a esse debate se acha em *As palavras de Freud*, op. cit., capítulo sobre *nachträglich*.

RECORDAR, REPETIR E ELABORAR

da neurose* nos obrigam a acreditar nelas, e podemos igualmente nos convencer de que o analisando, após superar suas resistências, não invoca a ausência da sensação de lembrança (sentimento de familiaridade) para se recusar a aceitá-la. Entretanto, esse tema exige tamanha cautela crítica, e traz tanta coisa nova e surpreendente, que eu o reservarei para um tratamento à parte, com material apropriado.

Aplicando a nova técnica restará muito pouco, com frequência nada, daquele transcurso agradavelmente suave. Também surgem casos que até certo ponto se comportam como na técnica hipnótica e somente depois divergem; outros agem diferentemente desde o princípio. Se nos detemos nesse último tipo para caracterizar a diferença, é lícito afirmar que o analisando não recorda absolutamente o que foi esquecido e reprimido, mas sim o atua. Ele não o reproduz como lem-

---

* "Os motivos mais forçosos do conjunto da neurose": *die ʒwingendsten Motive aus dem Gefüge der Neurose* — nas versões consultadas: *la estructura de la neurose* [omissão], *los más probatorios motivos extraídos de la ensambladura de la neurosis, la structure même de la névrose apporte la preuve évidente de leur réalité* [omissão], *the most compelling evidence provided by the fabric of the neurosis*. A palavra *Gefüge* foi aqui traduzida por "conjunto", diferentemente de em outro texto deste volume ("Formulações sobre os dois princípios..."), onde usamos "corpo". Strachey recorre a *structure* no outro texto e, neste, a *fabric* ("tecido, trama", também "estrutura"). Quanto à palavra "motivo", traduz apenas uma das acepções de *Motiv*, que também significa "assunto, tema recorrente"; cf. *Leitmotiv*, em música: "motivo condutor".

RECORDAR, REPETIR E ELABORAR

brança, mas como ato, ele o repete, naturalmente sem saber que o faz.

Por exemplo: o analisando não diz que se lembra de haver sido teimoso e rebelde ante a autoridade dos pais, mas se comporta de tal maneira diante do médico. Não se lembra de que sua investigação sexual infantil não o levou a nada, deixando-o perplexo e desamparado, mas apresenta uma quantidade de sonhos e pensamentos confusos, lamenta que nada dá certo para ele, e vê como seu destino jamais concluir um empreendimento. Não se lembra de ter se envergonhado bastante de certas atividades sexuais e ter sentido medo de que fossem descobertas, mas mostra vergonha do tratamento a que se submete agora e procura escondê-lo de todos etc.

Sobretudo, ele começa a terapia* com uma repetição desse gênero. Frequentemente, ao comunicar a regra fundamental da psicanálise a um paciente com uma vida cheia de eventos e uma longa história de doença, e solicitar que ele diga o que lhe ocorrer, esperando que suas declarações fluam como uma torrente, constatamos que ele nada diz. Guarda silêncio e afirma que nada lhe

---

* "Terapia": *Kur*, no original; nas versões estrangeiras: *cura*, idem, *cura*, *cure*, *treatment*. A tradução de *Kur* por "cura" é enganosa, pois em português (diferentemente de outras línguas latinas) a palavra designa o resultado, não o processo. A versão de Strachey nos parece a mais adequada; "terapia" é a palavra grega para "tratamento". Reservamos "cura" para traduzir *Genesung* (do verbo *genesen*, "convalescer"), que aparecerá mais à frente; nesse caso, os tradutores de língua espanhola usam *curación*, a tradutora francesa, *guérison*, o italiano, *guarigione*, e o inglês, *recovery*.

RECORDAR, REPETIR E ELABORAR

ocorre. Isto não é outra coisa, naturalmente, que a repetição de uma atitude homossexual que se evidencia como resistência contra qualquer recordação. Enquanto ele permanecer em tratamento, não se livrará desta compulsão de repetição; por fim compreendemos que este é seu modo de recordar.

É natural que em primeira linha nos interesse a relação desta compulsão de repetição com a transferência e a resistência. Logo notamos que a transferência mesma é somente uma parcela de repetição, e que a repetição é transferência do passado esquecido, [transferência] não só para o médico, mas para todos os âmbitos da situação presente. Devemos estar preparados, portanto, para o fato de que o analisando se entrega à compulsão de repetir, que então substitui o impulso à recordação, não apenas na relação pessoal com o médico, mas também em todos os demais relacionamentos e atividades contemporâneas de sua vida, por exemplo quando, no decorrer do tratamento, escolhe um objeto amoroso, toma para si uma tarefa, começa um empreendimento. Também a participação da resistência não é difícil de reconhecer. Quanto maior a resistência, tanto mais o recordar será substituído pelo atuar (repetir). Pois o recordar ideal do que foi esquecido corresponde, na hipnose, a um estado em que a resistência foi totalmente afastada. Se a terapia começa sob os auspícios de uma suave e discretamente positiva transferência, ela permite inicialmente, como na hipnose, um aprofundar da recordação, durante o qual mesmo os sintomas patológicos silenciam; mas se no decurso posterior a transferência se torna hostil ou muito intensa, por isso necessitando de re-

RECORDAR, REPETIR E ELABORAR

pressão, imediatamente o recordar cede o lugar à atuação. A partir de então as resistências determinam a sequência do que será repetido. É do arsenal do passado que o doente retira as armas com que se defende do prosseguimento da terapia, as quais temos de lhe arrancar peça por peça.

Vimos então que o analisando repete em vez de lembrar, repete sob as condições da resistência; agora podemos perguntar: o que repete ou atua ele de fato? A resposta será que ele repete tudo o que, das fontes do reprimido, já se impôs em seu ser manifesto: suas inibições e atitudes inviáveis, seus traços patológicos de caráter. Ele também repete todos os seus sintomas durante o tratamento. E agora podemos ver que ao destacar a compulsão de repetição não adquirimos um novo fato, mas uma concepção mais unificada. Para nós se torna claro que a condição doente do analisando não pode cessar com o início da análise, que devemos tratar sua doença não como assunto histórico, mas como um poder atual. Essa condição doente é movida pouco a pouco para o horizonte e o raio de ação da terapia, e, enquanto o doente a vivencia como algo real e atual, devemos exercer sobre ela o nosso trabalho terapêutico, que em boa parte consiste na recondução ao passado.

Fazer lembrar, como sucedia na hipnose, dava inevitavelmente a impressão de um experimento de laboratório. Fazer repetir no tratamento analítico, segundo a nova técnica, significa conjurar uma fração da vida real, e por isso não pode ser inócuo e irrepreensível em todos os casos. A isto se relaciona todo aquele problema de "piorar durante a terapia", frequentemente inevitável.

RECORDAR, REPETIR E ELABORAR

Antes de tudo, a iniciação do tratamento leva o doente a mudar sua atitude consciente para com a doença. Normalmente ele se contentou em lamentá-la, desprezá-la como absurdo, subestimá-la na sua importância, e de resto deu prosseguimento, ante as suas manifestações, ao comportamento repressor, à política de avestruz que praticava com as suas origens. Pode então ocorrer que ele não saiba exatamente as precondições de sua fobia, que não escute as palavras corretas de suas ideias obsessivas ou não apreenda o verdadeiro propósito de seu impulso obsessivo. Naturalmente isso não ajuda a terapia. Ele tem de conquistar a coragem de dirigir sua atenção para os fenômenos de sua doença. A própria doença não deve mais ser algo desprezível para ele, mas sim tornar-se um digno adversário, uma parcela do seu ser fundamentada em bons motivos, de que cabe extrair algo valioso para sua vida futura. A reconciliação com o reprimido que se manifesta nos sintomas é assim preparada desde o início, mas também se admite uma certa tolerância para o estado enfermo. Se esta nova relação com a doença torna mais agudos os conflitos e faz sobressaírem sintomas até então indistintos, não é difícil consolar o doente com a observação de que isto é uma piora necessária e passageira, e que não se pode liquidar um inimigo que está ausente ou não está próximo o bastante. Mas a resistência pode explorar a situação para seus propósitos, e querer abusar da permissão de estar doente. Parece então dizer: "Olhe no que dá, se eu concordo com essas coisas. Não fiz bem em abandoná-las à repressão?". Crianças e jovens, em especial, costumam se aproveitar da indulgên-

RECORDAR, REPETIR E ELABORAR

cia pela condição enferma, que a terapia requer, para se regalar nos sintomas patológicos.

Outros perigos surgem do fato de que no curso da terapia podem chegar à repetição impulsos instintuais[*] novos e mais profundos, que ainda não se haviam imposto. Afinal, as ações realizadas pelo paciente fora da transferência podem trazer danos temporários à sua vida, ou até ser escolhidas de modo a depreciar duradouramente a saúde a ser conquistada.

Pode-se facilmente justificar a tática que o médico deve adotar nesta situação. Para ele, o recordar à maneira antiga, reproduzir no âmbito psíquico, continua sendo a meta a que se apega, embora saiba que na nova técnica isto não se pode alcançar. Ele se dispõe para uma luta contínua com o paciente, a fim de manter no âmbito psíquico todos os impulsos que este gostaria de dirigir para o âmbito motor, e comemora como um triunfo da terapia o fato de conseguir, mediante o trabalho da recordação, dar solução a[**] algo que o paciente gostaria de descarregar através de uma ação. Quando a ligação pela transfe-

---

[*] "Impulsos instintuais": *Triebregungen*; nas versões consultadas: *impulsos instintivos*, *mociones pulsionales*, *moti pulsionali*, *émois instinctuels*, *instinctual impulses*; cf. nota sobre *Wunschregung*, na p. 127 e sobre *Gefühlsregung*, na p. 197.

[**] "Dar solução a": tradução aqui dada ao verbo *erledigen*, que admite vários sentidos, segundo o contexto; o dicionário bilíngue de Udo Schau (Porto Editora, 1989) traz "acabar, despachar, pôr em ordem, regular, solucionar, resolver, decidir, combinar, executar, cumprir, realizar, afastar, realizar"; entre as versões consultadas, algumas são imprecisas: *derivar*, *tramitar*, *liquidare*, *is disposed of*.

RECORDAR, REPETIR E ELABORAR

rência tornou-se de algum modo aproveitável, o tratamento chega a impedir que o paciente realize os atos de repetição mais significativos e a utilizar a intenção para aquilo *in statu nascendi* como material para o trabalho terapêutico. O melhor modo de proteger o doente dos danos que traria a realização de seus impulsos é obrigá-lo a não tomar decisões vitais durante a terapia, não escolher profissão ou objeto amoroso definitivo, por exemplo, e sim esperar o momento da cura para esses propósitos.

Nisso respeitamos de bom grado aquilo que na liberdade pessoal do analisando é compatível com essas precauções, não o impedindo de executar propósitos de menor importância, embora tolos, e não esquecendo que na verdade apenas a experiência e o prejuízo tornam alguém sábio. Há também casos em que não podemos dissuadi-lo de empreender algo totalmente inadequado durante o tratamento, e em que somente depois ele se torna brando e acessível ao trabalho analítico. Ocasionalmente deve também suceder que não haja tempo de pôr as rédeas da transferência nos instintos indomados, ou que o paciente, num ato de repetição, corte o laço que o liga ao tratamento. Quero mencionar, como exemplo extremo, o caso de uma velha senhora que repetidamente abandonava a casa e o marido, em estado de semiausência,* e ia para um lugar

---

* "Estado de semiausência": *Dämmerszustände* — nas versões estrangeiras consultadas: *estados de obnubilación, estado crepuscular, états confusionnels, twilight state.*

RECORDAR, REPETIR E ELABORAR

qualquer, sem tomar consciência de algum motivo para essas "fugas". Ela iniciou o tratamento com uma transferência afetuosa, bem desenvolvida, intensificou-a com rapidez inquietante nos primeiros dias, e ao final de uma semana "fugiu" também de mim, antes que eu tivesse tempo de lhe dizer algo que pudesse prevenir tal repetição.

No entanto, o principal meio de domar a compulsão de repetição do paciente e transformá-la num motivo para a recordação está no manejo da transferência. Tornamos esta compulsão inofensiva, e até mesmo útil, ao reconhecer-lhe o seu direito, ao lhe permitir vigorar num determinado âmbito. Nós a admitimos na transferência, como numa arena em que lhe é facultado se desenvolver em quase completa liberdade, e onde é obrigada a nos apresentar tudo o que, em matéria de instintos patogênicos, se ocultou na vida psíquica do analisando. Quando o paciente se mostra solícito a ponto de respeitar as condições básicas do tratamento, conseguimos normalmente dar um novo significado de transferência a todos os sintomas da doença, substituindo sua neurose ordinária por uma neurose de transferência, da qual ele pode ser curado pelo trabalho terapêutico. Assim a transferência cria uma zona intermediária entre a doença e a vida, através da qual se efetua a transição de uma para a outra. O novo estado assumiu todas as características da doença, mas representa uma enfermidade artificial, em toda parte acessível à nossa interferência. Ao mesmo tempo é uma parcela da vida real, tornada possível por condições particular-

RECORDAR, REPETIR E ELABORAR

mente favoráveis, porém, e tendo uma natureza provisória. Das reações de repetição que surgem na transferência, os caminhos já conhecidos levam ao despertar das recordações, que após a superação das resistências se apresentam sem dificuldade.

Eu poderia me deter aqui, se o título deste ensaio não me obrigasse à exposição de mais um ponto da técnica psicanalítica. Como se sabe, a superação das resistências tem início quando o médico desvela a resistência jamais reconhecida pelo paciente e a comunica a ele. Mas parece que os principiantes da análise se inclinam a tomar esse início pelo trabalho inteiro. Com frequência fui consultado a respeito de casos em que o médico se queixou de haver mostrado ao doente sua resistência, sem que no entanto algo mudasse, a resistência havia mesmo se fortalecido e toda a situação se turvado ainda mais. Aparentemente, a terapia não estava indo adiante. Essa expectativa sombria resultou sempre errada. Em geral a terapia fazia progresso; o médico tinha apenas esquecido que nomear a resistência não pode conduzir à sua imediata cessação. É preciso dar tempo ao paciente para que ele se enfronhe na resistência agora conhecida,[*]

---

[*] "Agora conhecida": *nun bekannte* — nisso acompanhamos o texto da *Studienausgabe*, que retoma o da primeira edição. Nas edições posteriores a essa, inclusive nos *Gesammelte Werke*, isso foi alterado para *unbekannte*, "desconhecida", o que faz menos sentido (*makes less good sense*), segundo Strachey, que apontou a divergência e sugeriu a restauração, depois adotada na *Studienausgabe*.

para que a elabore,[*] para que a supere, prosseguindo o
trabalho apesar dela, conforme a regra fundamental da

---

[*] "Elaborar": *durcharbeiten*. As traduções consultadas empregam *elaborar, reelaborar, rielaborare, élaborer interprétativement, work through*. O termo alemão é formado pela preposição *durch*, "através de, de lado a lado", e pelo verbo *arbeiten*, "trabalhar". Em inglês, a preposição *through* corresponde exatamente a *durch*; são etimologicamente aparentadas, descendem da mesma palavra, na língua indo-germânica que veio a dar origem ao inglês e ao alemão. Mas o verbo é usado em maior número de situações — ou seja, tem mais significados — do que o equivalente inglês. Pode significar, de acordo com o dicionário *Duden Universalwörterbuch* (Mannheim: Dudenverlag, 1989): trabalhar sem pausa — a noite inteira, digamos; ler a fundo, estudar uma obra; fazer bem e minuciosamente um trabalho; abrir caminho trabalhosamente — numa multidão, numa selva, por exemplo. Os dois últimos sentidos seriam aqueles utilizados por Freud.

No *Vocabulário da psicanálise*, Laplanche e Pontalis propõem o neologismo "perlaborar" (*pérlaborer*, no original francês) para traduzir *durcharbeiten*, e "perlaboração" para o substantivo *Durcharbeitug* (São Paulo: Martins Fontes, 11ª ed. revista, 1991, pp. 339-40). Eles argumentam que "elaborar" deve ser reservado para *bearbeiten* ou *verarbeiten* (que também significam "trabalhar, elaborar", em algumas das muitas acepções que esses verbos têm em português e francês). É possível acrescentar outros argumentos em favor da opção de Laplanche e Pontalis. A preposição latina *per* corresponderia à alemã *durch*; como na frase *Per ardua surgo* ("Ergo-me por entre as dificuldades" — lema do estado da Bahia). E também conotaria um reforço da ação, a realizaçao completa de um trabalho, como no verbo "perfazer". Mas nada disso compensa o fato de "perlaborar" e "perlaboração" serem palavras estranhas, verdadeiras pérolas de feiura (com permissão do oxímoro), que dificilmente adquirirão curso na língua portuguesa. Por isso achamos preferível manter "elaborar" e "elaboração", confiando em que o sentido pretendido por Freud emergirá naturalmente do contexto em que aparecem. O leitor ou paciente compreenderá o que significa elaborar ou trabalhar as resistências.

RECORDAR, REPETIR E ELABORAR

análise. Somente no auge da resistência podemos, em trabalho comum com o analisando, descobrir os impulsos instintuais que a estão nutrindo, de cuja existência e poder o doente é convencido mediante essa vivência. O médico nada tem a fazer senão esperar e deixar as coisas seguirem um curso que não pode ser evitado, e tampouco ser sempre acelerado. Atendo-se a essa compreensão, ele se poupará muitas vezes a ilusão de haver fracassado, quando na realidade segue a linha correta no tratamento.

Na prática, essa elaboração das resistências pode se tornar uma tarefa penosa para o analisando e uma prova de paciência para o médico. Mas é a parte do trabalho que tem o maior efeito modificador sobre o paciente, e que distingue o tratamento psicanalítico de toda influência por sugestão. Teoricamente pode-se compará-la com a "ab-reação" dos montantes de afeto retidos pela repressão, [ab-reação] sem a qual o tratamento hipnótico permanecia ineficaz.

OBSERVAÇÕES SOBRE O AMOR DE TRANSFERÊNCIA (1915)

NOVAS RECOMENDAÇÕES SOBRE A TÉCNICA DA PSICANÁLISE III

TÍTULO ORIGINAL: "BEMERKUNGEN ÜBER DIE ÜBERTRAGUNGSLIEBE". PUBLICADO PRIMEIRAMENTE EM *INTERNATIONALE ZEITSCHRIFT FÜR ÄRZTLICHE PSYCHOANALYSE* [REVISTA INTERNACIONAL DE PSICANÁLISE MÉDICA], V. 3, N. 3, PP. 1-11. TRADUZIDO DE *GESAMMELTE WERKE* X, PP. 306-21; TAMBÉM SE ACHA EM *STUDIENAUSGABE, ERGÄNZUNGSBAND* [VOLUME COMPLEMENTAR], PP. 215-30. ESTA TRADUÇÃO FOI PUBLICADA ORIGINALMENTE NO *JORNAL DE PSICANÁLISE*, SOCIEDADE BRASILEIRA DE PSICANÁLISE DE SÃO PAULO, V. 32, N. 58/59, 1999.

OBSERVAÇÕES SOBRE O AMOR DE TRANFERÊNCIA

Todo iniciante na psicanálise provavelmente se assusta com as dificuldades que lhe aparecerão ao interpretar as associações do paciente e cuidar da reprodução do reprimido. Mas logo chega o momento de ele atribuir pouco valor a essas dificuldades, e convencer-se de que as únicas realmente sérias estão no uso da transferência.

Entre as situações que aí se apresentam, quero destacar uma bem delimitada, e o faço tanto por sua frequência e real importância como por seu interesse teórico. Refiro-me ao caso em que uma paciente dá a entender por sinais inequívocos, ou afirma diretamente, que como qualquer outra mortal se apaixonou pelo médico que a analisa. Esta situação tem seus aspectos dolorosos e cômicos, e também sérios; e é tão intrincada e diversamente condicionada, tão inevitável e de difícil solução, que o seu estudo já teria há muito preenchido uma necessidade vital da técnica psicanalítica. Mas, como nem sempre estamos livres de cometer os erros que ridicularizamos nos outros, até agora não nos apressamos em cumprir essa tarefa. Deparamos sempre com o dever da discrição médica, que na vida não se pode dispensar, mas que não tem serventia na nossa ciência. Uma vez em que a literatura psicanalítica também é parte da vida real, há aqui uma contradição insolúvel. Recentemente não fiz caso da discrição e mostrei como a mesma situação de transferência retardou o desenvolvimento da terapia psicanalítica em sua primeira década.[1]

1 "Contribuição à história do movimento psicanalítico" (1914).

OBSERVAÇÕES SOBRE O AMOR DE TRANSFERÊNCIA

Para o leigo bem-educado — o que o homem civilizado ideal é em relação à psicanálise —, os assuntos do amor são incomensuráveis com todo o resto; ficam, por assim dizer, numa folha à parte, que não tolera outras inscrições. Se a paciente se enamora do médico, o leigo achará que existem apenas duas saídas: numa delas, a mais rara, todas as circunstâncias permitem a união duradoura e legítima dos dois; na outra, mais frequente, médico e paciente se separam e abandonam, como se um evento elementar o perturbasse, o trabalho iniciado que deveria servir à recuperação. Naturalmente há uma terceira saída imaginável, que até parece compatível com o prosseguimento da terapia: uma relação amorosa ilegítima e que não pretenda durar para sempre. Mas tanto a moral convencional como a dignidade médica a tornam impossível. Todavia, o leigo solicitará que o analista o tranquilize, assegurando claramente que esse terceiro caso está excluído.

É evidente que o ponto de vista do psicanalista deve ser outro.

Tomemos o caso do segundo desfecho para a situação que discutimos. Médico e paciente se separam depois que ela se apaixona por ele; a terapia é abandonada. Mas logo a condição da paciente torna necessária uma segunda tentativa, com outro psicanalista; então ocorre que ela se sente apaixonada também por esse outro médico, e, interrompendo e começando de novo, igualmente por um terceiro etc. Esse fato, que sem dúvida acontece e que é, como se sabe, um dos fundamentos da teoria psicanalítica, permite duas avaliações, uma vinda do médico que analisa, a outra, da paciente que necessita da análise.

OBSERVAÇÕES SOBRE O AMOR DE TRANSFERÊNCIA

Para o médico, significa um valioso esclarecimento e um bom aviso quanto a uma possível contratransferência que nele se prepara. Ele tem que reconhecer que a paixão da paciente é induzida pela situação analítica e não pode ser atribuída aos encantos de sua pessoa, e que, portanto, não há motivo para ele ter orgulho de uma tal "conquista", como seria chamada fora da análise. É sempre bom ser lembrado disso. Para a paciente, no entanto, há uma alternativa: ou ela tem que renunciar a um tratamento psicanalítico ou deve aceitar como um destino inescapável que se apaixone pelo médico.[2]

Não duvido que os familiares da paciente se declarem a favor da primeira das duas possibilidades, de modo tão firme quanto o médico analista optará pela segunda. Mas este me parece um caso em que a decisão não pode ser deixada para a terna — ou egoistamente ciumenta — preocupação dos familiares. O interesse da doente é que deve prevalecer. O amor dos familiares não cura uma neurose. O analista não precisa se impor, mas pode se apresentar como indispensável para a obtenção de certos resultados. Um parente que adotar a postura de Tolstói ante esse problema continuará em tranquila posse de sua mulher ou filha, e aguentará que ela também conserve a sua neurose e a perturbação da capacidade de amar que esta implica. Afinal, a situação é parecida à de um tratamento ginecológico. Aliás, o pai ou marido ciumento se engana muito ao crer que a paciente deixará de se ena-

---

2 Sabe-se que a transferência pode se manifestar por outros sentimentos menos ternos, o que não será abordado neste ensaio.

OBSERVAÇÕES SOBRE O AMOR DE TRANSFERÊNCIA

morar do médico se fizer, para combater sua neurose, um tratamento que não seja o psicanalítico. A diferença será apenas que uma tal paixão, destinada a permanecer inexpressa e não analisada, nunca prestará, na cura da paciente, a contribuição que a psicanálise extrairia dela.

Conforme soube, alguns médicos que praticam a análise costumam preparar os pacientes para o surgimento da transferência amorosa, ou até mesmo os exortam "a apaixonar-se pelo médico, para que a análise progrida". Não posso imaginar uma técnica mais tola. Com isso o analista retira do fenômeno a convincente característica da espontaneidade, e cria para si mesmo obstáculos de difícil superação.

À primeira vista, é verdade, nada leva a crer que da paixão surgida na transferência resultasse algo vantajoso para a terapia. A paciente, mesmo a mais dócil até então, perde repentinamente o interesse e a compreensão pelo tratamento, não querendo falar de outra coisa que não seu amor, para o qual demanda correspondência. Ela deixa de mostrar sintomas ou não lhes dá atenção, chegando mesmo a dizer que está curada. Há uma mudança completa de cenário, como quando uma brincadeira dá lugar a uma realidade que irrompe inesperadamente, como um grito de "Incêndio!" lançado no meio de uma apresentação teatral. Para o médico que pela primeira vez tem tal experiência, não é fácil manter a situação analítica e escapar à ilusão de que o tratamento chegou de fato ao fim.

Mas com alguma reflexão podemos achar o caminho. Tenhamos em mente, sobretudo, a suspeita de que tudo o que atrapalha a continuação da terapia pode ser uma mani-

OBSERVAÇÕES SOBRE O AMOR DE TRANSFERÊNCIA

festação de resistência. Sem dúvida, a resistência tem enorme participação no surgimento dessa impetuosa solicitação de amor. Há muito se notava, na paciente, indícios de uma transferência afetuosa, e era lícito creditar a essa atitude para com o médico a sua docilidade, a boa acolhida que dava às explicações analíticas, a excepcional compreensão e elevada inteligência que demonstrava. Eis que tudo isso desaparece; a doente fica sem compreensão, parece absorvida em sua paixão, e tal mudança ocorre, em geral, num momento em que esperamos que ela admita ou recorde uma parte especialmente dolorosa e fortemente reprimida de sua história. Logo, havia muito ela estava apaixonada, mas só então a resistência começa a se aproveitar disso para impedir a continuação da terapia, para desviar todo o interesse do trabalho e pôr o analista em situação constrangedora.

Olhando mais atentamente, notamos também a influência de motivos complicadores, dos quais alguns estão ligados ao amor pelo analista, e outros são manifestações especiais da resistência. Do primeiro tipo são o empenho da paciente em assegurar a si mesma que é irresistível, em quebrantar a autoridade do médico através do seu rebaixamento a amante, e obter todas as demais vantagens da satisfação amorosa. Acerca da resistência podemos supor que eventualmente ela recorre à declaração de amor para colocar à prova o austero analista, cuja complacência provocaria então uma reprimenda. Mas sobretudo temos a impressão de que a resistência, como um *agent provocateur*, aumenta a paixão pelo analista e exagera a disposição para a entrega sexual, a fim de, invocando os perigos de tal desregramento, justificar mais enfaticamente o traba-

OBSERVAÇÕES SOBRE O AMOR DE TRANSFERÊNCIA

lho da repressão. Essas coisas acessórias, que podem não surgir em casos mais simples, foram vistas por Alfred Adler como o essencial de todo o processo.

Como tem de se comportar o analista para não fracassar nesta situação, quando está convencido de que a terapia deve ser levada adiante apesar dessa transferência amorosa e através dela?

Agora seria fácil eu afirmar, amparando-me na moral geralmente aceita, que o analista nunca deve aceitar ou corresponder à ternura que lhe é oferecida. Ele teria de considerar que chegou o momento de advogar, ante a mulher apaixonada, as exigências éticas e a necessidade de renúncia, e conseguir dela que abra mão de seu desejo e, superando a parte animal de seu Eu, prossiga com o trabalho da análise.

Mas eu vou decepcionar essas expectativas, tanto a primeira como a segunda delas. A primeira, porque não escrevo para a clientela, e sim para médicos que têm de lidar com sérias dificuldades, e também porque no caso posso fazer remontar o preceito moral à sua origem, isto é, à adequação a um fim.* Acho-me, aqui, na feliz posi-

---

* "Adequação a um fim": *Zweckmäßigkeit*, palavra de difícil tradução. O substantivo *Zweck* significa "finalidade, desígnio"; o adjetivo *zweckmäßig*, "conforme a um fim, adequado para atingi-lo"; com a junção do sufixo substantivador *keit* chegou-se ao termo aqui usado por Freud, que os dicionários alemão-português costumam verter por "utilidade, caráter apropriado, conveniência, oportunidade" — e que, nas versões estrangeiras consultadas, foi traduzido da seguinte forma: *educación* (sic; erro de impressão) *a un fin*, *condición de adecuado al fin*, *opportunité*, *expediency*, *doelmatigheid*.

OBSERVAÇÕES SOBRE O AMOR DE TRANSFERÊNCIA

ção de substituir o decreto moral por considerações de técnica analítica, sem alterar o resultado.

Ainda mais decididamente rejeitarei a segunda expectativa mencionada. Exortar a paciente a reprimir,* renunciar ou sublimar os instintos, quando ela admite sua transferência amorosa, não seria agir de maneira analítica, e sim de maneira absurda. Seria o mesmo que habilmente conjurar um espírito a sair do mundo subterrâneo e depois mandá-lo de volta sem lhe fazer perguntas. Teríamos apenas chamado o reprimido à consciência, para depois novamente reprimi-lo, amedrontados. Tampouco deveríamos nos enganar a respeito do sucesso de tal procedimento. É sabido que contra as paixões não valem muito as palavras sublimes. A paciente só verá o desprezo, e não deixará de se vingar por isso.

Também não posso aconselhar um meio-termo que pareceria a alguns particularmente sábio, que consiste em afirmar que correspondemos aos afetos carinhosos da paciente e ao mesmo tempo evitar a realização física dessa ternura, até conseguirmos guiar a relação para uma rota mais tranquila e pô-la em um nível mais eleva-

---

* *Triebunterdrückung*, no original; nas traduções consultadas: *yugular sus instintos, sofocar lo pulsional, étouffer sa pulsion, suppress her instincts, haar driften te onderdrukken*. Sobre a possível distinção entre *Verdrängung* ("repressão, recalque") e *Unterdrückung* ("supressão, repressão"), ver Laplanche e Pontalis, *Vocabulário da psicanálise* (São Paulo: Martins Fontes, 11ª ed., 1991), verbetes "recalque" e "repressão", Luiz Alberto Hanns, *Dicionário comentado do alemão de Freud* (Rio de Janeiro: Imago, 1996), verbete "recalque, repressão", e Paulo César de Souza, *As palavras de Freud*, op. cit., capítulo sobre *Verdrängung*.

OBSERVAÇÕES SOBRE O AMOR DE TRANSFERÊNCIA

do. Minha objeção a esse expediente é que o tratamento psicanalítico se baseia na veracidade. Aí reside boa parte do seu efeito educativo e do seu valor ético. É perigoso abandonar esse fundamento. Quem se habituou à técnica psicanalítica já não é capaz de recorrer às mentiras e logros que um médico em geral necessita, e costuma se trair quando tenta fazê-lo com a melhor das intenções. Como exigimos do paciente a mais estrita veracidade, colocaremos em jogo toda a nossa autoridade, se por ele formos flagrados nos afastando da verdade. Além disso, a experiência de resvalar para sentimentos ternos em relação à paciente não é inteiramente inócua. Não nos controlamos tão bem a ponto de alguma vez, subitamente, não irmos mais longe que o pretendido. Acho, portanto, que não devemos renegar a neutralidade* que conquistamos ao subjugar a contratransferência.

Já dei a entender que a técnica analítica exige que o médico recuse à paciente necessitada de amor a satisfação pela qual anseia. A terapia tem de ser conduzida na abstinência; não estou me referindo simplesmente à privação física, e tampouco à privação de tudo o que se deseja, pois provavelmente nenhum paciente suportaria isso. Quero é estabelecer como princípio que devemos deixar que a necessidade e o anseio continuem a existir, na paciente, como forças impulsionadoras do trabalho e

---

* *Indifferenz*, no original; mas pelo contexto nota-se que a versão mais adequada é a não literal — o que também perceberam alguns outros tradutores: *neutralidad*, *indiferencia*, *indifférence*, *neutrality*, *neutraliteit*.

OBSERVAÇÕES SOBRE O AMOR DE TRANSFERÊNCIA

da mudança, e não procurar mitigá-los através de suce-dâneos. E não poderíamos lhe dar senão sucedâneos, pois devido a sua condição ela não é capaz de verdadei-ra satisfação.

Admitamos que o princípio de que a terapia analítica deve se realizar na privação ultrapassa em muito o caso em questão e pede uma discussão aprofundada, que de-fina os limites em que pode ser aplicado. Evitaremos fazê-lo aqui, no entanto, para nos atermos o máximo possível à situação de que partimos. Que ocorreria se o médico agisse de outra forma e aproveitasse a liberdade que ambos talvez tivessem para corresponder ao amor da paciente e atender sua necessidade de afeição?

Se assim fizer, calculando que tal solicitude lhe ga-rantiria o domínio sobre a paciente e a levaria a cumprir as tarefas do tratamento, e assim libertar-se duradoura-mente da neurose, a experiência lhe mostrará que ele calculou mal. A paciente atingiria sua meta, ele não al-cançaria a dele. Apenas sucederia, com o médico e a pa-ciente, o que acontece na divertida anedota do pastor e do agente de seguros. Por solicitação dos familiares, um agente de seguros ateu, gravemente doente, recebe a vi-sita de um religioso, que deve convertê-lo antes que morra. A conversa dura tanto tempo que os familiares, esperando do lado de fora, começam a ter esperanças. Finalmente se abre a porta do quarto. O ateu não se converteu, mas o pastor saiu segurado.

Seria um grande triunfo para a paciente se a sua proposta de amor tivesse efeito, e uma completa derrota para o tratamento. Ela alcançaria aquilo que todos os

OBSERVAÇÕES SOBRE O AMOR DE TRANSFERÊNCIA

doentes procuram fazer na análise: transformar em ato, repetir na vida o que devem somente recordar, reproduzir como material psíquico e manter no âmbito psíquico.[3] No curso posterior da relação amorosa, a doente manifestaria todas as inibições e reações patológicas de sua vida amorosa, sem que fosse possível corrigi-las, e encerraria o doloroso episódio com arrependimento e com enorme reforço de sua tendência à repressão. A relação amorosa destrói a suscetibilidade à influência pelo tratamento analítico; uma combinação das duas coisas é algo impensável.

Logo, a gratificação dos anseios amorosos da paciente é tão funesta para a análise quanto a supressão dos mesmos. O caminho do psicanalista é um outro, para o qual não há modelos na vida real. É preciso cuidar para não nos afastarmos da transferência amorosa, não afugentá-la ou estragá-la para a paciente; e também abstermo-nos, de modo igualmente firme, de corresponder a ela. Conservamos a transferência amorosa, mas a tratamos como algo irreal, como uma situação a ser atravessada na terapia e reconduzida às suas origens inconscientes, e que deve ajudar a pôr na consciência, e portanto sob o controle, o que há de mais escondido na vida amorosa da paciente. Quanto mais dermos a impressão de ser à prova de toda tentação, mais seremos capazes de extrair da situação o seu conteúdo analítico. A paciente, cuja repressão sexual não foi abolida, apenas impelida para trás, se sentirá então

3 Ver o artigo "Recordar, repetir e elaborar" (1914).

OBSERVAÇÕES SOBRE O AMOR DE TRANSFERÊNCIA

segura o bastante para trazer à luz todas as suas condições para o amor, todas as fantasias de seu anseio sexual, todas as características de sua paixão, e a partir delas abrirá por si mesma o caminho até os fundamentos infantis de seu amor.

É verdade que essa tentativa de manter a transferência amorosa para o trabalho analítico, sem satisfazê-la, fracassará com um tipo de mulheres. São aquelas de uma passionalidade elementar que não tolera sucedâneos, são criaturas da natureza, que não aceitam o psíquico em vez do material, que, nas palavras do poeta, são acessíveis apenas "à lógica da sopa com argumentos de almôndegas".* Com pessoas assim nos vemos diante da opção: ou dar amor em troca ou receber a hostilidade da mulher desprezada. Em nenhum dos dois casos observamos o interesse da terapia. Teremos que recuar sem obter sucesso, ruminando o problema de como a capacidade para a neurose pode se aliar a uma tão inflexível necessidade de amor.

A maneira de fazer outras pacientes, não tão violentas, adotarem pouco a pouco a atitude analítica, terá se revelado a muitos analistas de forma igual. Enfatizamos acima de tudo a inconfundível participação da resistência nesse "amor". Uma verdadeira paixão tornaria a paciente maleável e aumentaria a sua disposição a resolver

---

* Nas edições argentina e holandesa, uma nota informa que esta é uma citação do poema "Die Wanderratten" [Os ratos errantes], de Heinrich Heine; citação um pouco imprecisa, pois o verso diz "*Suppenlogik mit Knödelgründen*" ("motivos de almôndega"), em vez de *Knödelargumenten*.

OBSERVAÇÕES SOBRE O AMOR DE TRANSFERÊNCIA

os problemas do seu caso, simplesmente porque o homem que ama o exige. Assim ela escolheria de bom grado o caminho que leva a completar o tratamento, a fim de se tornar valiosa para o médico e preparar a realidade* em que a inclinação amorosa poderia ter seu lugar. Em vez disso a paciente se mostra obstinada e desobediente, perde todo o interesse na terapia e claramente não respeita as bem fundamentadas convicções do analista. Ela produz, assim, uma resistência sob a forma aparente de paixão, e além disso não se incomoda em levá-lo ao que as pessoas chamam de "beco sem saída". Pois se ele a recusar — como requerem o dever e o entendimento —, ela poderá se fazer de desprezada e, por vingança e por raiva, furtar-se à cura nas mãos dele, como faz agora graças à suposta paixão.

Um segundo argumento contra a autenticidade desse amor consiste em que ele não possui uma só característica nova, oriunda da situação presente, mas se constitui inteiramente de repetições e decalques de reações anteriores, infantis inclusive. Nós nos dispomos a provar isso mediante uma análise detalhada do comportamento amoroso da paciente.

Se ainda juntamos a esses argumentos a necessária dose de paciência, em geral conseguimos superar a situa-

---

* "Preparar a realidade": *die Realität vorbereiten* — nas versões consultadas: *preparar la realidad, preparar la realidad objetiva, prepararsi a quella realtà, aménager une réalité, prepare herself for real life, de realiteit voor te bereiden*. O verbo é transitivo direto e o seu objeto é *Realität*, mas os tradutores italiano e inglês recorreram a uma solução que parece mais natural.

OBSERVAÇÕES SOBRE O AMOR DE TRANSFERÊNCIA

ção e continuar o trabalho, seja com uma paixão moderada ou com ela transformada; trabalho cuja meta é então revelar a escolha infantil de objeto e as fantasias que em torno dela se tecem. Mas agora quero examinar criticamente esses argumentos e levantar a questão de se, ao utilizá-los, falamos a verdade à paciente ou, em nosso aperto, refugiamo-nos em evasivas e distorções. Em outras palavras: a paixão que se torna manifesta na terapia analítica não deve ser tida como real?

Acho que dissemos a verdade à paciente, mas não ela inteira, sem consideração pelos resultados. De nossos dois argumentos, o primeiro é o mais forte. O papel da resistência no amor de transferência é indiscutível e bastante considerável. Mas a resistência não criou esse amor; depara com ele, serve-se dele e exagera suas manifestações. A autenticidade do fenômeno não é comprometida pela resistência. Já o nosso segundo argumento é bem mais fraco; é verdade que essa paixão consiste de novas edições de velhos traços e repete reações infantis. Mas este é o caráter essencial de toda paixão. Não existe paixão que não repita modelos infantis. É justamente o condicionamento infantil que lhe confere o caráter compulsivo que lembra o patológico. O amor de transferência possui talvez um grau menor de liberdade que o amor conhecido como normal, que sucede na vida, deixando reconhecer mais a dependência do padrão infantil, mostrando-se menos flexível e capaz de modificação, mas isso é tudo e não é o essencial.

Em que mais devemos reconhecer a autenticidade de um amor? Na sua eficiência, sua utilidade para atingir a

OBSERVAÇÕES SOBRE O AMOR DE TRANSFERÊNCIA

meta amorosa? Nesse ponto o amor de transferência não parece ficar atrás de nenhum outro; temos a impressão de que dele poderíamos conseguir tudo.

Vamos resumir, então. Não temos o direito de recusar o caráter de amor "genuíno" à paixão que surge no tratamento analítico. Se ela parece pouco normal, isto se explica pelo fato de que também a paixão fora da análise lembra antes os fenômenos psíquicos anormais do que os normais. De todo modo, há alguns traços que lhe garantem uma posição especial. Ela é, em primeiro lugar, provocada pela situação analítica; em segundo, é bastante intensificada pela resistência que domina tal situação; em terceiro, carece enormemente de consideração pela realidade, é menos sensata, menos preocupada com as consequências, mais cega na avaliação da pessoa amada do que costumamos admitir para uma paixão normal. Mas não podemos esquecer que justamente esses traços desviantes da norma constituem o essencial numa paixão.

Para a conduta do médico, é a primeira das três peculiaridades do amor de transferência que é decisiva. Ele evocou essa paixão, ao introduzir o tratamento analítico para curar a neurose; ela é, para ele, a inevitável consequência de uma situação médica, como o desnudamento de um doente ou a comunicação de um segredo vital. Assim está claro, para ele, que não pode tirar vantagem pessoal dela. A disposição da paciente não faz diferença, apenas coloca toda a responsabilidade na pessoa do médico. Pois a doente, como ele deve saber, não estava preparada para nenhum outro meca-

OBSERVAÇÕES SOBRE O AMOR DE TRANSFERÊNCIA

nismo de cura. Após superar com sucesso todas as dificuldades, ela frequentemente confessa a expectativa e fantasia com que iniciou o tratamento, a de que, se se comportasse bem, no final seria recompensada com a ternura do médico.

Motivos éticos se juntam aos técnicos para impedir que o médico dê amor à paciente. Ele deve manter em vista o objetivo de que essa mulher, prejudicada em sua capacidade amorosa por fixações infantis, chegue a dispor livremente dessa função, de tão inestimável importância para ela; e que não a dissipe na terapia, guardando-a para a vida real, após o tratamento, quando as exigências desta se fazem sentir. Ele não pode representar com ela o episódio da corrida de cachorros, em que uma réstia de salsichas é exposta como prêmio, e que um galhofeiro estraga, lançando uma única salsicha na pista. Os cachorros então se jogam sobre ela, esquecendo a corrida e as salsichas que esperam o vencedor no ponto de chegada. Não digo que para o médico seja sempre fácil manter-se nos limites que lhe são prescritos pela ética e pela técnica. Sobretudo aqueles jovens e ainda não atados por laços fortes acharão difícil a tarefa. Sem dúvida o amor sexual é uma das principais coisas da vida, e a união de satisfação física e psíquica, no gozo do amor, é uma de suas culminâncias. Todas as pessoas, exceto alguns esquisitos fanáticos, sabem disso e pautam sua vida conforme isso; apenas na ciência há pudor demais para admiti-lo. Por outro lado, é penoso para o homem fazer o papel de quem recusa e rejeita, quando uma mulher solicita o

OBSERVAÇÕES SOBRE O AMOR DE TRANSFERÊNCIA

amor, e, apesar da neurose e da resistência, há um fascínio incomparável numa nobre mulher que confessa a sua paixão. Não é o desejo cruamente sensual da paciente que produz a tentação. Isso desperta antes repulsa e pede tolerância para ser admitido como fenômeno natural. São talvez os desejos* mais sutis da mulher, inibidos na meta, que trazem o perigo de fazer esquecer a técnica e a missão médica em troca de uma bela vivência.

Mas ceder continua fora de questão para o analista. Por mais que ele valorize o amor, tem que apreciar mais ainda a oportunidade de alçar a paciente a um estágio decisivo de sua vida. Ela deve aprender com ele a superar o princípio do prazer, a renunciar a uma satisfação próxima, porém inaceitável socialmente, em favor de uma mais distante, talvez bastante incerta, mas psicológica e socialmente inatacável. Para atingir tal superação ela deve ser conduzida pelas priscas eras de seu desenvolvimento psíquico, e por essa via conquistar aquele aumento de liberdade psíquica, mediante o qual a atividade psíquica consciente — no sentido sistemático — se distingue da inconsciente.

O psicoterapeuta analítico tem, portanto, um triplo combate a travar: em seu íntimo, contra os poderes que buscam tirá-lo do nível analítico; fora da análise, contra os adversários que lhe contestam a importância das for-

---

* "Desejos": *Wunschregungen — tendencias, mociones de deseo, émois de désir, wishes, wensimpulsen*. Foi usado um termo simples para traduzir um composto alemão; cf. nota sobre *Wunschregung*, p. 127.

OBSERVAÇÕES SOBRE O AMOR DE TRANSFERÊNCIA

ças motrizes sexuais* e lhe proíbem utilizar-se delas em sua técnica psicanalítica; e na análise, contra os seus pacientes, que no início agem como os adversários, mas depois revelam a superestimação da vida sexual que os domina e querem prendê-lo com sua passionalidade socialmente indomada.

Os leigos, de cuja atitude ante a psicanálise falei no princípio, sem dúvida verão nessas discussões sobre o amor de transferência uma oportunidade de chamar a atenção do mundo para o perigo desse método terapêutico. O psicanalista sabe que trabalha com as energias mais explosivas e que necessita da cautela e escrupulosidade de um químico. Mas alguma vez se proibiu aos químicos de lidar com materiais explosivos, perigosos, é certo, mas indispensáveis em sua eficácia? É notável que a psicanálise tenha de conquistar novamente para si todas as licenças que há muito foram concedidas a outras atividades médicas. Certamente não acho que se deva abandonar os métodos inofensivos de tratamento. Eles bastam para muitos casos, e afinal a comunidade humana tem tão pouca necessidade do *furor sanandi* [furor de curar] quanto de qualquer outro fanatismo. Mas é subestimar grosseiramente as psiconeuroses, quanto a

---

* "Forças motrizes sexuais": *sexuelle Triebkräfte — fuerzas instintivas sexuales, fuerzas pulsionales sexuales, pulsions sexuelles, sexual instinctual forces, drijfkrachten*. Poderia ser também "forças ou energias instintuais sexuais", mas preferimos lembrar a versão tradicional de *Triebkraft*, encontrada em dicionários bilíngues: "força motriz". Sobre a discutida questão "instinto ou pulsão", ver capítulo sobre *Trieb* em *As palavras de Freud*, op. cit.

OBSERVAÇÕES SOBRE O AMOR DE TRANSFERÊNCIA

sua origem e a sua importância prática, crer que essas doenças seriam derrotadas com meios pequenos e inofensivos. Não, na prática médica sempre haverá lugar para o *ferrum* e para o *ignis* [fogo], ao lado da *medicina* [medicamento];* e do mesmo modo será imprescindível a psicanálise acurada, não diluída, que não receia manipular os mais perigosos impulsos psíquicos e dominá-los para o bem do paciente.

---

* Segundo uma nota de James Strachey, trata-se de alusão a uma frase atribuída a Hipócrates: "As enfermidades que os medicamentos não curam, o ferro (a faca?) cura; as que o ferro não pode curar, o fogo cura; e as que o fogo não pode curar devem ser tidas por totalmente incuráveis" (*Aforismos*, VII, 87).

TIPOS DE ADOECIMENTO NEURÓTICO (1912)

TÍTULO ORIGINAL: "ÜBER NEUROTISCHE ERKRANKUNGSTYPEN". PUBLICADO PRIMEIRAMENTE EM *ZENTRALBLATT FÜR PSYCHOANALYSE* [FOLHA CENTRAL DE PSICANÁLISE], V. 2, N. 6, PP. 297-302. TRADUZIDO DE *GESAMMELTE WERKE* VIII, PP. 321-30; TAMBÉM SE ACHA EM *STUDIENAUSGABE* VI, PP. 215-26.

TIPOS DE ADOECIMENTO NEURÓTICO

Nas páginas seguintes será exposto, com base em impressões adquiridas empiricamente, que mudanças de condições determinam a irrupção de uma neurose nas pessoas com predisposição para isso. Portanto, trataremos dos fatores que ocasionam a doença; pouco se falará das formas da doença. Esta apresentação de tais fatores se diferencia de outras pela característica de que todas as mudanças enumeradas dizem respeito à libido da pessoa. Pois reconhecemos, através da psicanálise, que as vicissitudes da libido são decisivas para a doença ou a saúde nervosa. Também não se abordará o conceito de predisposição nesse contexto. Justamente a pesquisa psicanalítica nos possibilitou demonstrar que a predisposição neurótica se acha na história do desenvolvimento da libido, e referir os fatores nela atuantes a variedades inatas de constituição sexual e a influências do mundo externo vividas na tenra infância.

a) A causa imediata mais evidente, mais encontrável e também mais compreensível para o adoecimento neurótico acha-se no fator externo que pode ser geralmente designado como *frustração*. O indivíduo era saudável, enquanto sua necessidade de amor era satisfeita por um objeto real do mundo externo; torna-se neurótico quando esse objeto lhe é retirado, sem que ache um substituto para ele. Aqui a felicidade coincide com saúde, a infelicidade, com neurose. Mais do que ao médico, a cura cabe ao destino, que pode arranjar um substituto para a perdida possibilidade de satisfação.

Para esse tipo, em que provavelmente se inclui a maioria das pessoas, a possibilidade de adoecer surge

TIPOS DE ADOECIMENTO NEURÓTICO

apenas com a abstinência — o que nos dá uma medida de como podem ser significativas, para ocasionar as neuroses, as restrições culturais no acesso à satisfação. A frustração tem efeito patogênico, por represar a libido e submeter o indivíduo a uma prova: quanto tempo ele suportará esse aumento da tensão psíquica e que caminhos tomará para livrar-se dela? Há apenas duas possibilidades de manter a saúde, numa persistente frustração real da satisfação: transformar a tensão psíquica em energia ativa, que permaneça voltada para o mundo exterior e afinal obtenha dele uma real satisfação da libido, ou renunciar à satisfação libidinal, sublimando a libido represada e usando-a para alcançar metas que já não são eróticas e escapam à frustração. O fato de ambas as possibilidades se concretizarem nas vidas humanas mostra que infelicidade não coincide com neurose, e que apenas a frustração não decide quanto à saúde ou a doença dos que atinge. O efeito imediato da frustração consiste em ativar fatores predisponentes até então inoperantes.

Quando eles existem de forma suficientemente desenvolvida, há o perigo de a libido tornar-se *introvertida*.[1] Ela se afasta da realidade, que perdeu valor para o indivíduo pela renitente frustração, e volta-se para a vida da fantasia, na qual cria novas formações de desejo*

---

[1] Conforme um termo introduzido por C. G. Jung.

* "Formações de desejo": *Wunschbildunge* — nas versões estrangeiras consultadas: *deseos, formaciones de deseo, formazioni di desiderio, wishful structures*.

TIPOS DE ADOECIMENTO NEURÓTICO

e reanima os traços de formações anteriores, esquecidas. Em consequência da íntima relação entre a atividade da fantasia e o material infantil, reprimido e tornado inconsciente, presente em cada indivíduo, e graças à isenção da prova da realidade que desfruta a vida da fantasia,[2] a libido pode retroceder mais, e pela via da *regressão* achar trilhas infantis e aspirar a metas que lhes correspondam. Se essas tendências, incompatíveis com o estado atual da individualidade, adquirem intensidade bastante, chega-se a um conflito entre elas e a outra parte da personalidade que continuou em relação com a realidade. Esse conflito se resolve por formação de sintomas e termina em adoecimento manifesto. O fato de todo o processo se originar da frustração real se espelha no resultado de que os sintomas com que o solo da realidade é novamente alcançado representam satisfações substitutivas.

b) O segundo tipo de causa imediata para o adoecimento não é tão óbvio como o primeiro e pôde ser descoberto somente com aprofundados estudos analíticos, ligados à teoria dos complexos da escola de Zurique.[3] Nele o indivíduo não adoece devido a uma mudança no mundo externo, que fez a frustração tomar o lugar da satisfação, mas por um esforço interno de buscar a satisfação acessível na realidade. Adoece com a tentativa de

2 Cf. minhas "Formulações sobre os dois princípios do funcionamento psíquico" (1911).
3 Cf. Jung, "Die Bedeutung des Vaters für das Schicksal des Einzelnen" [O significado do pai para o destino do indivíduo], *Jahrbuch für Psychoanalyse*, v. 1, 1909.

TIPOS DE ADOECIMENTO NEURÓTICO

adequar-se à realidade e cumprir as *exigências* desta, no que depara com insuperáveis dificuldades internas.

Convém distinguir de modo claro os dois tipos de adoecimento, mais claro do que a observação geralmente permite. No primeiro tipo sobressai uma mudança no mundo externo, no segundo a tônica recai sobre uma mudança interna. Conforme o primeiro tipo, adoece-se por uma vivência; conforme o segundo, por um processo de desenvolvimento. No primeiro caso há a tarefa de renunciar à satisfação, e o indivíduo adoece por sua incapacidade de resistência; no segundo, a tarefa é trocar uma espécie de satisfação por outra, e a pessoa fracassa por sua rigidez. No segundo caso, existe de antemão o conflito entre o esforço de permanecer como é e o de mudar conforme novos intuitos e novas exigências da realidade; no primeiro caso, ele surge apenas depois que a libido represada escolheu outras possibilidades, incompatíveis, de satisfação. O papel do conflito e da anterior fixação da libido é bem mais óbvio no segundo que no primeiro tipo, no qual essas fixações inutilizáveis podem se produzir, eventualmente, devido apenas à frustração externa.

Um jovem que até então havia satisfeito sua libido com fantasias que resultavam em masturbação, e que agora quer trocar esse regime próximo do autoerotismo pela escolha de um objeto real; uma garota que dedicava toda a sua afetividade ao pai ou irmão, e que agora deve, por um candidato à sua mão, tornar-se cônscia de desejos libidinais até então inconscientes, incestuosos; uma mulher que gostaria de renunciar a suas inclina-

TIPOS DE ADOECIMENTO NEURÓTICO

ções polígamas e fantasias de prostituição, a fim de tornar-se uma fiel companheira para seu marido e uma perfeita mãe para seu filho — todos eles adoecem pelos mais louváveis esforços, quando as antigas fixações são fortes o bastante para opor-se a um deslocamento, no que mais uma vez tornam-se decisivos os fatores da predisposição, constituição e vivência infantil. Pode-se dizer que todos sofrem o destino da pequena árvore do conto dos Grimm, que desejava ter folhas diferentes.* Do ponto de vista higiênico — que, naturalmente, não é o único a ser considerado aqui —, poderíamos desejar apenas que continuassem tão imaturos, medíocres e ineptos como eram antes da doença. A mudança a que os doentes aspiram, mas realizam imperfeitamente ou não chegam a realizar, tem normalmente o valor de um progresso no sentido da vida real. É diferente quando medimos com padrão ético; vemos as pessoas adoecerem com igual frequência, se descartam um ideal ou se pretendem atingi-lo.

Não obstante as diferenças bem claras dos dois tipos de adoecimento descritos, eles coincidem no essencial e podem ser reunidos facilmente numa unidade. O adoecimento por frustração pode também ser visto como incapacidade para adequação à realidade, no caso, isto é, em que a realidade frustra a satisfação da libido. O adoecimento nas condições do segundo tipo leva a um caso especial de frustração. Nisso, é verdade, nem toda

---

* Trata-se, na verdade, segundo uma nota da versão italiana, de um poema infantil de Friedrich Rückert (1788-1866).

TIPOS DE ADOECIMENTO NEURÓTICO

espécie de satisfação é frustrada pela realidade, mas justamente a que o indivíduo declara ser a única possível para ele, e a frustração não parte diretamente do mundo externo, e sim primariamente de determinadas tendências do Eu; mas a frustração continua a ser o dado comum e abrangente. Em virtude do conflito que logo aparece no segundo tipo, as duas espécies de satisfação, a habitual e a desejada, são igualmente inibidas; chega-se ao represamento da libido, com as consequências dele advindas, tal como no primeiro caso. Os eventos psíquicos que levam à formação de sintomas são, no segundo tipo, mais visíveis do que no primeiro, pois as fixações patogênicas da libido não necessitam produzir-se, já eram ativas na época da saúde. Em geral existia já uma certa medida de introversão da libido; poupa-se alguma regressão ao estágio infantil, pelo fato de o desenvolvimento não ter completado seu curso.

c) O próximo tipo, que descreverei como adoecimento por *inibição do desenvolvimento*, parece uma exacerbação do segundo tipo, de adoecimento com as *exigências da realidade*. Não haveria uma necessidade teórica de diferenciá-lo, e sim prática, pois se trata de pessoas que adoecem quando ultrapassam os anos irresponsáveis da infância, nunca atingindo uma fase de saúde, isto é, de praticamente ilimitada capacidade de realização e fruição. O essencial do processo predisponente é bem nítido nesses casos. A libido nunca abandonou as fixações infantis, as exigências da realidade não se apresentam de súbito ao indivíduo que amadureceu totalmente ou em

TIPOS DE ADOECIMENTO NEURÓTICO

parte, mas surgem pelo fato mesmo de envelhecer, pois é óbvio que mudam continuamente com a idade da pessoa. O conflito cede lugar à insuficiência, mas todas as nossas demais percepções nos levam a postular também aqui um esforço de superar as fixações infantis; de outro modo o desenlace do processo não poderia jamais ser a neurose, mas apenas um infantilismo estacionário.

d) Assim como o terceiro tipo nos mostrou quase isolada a condição predisponente, o quarto dirige a nossa atenção para um outro fator, que intervém em todos os casos e, por isso mesmo, pode ser facilmente ignorado numa consideração teórica. Vemos adoecerem pessoas até então saudáveis, às quais não aconteceu nenhuma experiência nova, cuja relação com o mundo externo não se modificou, de forma que o seu adoecimento dá uma impressão de espontaneidade. Uma observação mais atenta desses casos nos mostra, porém, que nelas *houve* uma mudança, à qual devemos atribuir elevada importância no surgimento da doença. Por haverem atingido um certo período da vida, e conforme processos biológicos regulares, a *quantidade* de libido na sua economia psíquica sofreu um aumento, que por si só basta para romper o equilíbrio da saúde e criar as condições para a neurose. Como se sabe, esses incrementos mais ou menos súbitos da libido estão associados normalmente à puberdade e à menopausa, a uma certa idade nas mulheres; em algumas pessoas eles podem manifestar-se também em periodicidades ainda não conhecidas. O represamento da libido é aí o fator primário, ele se

TIPOS DE ADOECIMENTO NEURÓTICO

torna patogênico em virtude da frustração *relativa* por parte do mundo externo, que ainda permitiria satisfação a uma exigência libidinal menor. A libido insatisfeita e represada pode abrir novamente as vias para a regressão e atiçar os mesmos conflitos que verificamos em caso de absoluta frustração externa. Dessa maneira somos lembrados que não podemos desconsiderar o fator quantitativo em nenhuma reflexão sobre as causas da doença. Todos os outros fatores — frustração, fixação, inibição do desenvolvimento — ficam sem efeito, enquanto não tocam a uma certa medida de libido e provocam um represamento libidinal de determinada altura. É certo que não podemos mensurar essa medida de libido que nos parece indispensável para um efeito patogênico; podemos postulá-la, depois que se apresentou a doença resultante. Apenas numa direção somos capazes de determiná-la mais precisamente; podemos supor que não é uma questão de quantidade absoluta, mas da proporção entre o montante de libido atuante e a quantidade de libido com que o Eu individual pode lidar, ou seja, manter sob tensão, sublimar ou aplicar diretamente. Por isso um aumento relativo da quantidade de libido pode ter os mesmos efeitos que um acréscimo absoluto. Um enfraquecimento do Eu por doença orgânica, ou por uma demanda especial de sua energia, será capaz de fazer surgirem neuroses que de outro modo permaneceriam latentes, apesar de toda predisposição.

A importância que devemos conceder à quantidade de libido na causação da doença condiz providencialmente com duas teses básicas da teoria das neuroses, a que a

TIPOS DE ADOECIMENTO NEURÓTICO

psicanálise nos conduziu. Primeiro, a tese de que as neuroses originam-se do conflito entre o Eu e a libido; segundo, a compreensão de que não há diferença qualitativa entre as condições da saúde e as da neurose, de que os indivíduos sãos têm de pelejar com as mesmas tarefas de subjugação da libido, apenas saindo-se melhor nelas.

Resta dizer algumas palavras sobre a relação entre esses tipos e a nossa experiência. Se tomo o conjunto dos doentes que atualmente analiso, devo constatar que nenhum deles exemplifica um dos quatro tipos de forma pura. Vejo atuando em cada um, isto sim, um quê de frustração juntamente com certa incapacidade de adequar-se às exigências da realidade; a inibição do desenvolvimento, que coincide com a rigidez das fixações, deve ser considerada em todos eles, e não se pode jamais esquecer a quantidade de libido, como afirmei há pouco. Verifico mesmo que em vários desses pacientes a enfermidade surgiu em acessos, entre intervalos de saúde, e que cada um destes acessos pode ser ligado a um tipo diferente de causa imediata. O estabelecimento desses quatro tipos não tem alto valor teórico, portanto; eles são apenas caminhos diversos para produzir determinada constelação patogênica na economia psíquica, isto é, o represamento da libido, que o Eu não pode impedir com seus próprios recursos sem sofrer danos. Mas a situação mesma torna-se patogênica devido somente a um fator quantitativo; não constitui algo novo para a vida psíquica e não é criada pela intervenção de uma "causa patológica".

TIPOS DE ADOECIMENTO NEURÓTICO

Uma certa importância prática haveremos de reconhecer nos tipos de adoecimento. Em alguns casos eles podem ser observados na forma pura; não teríamos notado o terceiro e o quarto tipos se não consistissem nas únicas causas imediatas da doença em várias pessoas. O primeiro tipo nos evidencia a poderosa influência do mundo externo; o segundo, o peso não menos importante da peculiaridade do indivíduo, que se contrapõe àquela influência. A patologia não pôde fazer justiça ao problema da causa imediata das neuroses, enquanto se esforçou apenas por decidir se tais afecções eram de natureza *endógena* ou *exógena*. A toda informação que indicava a importância da abstinência (no mais amplo sentido) como causa imediata, ela opunha a objeção de que outras pessoas aguentavam as mesmas vicissitudes sem ficar doentes. Mas, se queria destacar a peculiaridade do indivíduo como essencial para a doença ou a saúde, tinha de aceitar a admoestação de que pessoas com essa peculiaridade podem continuar sadias por todo o tempo, desde que lhes seja permitido conservar tal peculiaridade. A psicanálise nos recomendou abandonar a infecunda oposição entre fatores externos e internos, destino e constituição, e nos ensinou a regularmente procurar a causa do adoecimento neurótico numa determinada situação psíquica, que pode se produzir por diferentes caminhos.

O DEBATE SOBRE A MASTURBAÇÃO (1912)

INTRODUÇÃO E EPÍLOGO

TÍTULO ORIGINAL: "ZUR EINLEITUNG DER ONANIE-DISKUSSION. SCHLUßWORT". PUBLICADO ORIGINALMENTE EM *DIE ONANIE*: DISKUSSIONEN DER WIENER PSYCHOANALYTISCHEN VEREINIGUNG [A MASTURBAÇÃO: DISCUSSÕES DA SOCIEDADE PSICANALÍTICA DE VIENA], V. 2. WIESBADEN: BERGMANN, 1912, PP. III-IV E 132-40. TRADUZIDO DE *GESAMMELTE WERKE* VIII, PP. 332-45.

O DEBATE SOBRE A MASTURBAÇÃO

INTRODUÇÃO

Os debates da Sociedade Psicanalítica de Viena não pretendem eliminar discordâncias ou alcançar decisões. Unidos por uma concepção básica semelhante dos mesmos fatos, os participantes ousam exprimir claramente suas diversas posições individuais, sem a preocupação de converter o ouvinte que pensa diferentemente. É possível que algumas coisas tenham sido mal comunicadas ou mal-entendidas; o resultado final, porém, foi que cada qual recebeu uma clara impressão das opiniões divergentes das suas e, por sua vez, transmitiu as suas aos outros.

O debate sobre a masturbação, do qual apenas se publicam trechos aqui, durou vários meses e desenvolveu-se de modo que cada participante fazia uma exposição, que era seguida de uma discussão detalhada. Nesta publicação foram incluídas apenas as exposições, não as ricas discussões, em que eram apresentadas e combatidas as divergências. De outra forma, este volume alcançaria uma extensão que provavelmente seria um obstáculo à sua difusão.

A escolha do tema não requer justificativas, neste tempo em que, finalmente, procura-se submeter à indagação científica também os problemas da sexualidade humana. Repetições das mesmas ideias e afirmativas foram inevitáveis; afinal, elas traduzem concordâncias. Quanto às muitas discrepâncias entre as concepções dos debatedores, não podia ser tarefa do editor resolvê-las, e tampouco procurar escondê-las. Esperamos que nem as repetições nem as discrepâncias venham a afastar o interesse dos leitores.

Foi nosso intuito mostrar, nessa ocasião, em que rumos a pesquisa dos problemas da masturbação foi impulsionada pelo surgimento da abordagem psicanalítica. O êxito de nosso intuito será indicado pelo aplauso e, talvez ainda mais claramente, pela crítica dos nossos leitores.

Viena, verão de 1912.

EPÍLOGO

Senhores,

Os membros mais antigos deste grupo recordarão que há alguns anos procuramos organizar um debate coletivo como este — um "simpósio", como dizem os colegas americanos — sobre o tema da masturbação. Naquele tempo houve divergências tão significativas entre as opiniões, que não nos atrevemos a tornar públicas as discussões. Desde então, todos nós — aqueles e os novos membros — estivemos em contato permanente com os fatos observados e em contínua troca de ideias, esclarecendo nossos pontos de vista e situando-os num terreno comum, de modo que tal empreendimento já não parece tão ousado.

Parece-me realmente que as nossas concordâncias sobre o tema da masturbação são agora mais fortes e profundas do que as divergências, que continuam sendo inegáveis. Algumas das aparentes contraposições são geradas pela multiplicidade de considerações que os se-

O DEBATE SOBRE A MASTURBAÇÃO

nhores desenvolveram, tratando-se, na verdade, de pontos de vista que podem perfeitamente coexistir.

Permitam-me que lhes apresente uma síntese sobre os pontos em que parecemos estar de acordo ou em desacordo:

Todos estariam de acordo em relação a:

a) a importância da fantasia que acompanha ou representa o ato masturbatório;

b) a importância do sentimento de culpa ligado à masturbação, qualquer que seja a sua origem;

c) a impossibilidade de indicar um determinante qualitativo para a nocividade da masturbação (nisso o acordo não é unânime).

Diferenças de opinião não resolvidas apareceram:

a) quanto à negação do fator somático nos efeitos da masturbação;

b) quanto à rejeição da nocividade da masturbação;

c) quanto à origem do sentimento de culpa, que alguns dos senhores acham que advém diretamente da insatisfação, e outros levam em consideração fatores sociais ou a postura da personalidade no momento;

d) quanto à ubiquidade da masturbação infantil.

Por fim, subsistem consideráveis *incertezas* quanto:

a) ao mecanismo do efeito nocivo da masturbação, caso este se verifique;

b) à relação etiológica da masturbação com as neuroses atuais.

Na maioria dos pontos em que discordamos, agradecemos à crítica de nosso colega Wilhelm Stekel, baseada numa experiência ampla e independente. Certamente

O DEBATE SOBRE A MASTURBAÇÃO

deixamos ainda muita coisa para ser constatada e esclarecida por uma futura multidão de observadores e estudiosos, mas consolemo-nos com o fato de que trabalhamos de maneira reta e com espírito largo, e encetamos rumos que também serão seguidos pela pesquisa vindoura.

De minhas próprias contribuições aos problemas que nos ocupam os senhores não devem esperar muito. Conhecem minha preferência pelo tratamento fragmentário de um assunto, com ênfase nos pontos que me parecem mais solidamente estabelecidos. Não tenho nada de novo a oferecer, nenhuma nova solução, apenas algumas repetições de coisas que afirmei antes, algumas palavras em defesa dessas antigas colocações, contra ataques do meio psicanalítico, e também umas poucas observações, que ocorreriam a um ouvinte de suas comunicações.

Como sabem, eu diferenciei a masturbação, de acordo com as idades, em: 1) masturbação do lactente, incluindo todas as atividades autoeróticas que servem à satisfação sexual; 2) a masturbação infantil, que, originando-se diretamente da anterior, já se fixa em determinadas zonas erógenas; e 3) a masturbação da puberdade, que ou se segue imediatamente à masturbação infantil ou dela é separada pelo período de latência. Em algumas das exposições que aqui ouvi, não se fez completa justiça a essa separação temporal. A suposta unidade da masturbação, sugerida pela terminologia médica, ocasionou várias generalizações, quando uma diferenciação conforme essas três épocas da vida seria mais justificada. Também lamentei o fato de não termos podido considerar a masturbação feminina tanto quanto a mas-

O DEBATE SOBRE A MASTURBAÇÃO

culina, e acho que ela bem merece um estudo especial, e que justamente nela há um destaque das modificações determinadas pela idade.

Passo agora às objeções, levantadas por Reitler, contra meu argumento teleológico sobre a ubiquidade da masturbação do lactente. Reconheço que esse argumento deve ser abandonado. Se os *Três ensaios sobre a teoria da sexualidade* vierem a ter uma nova edição, ela não mais incluirá a afirmação criticada. Deixarei de querer adivinhar as intenções da natureza e me satisfarei com a descrição dos fatos.

Também me parece razoável e relevante a observação de Reitler, de que certos dispositivos do aparelho genital, peculiares ao ser humano, tenderiam a impedir o intercurso sexual na infância. Mas neste ponto surgem minhas dúvidas. A oclusão da cavidade sexual feminina e a inexistência de um osso peniano que assegurasse a ereção dirigem-se apenas contra o coito, não contra as excitações sexuais. Reitler parece ter uma visão muito antropomórfica do modo como a natureza persegue sua meta, como se nela se tratasse da realização coerente de uma única intenção, a exemplo das obras humanas. Pelo que vemos, no entanto, em geral há uma série de objetivos que correm paralelamente nos processos naturais, sem excluírem uns aos outros. Se é para falarmos da natureza em termos humanos, devemos dizer que ela nos parece ser aquilo que, em relação a uma pessoa, chamaríamos de incoerente. Acho que Reitler não deveria dar tanto peso a seus próprios argumentos teleológicos. O emprego da teleologia como hipótese heurística tem

O DEBATE SOBRE A MASTURBAÇÃO

suas dificuldades; nunca sabemos, em casos particulares, se deparamos com uma "harmonia" ou com uma "desarmonia". É como quando se coloca um prego numa parede; não sabemos se topamos com um tijolo ou uma concavidade.

Na questão do vínculo entre masturbação e poluções, de um lado, e a assim chamada neurastenia, do outro, acho-me em oposição a Stekel, como muitos dos senhores, e nessa discordância mantenho posições anteriores, com uma restrição que depois assinalarei. Não vejo motivo que nos faça renunciar à distinção entre neuroses atuais e psiconeuroses, e posso apenas qualificar de tóxica a gênese dos sintomas daquelas. Nisso o colega Stekel realmente me parece estender em demasia o conceito de psicogênese. Minha concepção é ainda aquela a que cheguei mais de quinze anos atrás: de que as duas neuroses atuais — neurastenia e neurose de angústia (talvez a hipocondria propriamente dita deva ser considerada a terceira neurose atual) — demonstram complacência somática* pelas psiconeuroses, fornecem o material excitatório que é então selecionado e travestido psiquicamente, de modo que, falando em termos gerais, o núcleo do sintoma psiconeurótico — o grão de areia no centro da pérola — é constituído por uma ma-

---

* "Complacência somática": *somatisches Entgegenkommen*; segundo Strachey, foi a expressão usada por Freud ao explicar o mecanismo da histeria no "Caso Dora" (1905); as versões consultadas usam *facilitación somática*, *solicitación somática*, *compiacenza somatica* e *somatic compliance*.

O DEBATE SOBRE A MASTURBAÇÃO

nifestação sexual somática. Certamente isso é mais claro para a neurose de angústia e sua relação com a histeria do que para a neurastenia, acerca da qual ainda não foram feitas investigações psicanalíticas cuidadosas. Na neurose de angústia, como puderam os senhores verificar frequentemente, no fundo é um fragmento da excitação não descarregada, relacionada ao coito, que aparece como sintoma de angústia ou fornece o núcleo de uma formação de sintoma histérico.

O colega Stekel partilha com vários autores de fora da psicanálise a inclinação de rejeitar as diferenciações morfológicas que fizemos no emaranhado das neuroses e colocá-las todas sob uma só rubrica — a da psicastenia, digamos. Nisso já o contradissemos várias vezes, e mantemos a expectativa de que as diferenças clínico--morfológicas se revelarão preciosas como indícios ainda não compreendidos de processos essencialmente distintos. Se ele — justificadamente — responde que encontrou nos assim chamados neurastênicos os mesmos complexos e conflitos que nos outros neuróticos, esse argumento não diz respeito ao ponto em questão. Há muito sabemos que os mesmos complexos e conflitos serão também achados em todos os sadios e normais. Sim, habituamo-nos a supor em todo indivíduo civilizado um certo grau de repressão de impulsos perversos, erotismo anal, homossexualidade etc., assim como um quê de complexo paterno e materno e outros complexos mais, tal como, na análise elementar de um corpo orgânico, esperamos demonstrar a presença de carbono, hidrogênio, oxigênio, nitrogênio e algum enxofre. O que

O DEBATE SOBRE A MASTURBAÇÃO

diferencia os corpos orgânicos entre si é a quantidade relativa desses elementos e a constituição das ligações que estabelecem entre si. Dessa maneira, nos indivíduos normais e nos neuróticos a questão não é a existência dos complexos e conflitos, mas se estes se tornaram patogênicos e, caso tenham se tornado, que mecanismos empregaram para isso.

O essencial de minha teoria sobre as neuroses atuais, que formulei no passado e defendo hoje em dia, está na afirmação, apoiada em experimento, de que não podemos decompor analiticamente seus sintomas, como fazemos com os psiconeuróticos. Ou seja, que a obstipação, a dor de cabeça, o cansaço dos assim chamados neurastênicos não admitem ser referidos histórica ou simbolicamente a vivências efetivas, não podem ser entendidos como satisfações sexuais substitutivas, como compromissos entre impulsos opostos, diferentemente dos sintomas psiconeuróticos (que às vezes parecem de igual natureza). Não acredito que se consiga derrubar essa tese com ajuda da psicanálise. Por outro lado, hoje admito o que então não podia acreditar, que um tratamento analítico pode ter influência curativa indireta sobre os sintomas "atuais", ou fazendo com que os malefícios atuais sejam mais bem suportados, ou pondo o indivíduo enfermo em condição de subtrair-se a tais malefícios atuais, através de mudança do regime sexual. Estas são, sem dúvida, perspectivas desejáveis para o nosso interesse terapêutico.

Mas, se na questão teórica das neuroses atuais for demonstrado enfim que estou errado, saberei me con-

O DEBATE SOBRE A MASTURBAÇÃO

solar com o progresso do nosso conhecimento, que necessariamente tira o peso das opiniões de um indivíduo. Os senhores perguntarão agora por que, tendo uma percepção tão louvável de minha própria falibilidade, eu não cedo às novas sugestões e prefiro repetir o já conhecido espetáculo do homem velho que se atém às suas opiniões. A resposta é que ainda não reconheço a evidência a que deveria ceder. Em anos passados, meus pontos de vista sofreram várias mudanças, que não deixei de tornar públicas. Por causa delas, fizeram-me recriminações, tal como agora me recriminarão por minha insistência. Não que essas ou aquelas me desencorajem. Mas sei que tenho um destino a cumprir; não posso a ele me furtar e não necessito ir ao seu encontro. Ficarei à sua espera e, enquanto isso, minha atitude para com a nossa ciência será a mesma que aprendi a ter no passado.

É a contragosto que me posiciono sobre a questão da nocividade da masturbação, frequentemente abordada pelos senhores, pois essa não é uma abordagem conveniente dos problemas que nos ocupam. Mas talvez todos tenhamos de fazer assim. O mundo parece não se interessar por outra coisa que não a masturbação. Como bem sabem, tivemos como convidado, nas primeiras noites em que discutimos o tema, um prestigioso pediatra da nossa cidade. O que procurou ele saber de nós, em repetidas perguntas? Apenas até que ponto a masturbação é prejudicial, e por que prejudicaria uns e não outros. De modo que temos de fazer nossa pesquisa se pronunciar acerca desta necessidade prática.

O DEBATE SOBRE A MASTURBAÇÃO

Confesso que também nisso não partilho a opinião de Stekel, apesar das muitas observações audazes e corretas que ele nos fez sobre a questão. Para ele, a nocividade da masturbação é só um preconceito absurdo, que apenas devido à estreiteza pessoal não abandonamos resolutamente. Mas eu acho que, se encararmos o problema *sina ira et studio* [sem cólera nem parcialidade] — tanto quanto isso nos for possível —, deveremos declarar, isto sim, que tal posicionamento contraria nossos pontos de vista fundamentais acerca da etiologia das neuroses. A masturbação corresponde essencialmente à atividade sexual infantil e sua permanência em idade mais madura. Vemos as neuroses como oriundas do conflito entre os impulsos sexuais de um indivíduo e suas outras tendências (do Eu). Alguém poderia então dizer: "Para mim, o fator patogênico dessa relação etiológica se acha apenas na reação do Eu à sua sexualidade". Com isso estaria afirmando que toda pessoa poderia manter-se livre de neurose se quisesse satisfazer sem restrições as suas tendências sexuais. Mas é claramente arbitrário, e também inadequado, assim decidir e não conceder que também as tendências sexuais mesmas partilhem do caráter patogênico. No entanto, se os senhores admitirem que os impulsos sexuais podem agir de modo patogênico, já não poderão negar esse sentido à masturbação, que consiste apenas na efetivação de tais impulsos instintuais sexuais. Certamente poderão, em todo caso em que a masturbação pareça patogênica, fazer o efeito remontar mais além, aos instintos que se manifestam na masturbação e às resistências que se voltam contra esses instintos. De fato, a

O DEBATE SOBRE A MASTURBAÇÃO

masturbação não é algo psicológica ou somaticamente derradeiro, não é um efetivo agente, é apenas um nome para certas atividades; no entanto, por mais que remontemos atrás, nosso juízo acerca das causas da doença permanece ligado, com justiça, a essa atividade. Não esqueçam também que a masturbação não equivale simplesmente à atividade sexual, que é essa atividade em certas condições restritivas. Também é possível, então, que justamente essas particularidades da atividade masturbatória sejam portadoras de seu efeito patogênico.

Assim, mais uma vez passamos dos argumentos para a observação clínica, e esta nos recorda que não devemos apagar a rubrica "efeitos nocivos da masturbação". De todo modo, nas neuroses encontramos casos em que a masturbação trouxe danos.

Esses danos parecem ocorrer de três formas:

a) *organicamente*, por um mecanismo desconhecido, em que devem ser levadas em conta as considerações acerca de imoderação e satisfação inadequada, que os senhores fizeram não poucas vezes;

b) pelo estabelecimento de um *padrão psíquico*, na medida em que não se tem de buscar a modificação do mundo externo para satisfazer uma grande necessidade;

c) ao possibilitar a *fixação de metas sexuais infantis* e a permanência no infantilismo psíquico. Com isso há a predisposição para se cair na neurose. Como psicanalistas, temos de nos interessar enormemente por esse resultado da masturbação — refiro-me naturalmente à masturbação na puberdade e à que prossegue depois desse tempo. Tenhamos presente o significado que a mastur-

O DEBATE SOBRE A MASTURBAÇÃO

bação adquire como execução da fantasia, esse domínio que se interpôs entre a vida conforme o princípio do prazer e aquela conforme o princípio da realidade, como a masturbação possibilita realizar, na fantasia, manifestações sexuais e sublimações que não são progressos, mas apenas compromissos nocivos. É certo que o mesmo compromisso, na importante observação de Stekel, torna inofensivas graves inclinações perversas e afasta as piores consequências da abstinência.

Segundo minha experiência médica, uma duradoura redução da potência não deve ser excluída da gama de consequências da masturbação, embora eu conceda a Stekel que em bom número de casos ela pode se revelar apenas aparente. Justamente esse efeito da masturbação não pode ser colocado entre os danos simplesmente. Uma certa diminuição da potência masculina, e do ânimo brutal a ela relacionado, é bastante útil culturalmente. Facilita, para o homem civilizado, a observância das virtudes da moderação e da confiabilidade sexual, que lhe são exigidas. Ser virtuoso, gozando de inteira potência, é geralmente imaginado como tarefa difícil.

Se esta afirmação lhes parecer cínica, acreditem que não foi feita com cinismo. Pretende ser apenas uma descrição sóbria, não se importando de provocar aborrecimento ou satisfação. Também a masturbação tem, como muitas coisas mais, *les défauts de ses vertus* [os defeitos de suas virtudes] e, inversamente, *les vertus de ses défauts*. Se desenredamos um tema complicado com interesse prático parcial em sua utilidade ou nocividade, temos que admitir tais achados pouco agradáveis.

O DEBATE SOBRE A MASTURBAÇÃO

Creio, por outro lado, que é vantajoso distinguir o que podemos chamar de danos *diretos* causados pela masturbação daquilo que deriva *indiretamente* da resistência e revolta do Eu contra essa atividade sexual. Essas últimas consequências não cheguei a abordar aqui.

Agora algumas palavras inevitáveis sobre a segunda das questões penosas que nos foram dirigidas. Supondo que a masturbação venha a ser nociva, em que condições e em que indivíduos ela se mostra nociva?

Como a maioria dos senhores, tendo a desaprovar uma resposta geral a essa pergunta. Ela coincide, em parte, com outra questão abrangente, relativa a quando a atividade sexual em geral se torna patogênica para um indivíduo. Se deixamos de lado essa parte, resta-nos uma questão específica, relacionada às características da masturbação enquanto modalidade particular de satisfação sexual. Caberia agora repetir o que já é conhecido e foi apresentado em outro contexto, avaliar a influência do fator quantitativo e a conjugação de vários elementos que atuam de forma patogênica, e teríamos, sobretudo, de conceder um grande espaço às assim chamadas disposições constitucionais do indivíduo. Mas admitamos: trabalhar com elas não é coisa fácil. Costumamos inferir uma predisposição individual *ex post* [depois do fato]; posteriormente, quando a pessoa está doente, nós lhe atribuímos essa ou aquela predisposição. Não temos como descobri-la antes. Nisso fazemos como o rei escocês de um romance de Victor Hugo, que se gabava de um meio infalível de reconhecer uma bruxa. Ele deixava a mulher suspeita cozinhando em água

O DEBATE SOBRE A MASTURBAÇÃO

fervente, e então provava a sopa. Conforme o sabor, decidia: "Sim, era uma bruxa", ou "Não, essa não era".

Eu poderia também chamar sua atenção para um tema que foi muito pouco abordado em nossas conversas, o da masturbação inconsciente. Refiro-me à masturbação no sono, em estados anormais, em ataques. Lembram-se como muitos ataques histéricos trazem o ato masturbatório de forma oculta ou irreconhecível, depois que o indivíduo renunciou a esse tipo de satisfação, e quantos sintomas de neurose obsessiva tendem a substituir ou repetir esse modo de satisfação sexual que foi proibido no passado. Vários dos senhores terão tido, como eu, a experiência do grande avanço que significa o fato de o paciente voltar à masturbação durante o tratamento, ainda que não pretenda ficar perenemente nessa etapa infantil. Posso ainda lhes recordar que um número significativo de neuróticos, justamente dos mais graves, evitou a masturbação nos períodos históricos de que tem lembrança, ao passo que podemos demonstrar, pela psicanálise, que de maneira nenhuma essa atividade sexual lhes era estranha nos seus remotos e esquecidos primeiros anos de vida.

Mas acho melhor pararmos aqui. Afinal, todos concordamos em que esse tema é quase inesgotável.

ALGUMAS OBSERVAÇÕES SOBRE O CONCEITO DE INCONSCIENTE NA PSICANÁLISE (1912)

TÍTULO ORIGINAL: "EINIGE BEMERKUNGEN ÜBER DEN BEGRIFF DES UNBEWUSSTEN IN DER PSYCHOANALYSE". PUBLICADO PRIMEIRAMENTE EM *INTERNATIONALE ZEITSCHRIFT FÜR ÄRZTLICHE PSYCHOANALYSE* [REVISTA INTERNACIONAL DE PSICANÁLISE MÉDICA], V. 1, N. 2, PP. 117-23. TRADUZIDO DE *GESAMMELTE WERKE* VIII, PP. 430-9; TAMBÉM SE ACHA EM *STUDIENAUSGABE* III, PP. 25-36.

ALGUMAS OBSERVAÇÕES SOBRE O CONCEITO DE INCONSCIENTE

Gostaria de expor, em poucas palavras e do modo mais claro possível, que sentido se atribui ao termo "inconsciente" na psicanálise, e apenas na psicanálise.*

---

* Como informa James Strachey na sua introdução a este trabalho, no volume XII da *Standard edition* (Londres: Hogarth Press, 1958), ele foi escrito originalmente em inglês, a convite da Society for Psychical Research, de Londres, e publicado nos *Proceedings* dessa instituição em 1912. No ano seguinte foi editado em alemão, na *Internationale Zeitschrift für Psychoanalyse*, assinado por Freud e sem indicação de que fora traduzido do inglês por Hanns Sachs, amigo e discípulo de Freud — algo revelado por Ernest Jones em sua biografia de Freud. Ao ser incluído nos cinco volumes dos *Collected papers*, em 1925, o texto inglês foi ligeiramente atualizado na terminologia. Por causa dessas vicissitudes, Strachey afirma que não possuímos um texto inteiramente confiável (*reliable*) deste ensaio, embora reconheça que tanto a revisão como a tradução foram benfeitas e provavelmente passaram pelas mãos de Freud. Achou por bem, então, reproduzir a primeira versão inglesa, tal como apareceu em 1912, chamando a atenção para algumas diferenças terminológicas em notas de rodapé. Na presente edição, decidimos utilizar como base o texto alemão, recorrendo a notas para apontar as ocasionais divergências entre o texto inglês, o "original" alemão e a nossa versão. Diferentemente de Strachey, não acreditamos que o texto seja *unreliable* devido à sua dupla gênese; acreditamos, isto sim, que sua pretensa *unreliability* decorre de uma imprecisão terminológica inerente à psicanálise — conforme sustentamos no livro *As palavras de Freud*, op. cit. Acrescente-se que, em sua justificativa para reproduzir o "original" inglês, Strachey não considera que a versão alemã foi reeditada cinco vezes, inclusive em duas coleções das obras completas de Freud, os *Gesammelte Schriften* ("Escritos completos", v. V, 1924), e os *Gesammelte Werke* (v. VIII, 1943).

ALGUMAS OBSERVAÇÕES SOBRE O CONCEITO DE INCONSCIENTE

Uma ideia* — ou qualquer outro elemento psíquico — pode estar agora *presente* na minha consciência e *desaparecer* no momento seguinte; pode novamente retornar, após um intervalo de tempo, e isso, como dizemos, a partir da lembrança, não em consequência de uma nova percepção sensorial. Para levar em conta esse fato, vimo-nos obrigados a supor que a ideia estava presente em nosso espírito também durante o intervalo, ainda que permanecesse latente na consciência. Sob que forma pode haver existido, enquanto presente na vida psíquica e *latente* na consciência, acerca disso não temos como fazer conjecturas.

Neste ponto devemos estar preparados para a objeção filosófica de que a ideia latente não existiu como objeto da psicologia, mas como disposição física para a recorrência do mesmo fenômeno psíquico, ou seja, a mencionada ideia. Mas a isso podemos replicar que uma tal teoria extrapola bastante a área da psicologia propriamente, que apenas contorna o problema, ao manter que "consciente" e "psíquico" são noções idênticas, e que evidentemente está errada em negar à psicologia o direito de aclarar com seus próprios meios um de seus fatos mais corriqueiros, o da memória.

---

* *Vorstellung*, no texto alemão; *conception*, na versão inglesa. As três outras versões consultadas — a castelhana da Amorrortu, a italiana da Boringhieri e a francesa da PUF, tradução Anne Berman — usam "representação"; discuto os problemas que envolvem a tradução desse termo em *As palavras de Freud*, op. cit., capítulo sobre *Vorstellung*.

ALGUMAS OBSERVAÇÕES SOBRE O CONCEITO DE INCONSCIENTE

Vamos, então, chamar de "consciente" à ideia que se acha presente em nossa consciência e da qual nos apercebemos, e admitir apenas este sentido para o termo "consciente"; já as ideias latentes, se tivermos motivo para supor que existem na psique — como no caso da memória —, serão designadas com o termo "inconsciente".

Uma ideia inconsciente, então, é uma ideia que não notamos, mas cuja existência estamos dispostos a aceitar, com base em outros indícios e provas.

Isso poderia ser visto como um trabalho descritivo ou classificatório bem desinteressante, se nenhuma outra informação fosse levada em conta, para o nosso julgamento, além dos fatos da memória ou da associação por elos inconscientes. Mas o conhecido experimento da "sugestão pós-hipnótica" nos faz insistir na importância da distinção entre *consciente* e *inconsciente*, e parece aumentar-lhe o valor.

Nessa experiência, tal como foi realizada por Bernheim, uma pessoa é colocada em estado hipnótico e depois despertada. Enquanto se achava nesse estado, sob a influência do médico, foi-lhe dada a ordem de executar uma determinada ação num momento preciso, meia hora depois, por exemplo. Uma vez desperta, tudo indica que voltou à plena consciência e à disposição mental habitual, não havendo lembrança do estado hipnótico, mas o impulso de executar aquela ação impõe-se ao espírito no momento predeterminado, e ela é realizada conscientemente, embora não se saiba por quê. Dificilmente poderíamos descrever de outro modo o fenômeno, senão dizendo que a intenção estava presente no

ALGUMAS OBSERVAÇÕES SOBRE O CONCEITO DE INCONSCIENTE

espírito da pessoa em forma *latente* ou *inconscientemente*, até o instante fixado em que se tornou consciente. Todas as outras ideias associadas a esta*— a ordem, a influência do médico, a lembrança do estado hipnótico — permaneceram inconscientes também.

Podemos aprender ainda mais com tal experiência. Somos levados a uma concepção** *dinâmica* do fenômeno, em vez de puramente descritiva. A ideia da ação ordenada durante a hipnose não se tornou apenas um objeto da consciência em determinado instante, mas produziu também *efeito*, e este é o aspecto que mais chama a atenção no fato; ela foi traduzida em ação, tão logo a consciência deu-se conta de sua presença. Como a verdadeira incitação a agir é a ordem do médico, dificilmente não se admitirá que também a ideia da ordem foi eficiente.

No entanto, esse último pensamento não foi recebido na consciência, como sucedeu com seu derivado, a ideia da ação; ele permaneceu inconsciente, e por isso foi, ao mesmo tempo, *eficiente* e *inconsciente*.

A sugestão pós-hipnótica é um produto de laboratório, um fato gerado artificialmente. Mas se adotarmos a teoria dos fenômenos histéricos, apresentada por Pierre Janet e elaborada por Breuer e por mim, teremos à dis-

---

* *Alle anderen mit dieser Vorstellung assoziierten Ideen*, em alemão; *All the other ideas associated with this conception*, em inglês. Tendo vertido *Vorstellung* por "ideias", suprimimos a palavra *Ideen*.
** *Auffassung*, em alemão; *view*, na versão inglesa; *concepción*, *concezione*, *vue*, nas outras consultadas.

ALGUMAS OBSERVAÇÕES SOBRE O CONCEITO DE INCONSCIENTE

posição muitos fatos naturais, que mostram o caráter psicológico da sugestão pós-hipnótica de maneira ainda mais distinta e clara.

A psique do paciente histérico é cheia de pensamentos que produzem efeito, mas são inconscientes; deles procedem todos os sintomas. O traço que realmente mais chama a atenção, na constituição psíquica histérica, é ser governada por ideias inconscientes.* Quando uma mulher histérica vomita, pode fazê-lo em consequência da ideia de estar grávida. No entanto, ela não tem conhecimento dessa ideia, embora esta possa facilmente ser descoberta em sua psique e tornada consciente para ela, por meio de um dos procedimentos técnicos da psicanálise. Quando faz os gestos e movimentos convulsivos que compõem seu "ataque", não chega a imaginar conscientemente as ações por ela intentadas, e as observa talvez com os sentimentos de um espectador não envolvido. Entretanto, a análise consegue mostrar que ela desempenhava seu papel na reprodução dramática de uma cena de sua vida, cuja recordação durante o ataque era inconscientemente eficaz. O mesmo predomínio de ideias inconscientes eficientes é desvendado, na análise, como o essencial na psicologia de todas as demais formas de neurose.

* Nesta frase, "ideias" é tradução de *Vorstellungen*; na frase seguinte, Freud usa *Idee*, evidentemente com o mesmo sentido. Na frase anterior, "pensamentos" (*Gedanken*) é também empregado como sinônimo de *Vorstellungen*. No texto inglês está *ideas*, onde se lê *Gedanken* no alemão; depois se usa um pronome e, por fim, novamente *Idea*.

ALGUMAS OBSERVAÇÕES SOBRE O CONCEITO DE INCONSCIENTE

Com a análise dos fenômenos neuróticos aprendemos, portanto, que um pensamento latente ou inconsciente não é fraco necessariamente, e que a sua presença na psique permite provas indiretas da maior força, quase equivalentes à prova direta fornecida pela consciência. Sentimo-nos justificados em fazer nossa classificação harmonizar-se com esse acréscimo em nossos conhecimentos, introduzindo uma distinção fundamental entre diferentes tipos de pensamentos latentes e inconscientes. Estávamos habituados a pensar que todo pensamento latente era assim devido à sua fraqueza, e que se tornava consciente ao obter força. Agora adquirimos a convicção de que há determinados pensamentos latentes que não penetram na consciência, por mais fortes que sejam. Por isso chamaremos os pensamentos latentes do primeiro grupo de *pré-conscientes*, enquanto reservamos o termo *inconsciente* (no sentido próprio) para o segundo grupo que estudamos nas neuroses. O termo *inconsciente*, que até aqui utilizamos apenas em sentido descritivo, recebe agora um sentido mais amplo. Não designa somente pensamentos latentes em geral, mas aqueles, em especial, que têm certo caráter dinâmico, ou seja, os que se conservam longe da consciência, apesar de sua intensidade e eficácia.

Antes de prosseguir minha discussão desejo considerar duas objeções, que provavelmente serão levantadas neste ponto. A primeira pode-se formular da seguinte maneira: em vez de adotarmos a hipótese de pensamentos inconscientes, dos quais nada sabemos,

ALGUMAS OBSERVAÇÕES SOBRE O CONCEITO DE INCONSCIENTE

seria melhor supor que a consciência pode ser dividida, de modo que alguns pensamentos ou outros eventos psíquicos*podem formar uma consciência à parte, que se desprendeu da massa principal da atividade psíquica consciente e tornou-se alheia a ela. Conhecidos casos patológicos, como o do dr. Azam, parecem bem adequados para demonstrar que a divisão da consciência não é uma ilusão fantástica.

Permitam-me observar, contra essa teoria, que ela apenas se aproveita de um abuso da palavra "consciente". Não temos o direito de ampliar o sentido dessa palavra de forma tal que venha a designar também uma consciência de que o próprio dono nada sabe. Se os filósofos têm dificuldade em crer na existência de um pensamento inconsciente, parece-me ainda mais discutível a existência de uma consciência inconsciente. Os casos descritos como sendo divisão da consciência, tal como o do dr. Azam, podem ser mais bem designados como movimento**da consciência, em que esta função — ou o que quer que seja — oscila entre dois diferentes complexos psíquicos, que alternadamente tornam-se conscientes e inconscientes.

---

* "Eventos psíquicos": tradução aqui dada a *Seelenvorgänge*. A palavra *Vorgang* é geralmente vertida por "processo" (como está nas versões argentina, italiana e francesa), mas admite também o sentido de "evento", que nos pareceu caber melhor aqui. No texto inglês acha-se *psychical acts*.
** "Movimento": *Wandern*, substantivação do verbo que significa "andar, vagar". Em inglês usou-se *shifting*; nas outras versões consultadas, *migración*, *vagabondare*, *migration*.

ALGUMAS OBSERVAÇÕES SOBRE O CONCEITO DE INCONSCIENTE

A outra objeção provável seria que aplicamos, na psicologia de pessoas normais, conclusões retiradas principalmente do exame de estados patológicos. A ela podemos responder com um fato de que temos conhecimento mediante a psicanálise. Certos distúrbios funcionais que ocorrem muito frequentemente entre pessoas normais, como *lapsus linguae*, equívocos de memória e de linguagem, esquecimento de nomes etc., podem facilmente ser ligados à atuação de fortes pensamentos inconscientes, tal como os sintomas neuróticos. Depararemos com um segundo argumento, ainda mais convincente, numa outra parte desta discussão.

Diferenciando pensamentos pré-conscientes e inconscientes, somos levados a abandonar o âmbito da classificação e a formar uma opinião sobre as relações funcionais e dinâmicas na atividade da psique. Achamos um *pré-consciente que produz efeito*, que sem dificuldade se transporta para a consciência, e um *inconsciente que produz efeito*, que permanece inconsciente e parece cortado da consciência.

Não sabemos se essas duas espécies de atividade psíquica são, desde o princípio, idênticas ou essencialmente contrárias, mas podemos nos perguntar por que deveriam tornar-se diferentes no curso dos processos psíquicos.* A essa questão a psicanálise dá uma resposta clara e decidida. Para o produto do inconsciente eficaz não é de maneira nenhuma impossível penetrar na consciência,

---

* "Processos psíquicos": *psychische Vorgänge*; na versão inglesa, *psychical action*.

ALGUMAS OBSERVAÇÕES SOBRE O CONCEITO DE INCONSCIENTE

mas isso requer um certo esforço. Ao tentar fazê-lo em nós mesmos, temos a nítida sensação de uma *defesa** que deve ser superada, e, ao provocar isso num paciente, obtemos inequívocos sinais do que chamamos de *resistência* contra isso. Desse modo vemos que o pensamento inconsciente é excluído da consciência por forças vivas, que se opõem à sua acolhida, enquanto nada obstam a outros pensamentos, pré-conscientes. A psicanálise não deixa espaço para duvidar que a rejeição de pensamentos inconscientes é provocada apenas pelas tendências corporificadas no seu conteúdo. A teoria mais provável que podemos formar nesse estágio de nosso saber é a que segue. O inconsciente é uma fase regular e inevitável dos processos que fundamentam nossa atividade psíquica; todo ato psíquico começa inconsciente e pode permanecer assim ou desenvolver-se rumo à consciência, segundo encontre resistência ou não. A distinção entre atividade pré-consciente e inconsciente não é primária, mas produz-se apenas depois que a "defesa" entra em jogo. Somente então ganha valor teórico e prático a diferença entre pensamentos pré-conscientes, que aparecem na consciência e a qualquer instante podem a ela retornar, e pensamentos inconscientes, que não podem fazê-lo. Uma analogia tosca, porém adequada, para esta relação que supomos entre a atividade consciente e a inconsciente, nos aparece no campo da fotografia. O primeiro estágio da fotografia é o negativo; toda imagem fotográfica tem

---

* "Defesa": *Abwehr*; *repulsion*, no texto inglês.

ALGUMAS OBSERVAÇÕES SOBRE O CONCEITO DE INCONSCIENTE

de passar pelo "processo negativo", e alguns desses negativos, que superaram bem a prova, são admitidos no "processo positivo", que conclui com a imagem.

Mas a diferenciação entre atividade pré-consciente e inconsciente e o conhecimento da barreira que as separa não é o último nem o mais significativo resultado da investigação psicanalítica da psique. Há um produto psíquico que se acha nas pessoas mais normais e que, no entanto, oferece uma notável analogia com as mais selvagens produções da loucura, e que os filósofos não compreenderam mais do que a loucura mesma. Refiro-me aos sonhos. A psicanálise se baseia na análise do sonho; a interpretação dos sonhos é o trabalho mais completo que a jovem ciência realizou até agora. Um caso típico de formação de sonho pode ser descrito da seguinte forma: uma série de pensamentos é despertada pela atividade mental do dia e conserva algo de sua eficácia, mediante a qual escapa à diminuição geral de interesse que introduz o sono e que constitui a preparação mental para dormir. Durante a noite, esta série de pensamentos consegue ligar-se a um dos desejos inconscientes que desde a infância sempre existem na psique do sonhador, mas que habitualmente são *reprimidos* e excluídos de sua vida consciente. Com a força emprestada por essa ajuda inconsciente, os pensamentos, os vestígios diurnos tornam-se de novo eficazes e emergem na consciência em forma de sonho. Três coisas sucederam, portanto:

1. os pensamentos experimentaram uma transformação, um disfarce e distorção, que representa a participação do aliado inconsciente;

ALGUMAS OBSERVAÇÕES SOBRE O CONCEITO DE INCONSCIENTE

2. os pensamentos conseguiram ocupar*a consciência num momento em que ela não devia lhes ser acessível;

3. um pedaço do inconsciente emergiu na consciência, o que normalmente não seria possível.

Aprendemos a arte de descobrir os "restos diurnos" e os pensamentos oníricos latentes; comparando-os ao *conteúdo manifesto do sonho*, somos capazes de formar um juízo sobre as mudanças que perfizeram e sobre a maneira como estas se realizaram.

Os pensamentos oníricos latentes não se diferenciam absolutamente dos produtos de nossa atividade psíquica consciente habitual. Eles merecem o nome de pensamentos pré-conscientes e podem, de fato, haver sido conscientes em algum instante da vida desperta. Mas, ligando-se às tendências inconscientes durante a noite, foram por estas assimilados, como que rebaixados à condição de pensamentos inconscientes, e sujeitados às leis que regem a atividade inconsciente. Eis aqui a oportunidade de aprender o que não poderíamos saber com base em reflexões ou a partir de outra fonte: que as leis da atividade psíquica inconsciente se distinguem em boa medida daquelas da atividade consciente. Mediante o trabalho com detalhes adquirimos conhecimento das peculiaridades do *inconsciente*, e podemos esperar aprender mais ainda por meio de uma mais profunda investigação dos processos da formação do sonho.

---

* "Ocupar": *besetzen*; *occupy*, no texto inglês. Nas demais traduções consultadas: *investir, occupare, occuper.*

ALGUMAS OBSERVAÇÕES SOBRE O CONCEITO DE INCONSCIENTE

Essa indagação mal chegou à sua metade, e não é possível expor os resultados até agora obtidos sem entrar nos problemas altamente intrincados da interpretação dos sonhos. Mas não gostaria de pôr termo a essa discussão sem apontar para a mudança e o progresso na compreensão do inconsciente, que devemos ao estudo psicanalítico dos sonhos.

O inconsciente nos parecia, inicialmente, tão só uma característica misteriosa de determinado processo psíquico; agora significa mais para nós, é um indício de que este participa da natureza de certa categoria psíquica, conhecida de nós por outros traços mais significativos, e de que pertence a um sistema de atividade psíquica que merece a nossa plena atenção. O valor do inconsciente como índice ultrapassou em muito a sua importância como atributo. O sistema que se dá a conhecer pela marca distintiva de serem inconscientes os processos que o compõem é por nós chamado de "o Inconsciente", na falta de expressão melhor e menos ambígua. Proponho, para sua designação, as letras *Ics*, abreviatura da palavra "inconsciente".

Este é o terceiro e mais importante sentido que o termo "inconsciente" adquiriu na psicanálise.

PRINCÍPIOS BÁSICOS DA PSICANÁLISE (1913)

O ORIGINAL ALEMÃO DESTE TEXTO É DADO COMO PERDIDO. FOI PUBLICADO PRIMEIRAMENTE NUMA VERSÃO INGLESA, "ON PSYCHO-ANALYSIS", EM *AUSTRALASIAN MEDICAL CONGRESS, TRANSACTIONS OF THE NINTH SESSION*, V. 2, PARTE 8 (1913), PP. 839-42. TRATA-SE DE UMA COMUNICAÇÃO ENVIADA AO REFERIDO CONGRESSO EM 1911, MAS PUBLICADA EM SUAS ATAS APENAS DOIS ANOS DEPOIS. A PRESENTE VERSÃO FOI FEITA COTEJANDO-SE A TRADUÇÃO INGLESA E A ALEMÃ (FEITA POR ANNA FREUD A PARTIR DAQUELA). O TÍTULO QUE AQUI LHE DAMOS É UMA FORMA LIGEIRAMENTE ABREVIADA DO TÍTULO QUE RECEBEU NA EDIÇÃO ALEMÃ, "ÜBER GRUNDPRINZIPIEN UND ABSICHTEN DER PSYCHOANALYSE" [SOBRE PRINCÍPIOS BÁSICOS E INTENÇÕES DA PSICANÁLISE], EM *GESAMMELTE WERKE, NACHTRAGSBAND* [VOLUME SUPLEMENTAR], PP. 724-8.

PRINCÍPIOS BÁSICOS DA PSICANÁLISE

Em resposta ao amável convite do secretário de sua seção de neurologia e psiquiatria, quero solicitar a atenção deste congresso para o tema da psicanálise, que atualmente é objeto de interesse na Europa e nos Estados Unidos.

A psicanálise é uma disciplina singular, em que se combinam um novo tipo de pesquisa das neuroses e um método de tratamento com base nos resultados daquele. Desde já enfatizo que ela não é fruto da especulação, mas da experiência, e, portanto, é inacabada enquanto teoria. Mediante suas próprias inquirições, cada qual pode se persuadir da correção ou incorreção das teses nela presentes, e contribuir para seu desenvolvimento.

No início da psicanálise se acha uma publicação conjunta minha e de Breuer, os *Estudos sobre a histeria*, de 1895. Partindo da histeria, o âmbito de trabalho da psicanálise estendeu-se para muitos outros distúrbios psíquicos. Vejo como precursores da psicanálise os trabalhos de Charcot sobre a histeria traumática, as investigações de fenômenos hipnóticos, por Liébault e Bernheim, e os estudos de Janet sobre processos psíquicos inconscientes. Não demoraram a aparecer diferenças entre as concepções de Janet e a psicanálise, pois esta a) não ligava a histeria a uma degeneração constitucional hereditária, b) oferecia, em vez de uma mera descrição, uma explicação dinâmica baseada na interação das forças psíquicas, e c) atribuía a dissociação psíquica, cuja importância fora reconhecida por Janet, não a um fracasso congênito da síntese psíquica, mas a um processo psíquico especial, chamado de "repressão".

PRINCÍPIOS BÁSICOS DA PSICANÁLISE

Provou-se que os sintomas histéricos são restos (reminiscências) de profundas experiências afetivas que foram subtraídas à consciência cotidiana, e que sua forma é determinada, de uma maneira que não permite descarga motora, por particularidades do efeito traumático das experiências. Assim, as perspectivas terapêuticas estão na possibilidade de anular essa "repressão", fazendo com que parte do material psíquico inconsciente se torne consciente e diminuindo seu efeito patogênico. Nossa concepção é dinâmica, pois vê os processos psíquicos como deslocamentos de energia psíquica, que podem ser avaliados pelo montante de seu efeito sobre os elementos afetivos. Isso é muito importante na histeria, em que os sintomas aparecem pela "conversão", isto é, pela transformação de impulsos psíquicos em inervações somáticas.

As primeiras pesquisas psicanalíticas e tentativas de tratamento recorreram ao método hipnótico. Após o abandono da hipnose, adotou-se a "associação livre", em que o paciente permanece em seu estado de consciência normal. Isso tornou possível a aplicação do procedimento a um número bem maior de casos de histeria, a outras neuroses e também a pessoas sadias. Por outro lado, foi necessário desenvolver uma técnica especial de interpretação, a fim de extrair conclusões do material revelado na associação livre. O trabalho de interpretação nos levou à certeza de que as dissociações psíquicas* são geradas e mantidas por "resistências internas".

---

* Em vez de "as dissociações psíquicas" se acha, na versão de Anna Freud, "o fenômeno da cisão da consciência".

PRINCÍPIOS BÁSICOS DA PSICANÁLISE

Então parece justo concluir que as dissociações se ligam estreitamente a conflitos internos, nos quais o impulso subjacente ao sintoma cedeu à repressão. Para resolver o conflito e, desse modo, curar a neurose, requer-se a orientação de um médico treinado na psicanálise.

Pudemos mostrar, partindo disso, que os sintomas patológicos de todas as neuroses são os produtos finais desses conflitos que levaram à "repressão" e à "cisão da psique". Segundo o mecanismo psíquico que entra em ação, os sintomas podem ser: a) formações substitutivas para impulsos reprimidos; b) formações de compromisso entre o reprimido e as forças repressoras; c) formações reativas como salvaguarda contra o retorno do reprimido.

Nossas pesquisas se estenderam também às condições que determinam se os conflitos psíquicos levarão à "repressão", isto é, à dissociação causada dinamicamente, ou se terão um desfecho normal. Sustentamos, na psicanálise, que esses conflitos sempre se dão entre os instintos sexuais (no mais amplo sentido da palavra) e os desejos e tendências do restante do Eu.[*] Nas neuroses são os instintos sexuais que sucumbem à "repressão" e, assim, constituem o mais importante material para a sintomatologia.[**] Os sintomas neuróticos são, nesse

---

[*] No lugar de "os desejos e tendências do restante do Eu" se acha, na versão de Anna Freud, "e as outras partes da personalidade".
[**] "Sintomatologia": adotamos aqui o termo da tradução de Anna Freud; a versão inglesa diz "a gênese dos sintomas", seguido de vírgula e desta oração, substituindo a que se lê na presente versão: "que podem ser vistos, consequentemente, como substitutos para satisfações sexuais".

PRINCÍPIOS BÁSICOS DA PSICANÁLISE

sentido, disfarçadas formações substitutivas para satisfações sexuais.

No que toca a predisposição para a neurose, a psicanálise acrescentou às influências somáticas e hereditárias até então reconhecidas uma outra, o fator "infantil". Vimo-nos obrigados a relacionar a vida psíquica do paciente à sua primeira infância e chegamos à conclusão de que inibições do desenvolvimento psíquico ("infantilismos") têm importante papel na predisposição para a neurose. Nossas investigações da vida sexual nos ensinaram, sobretudo, que realmente existe algo como uma "sexualidade infantil", que o instinto sexual é constituído de uma série de instintos parciais e atravessa um complicado curso de desenvolvimento, cujo resultado final, após muitas restrições e transformações, é a sexualidade "normal" dos adultos. As enigmáticas perversões do instinto sexual que ocorrem nos adultos aparecem como inibições do desenvolvimento, fixações ou distorções. Assim, as neuroses são o negativo das perversões.

O desenvolvimento cultural que se impõe à humanidade torna necessárias as restrições e repressões dos impulsos sexuais, requerendo maior ou menor sacrifício conforme a constituição individual. É raro que o desenvolvimento ocorra sem problemas, e os distúrbios que se apresentam — devido à constituição individual ou a incidentes sexuais prematuros — deixam alguma predisposição para futuras neuroses. Essas predisposições podem não ter efeito se a vida adulta transcorrer de modo tranquilo e satisfatório; mas se tornam patogêni-

PRINCÍPIOS BÁSICOS DA PSICANÁLISE

cas se as condições impedirem a satisfação da libido ou pedirem exageradamente a sua supressão.

Nossas pesquisas sobre a atividade sexual das crianças levaram a aprofundar a concepção do instinto sexual, baseando-a não em suas metas, mas em suas fontes. O instinto sexual possui em grande medida a capacidade de se desviar do objetivo sexual original e se voltar para outros mais elevados, não mais sexuais* ("sublimação"). Assim, o instinto é capaz de fazer importantes contribuições para as conquistas sociais e artísticas da humanidade.

O que constitui a principal característica e diferencia a psicanálise de outras concepções da vida mental patológica é o reconhecimento da atuação simultânea de três fatores: "infantilismo", "sexualidade" e "repressão". A psicanálise também mostra que não há diferença fundamental, mas apenas de grau, entre a vida psíquica das pessoas normais, dos neuróticos e dos psicóticos. Uma pessoa normal tem de passar pelas mesmas repressões e lidar com as mesmas formações substitutivas; a diferença é que a solução dos conflitos se realiza mais facilmente e com melhores resultados. ** Assim, o método psicanalítico de investigação pode ser aplicado igualmente à explicação de fenômenos psíquicos normais e possibilitou

* Na versão de Anna Freud foram acrescentadas nesse ponto as seguintes palavras: "isto é, para satisfações que reconhecemos como não sexuais, inibidas na meta".
** Na versão inglesa se acha "a única diferença é que lida com esses eventos com menor dificuldade e maior sucesso".

descobrir a íntima relação entre produtos patológicos e processos psíquicos da vida normal, como os sonhos, os pequenos lapsos cotidianos, e fenômenos valiosos como os chistes, os mitos e as obras de arte. Destes, o que estudamos mais a fundo foram os sonhos, e chegamos à seguinte fórmula geral: "O sonho é a realização disfarçada de um desejo reprimido". A interpretação dos sonhos tem como objetivo a eliminação do disfarce que sofreram os pensamentos do sonhador. Além disso, presta valiosa ajuda na técnica psicanalítica, constituindo o melhor método para penetrar na vida psíquica inconsciente.

Nos círculos médicos, especialmente nos psiquiátricos, existe a tendência de se opor às teorias da psicanálise sem um verdadeiro estudo ou aplicação prática delas. Isto se deve não apenas à espantosa novidade dessas teorias e ao contraste que elas apresentam às concepções até agora mantidas pelos psiquiatras, mas também ao fato de os pressupostos e a técnica da psicanálise serem muito mais ligados ao campo da psicologia do que ao da medicina. Não se pode contestar, porém, que os ensinamentos puramente médicos e não psicológicos contribuíram muito pouco, até aqui, para um entendimento da vida psíquica. O progresso da psicanálise é também retardado pelo medo que sente o observador médio de enxergar-se em seu próprio espelho. Os homens de ciência tendem a confrontar resistências emocionais com argumentos, convencendo-se, assim, do que desejam ser convencidos! Quem não quiser ignorar uma verdade fará bem em desconfiar de suas antipatias, e analisar primeiramente a si mesmo, se pretende submeter ao exame crítico a teoria da psicanálise.

PRINCÍPIOS BÁSICOS DA PSICANÁLISE

Não creio que nessas poucas frases eu tenha conseguido dar uma imagem clara dos princípios básicos e das intenções da psicanálise. Acrescentarei uma lista das principais publicações sobre o tema, cujo estudo proporcionará mais amplo esclarecimento àqueles cujo interesse eu tenha despertado.

1. Breuer e Freud, *Studien über Hysterie* [*Estudos sobre a histeria*]. Viena: Franz Deuticke, 1895. Parte desse livro foi vertida para o inglês pelo dr. A. A. Brill, em *Selected papers on hysteria and other psycho-neuroses*, Nova York, 1909.

2. Freud, *Drei Abhandlungen zur Sexualtheorie* [*Três ensaios sobre a teoria da sexualidade*]. Viena, 1905. Tradução inglesa do dr. Brill, "Three contributions to the sexual theory", Nova York, 1910.

3. Freud, *Zur Psychopathologie des Alltagslebens* [*Psicopatologia da vida cotidiana*]. Berlim: S. Karger, 3ª ed., 1910.

4. Freud, *Die Traumdeutung* [*A interpretação dos sonhos*]. Viena, 1900, 3ª ed., 1911.

5. Freud, "The origin and development of psycho-analysis", *American Journal of Psychology*, abril de 1910. Também em alemão: *Über Psychoanalyse* [Sobre a psicanálise]. Cinco conferências proferidas na Clark University, Worcester, Massachusetts, 1909.

6. Freud, *Der Witz und seine Beziehung zum Unbewußten* [*O chiste e sus relação com o inconsciente*]. Viena, 1905.

7. Freud, *Sammlung kleiner Schriften zur Neurosenlehre* [Coleção de pequenos textos sobre a teoria das neuroses]. Viena, 1883-1906.

8. Idem, segunda coleção. Viena, 1909.

9. Hitschmann, *Freuds Neurosenlehre* [A teoria freudiana das neuroses]. Viena, 1911.

10. C. G. Jung, *Diagnostische Assoziationsstudien* [Estudos diagnósticos de associação], 2 vols., 1906-10.

11. C. G. Jung, *Über die Psychologie der Dementia Praecox* [Sobre a psicologia da *dementia praecox*], 1907.

12. *Jahrbuch für psychoanalytische und psychopathologische Forschungen* [Anuário de Pesquisas Psicanalíticas e Psicopatológicas], publicado por E. Bleuler e S. Freud, editado por Jung. Desde 1909.

13. *Schriften zur angewandten Seelenkunde* [Escritos de psicologia aplicada]. Viena: Franz Deuticke. Desde 1907, 11 partes, por Freud, Jung, Abraham, Pfister, Rank, Jones, Riklin, Graf, Sadger.

14. *Zentralblatt für Psychoanalyse* [Folha Central de Psicanálise], editado por A. Adler e W. Stekel. Wiesbaden: J. Bergmann. Desde setembro de 1910.

UM SONHO COMO PROVA (1913)

TÍTULO ORIGINAL: "EIN TRAUM ALS BEWEISMITTEL". PUBLICADO PRIMEIRAMENTE EM *INTERNATIONALE ZEITSCHRIFT FÜR ÄRZTLICHE PSYCHOANALYSE* [REVISTA INTERNACIONAL DE PSICANÁLISE MÉDICA], V. 1, N. 1, PP. 73-8. TRADUZIDO DE *GESAMMELTE WERKE* X, PP. 11-22.

UM SONHO COMO PROVA

Uma senhora, sofrendo de mania de dúvida e cerimonial obsessivo, exige de suas enfermeiras que não a percam de vista um só momento, senão ficaria cismando no que teria feito de proibido enquanto não era vigiada. Uma noite, ao repousar no sofá, acha que a enfermeira de serviço adormeceu. Então pergunta: "Você me via?"; a enfermeira,* num sobressalto, responde: "Sim, claro". A doente tem agora motivo para mais uma dúvida, e após um instante repete a pergunta. A enfermeira reitera que sim; nesse momento o jantar é trazido por uma outra servente.

Isto aconteceu numa sexta-feira à noite. Na manhã seguinte a enfermeira narra um sonho que dissipa as dúvidas da paciente.

SONHO: *Alguém lhe deu uma criança, a mãe viajou e ela perdeu a criança. Andando pela rua, pergunta às pessoas se a viram. Chega a uma grande extensão de água, vai por uma estreita passarela.* (Depois acrescenta: *Nessa passarela surgiu-lhe de repente, como uma miragem, a figura de outra enfermeira.*) *Então se acha num local que lhe é familiar, e lá encontra uma mulher que conheceu quando menina, que era vendedora numa*

---

* Talvez não haja correspondência exata, em português, para a palavra alemã aqui traduzida por "enfermeira". *Pflegerin* (*Pfleger*, no masculino) é aquela que cuida de um doente, sem ter a formação profissional da enfermeira — para a qual se usa o termo *Krankenschwester*, em alemão. As versões deste trabalho em castelhano, italiano e francês usam a mesma palavra nossa, e a edição inglesa emprega *nurse*. Uma alternativa seria o termo "cuidadora", que, embora artificial, começa a ser usado nos meios psiquiátricos.

loja de alimentos e depois casou-se. Ela pergunta à mulher, que está diante de sua porta: "Você viu a criança?". Mas a mulher não se interessa pela pergunta, e lhe conta que agora está separada do marido, acrescentando que também no casamento nem tudo é felicidade. Então ela acorda, tranquilizada, achando que a criança estará certamente com uma vizinha.

ANÁLISE: A paciente supôs que o sonho diz respeito à dormida que a enfermeira negou. O que esta lhe falou a propósito do sonho, sem ser perguntada, permitiu-lhe fazer uma interpretação suficiente na prática, ainda que incompleta em vários pontos. Eu mesmo ouvi apenas o relato da senhora, não falei com a enfermeira. Após a interpretação da paciente acrescentarei algumas coisas, a partir da compreensão geral que temos das leis da formação dos sonhos.

"A enfermeira diz que a criança do sonho a faz pensar num trabalho que lhe deu muita satisfação. Foi o de uma criança que não podia enxergar, devido a uma infecção ocular blenorrágica. Mas a mãe dessa criança não viajou, também cuidava dela. E sei que meu marido, que tem essa enfermeira em alta conta, entregou-me à sua guarda ao despedir-se, e que ela então lhe prometeu dar atenção a mim — como a uma criança!"

Além disso, pela análise da paciente notamos que, com a exigência de que não a percam de vista, ela mesma pôs-se de volta na infância.

"Ela perdeu a criança", continua a paciente, "significa que não me viu, perdeu-me de vista. É uma

UM SONHO COMO PROVA

confissão de que realmente dormiu um tanto e não me disse a verdade."

O trecho do sonho em que a enfermeira pergunta pela criança às pessoas da rua ficou obscuro para a senhora, mas quanto a outros elementos do sonho manifesto ela dá boas explicações.

"No caso da grande extensão de água ela pensa no rio Reno, mas diz que era muito maior que o Reno. Lembra-se então que na noite anterior eu li em voz alta a história de Jonas e a baleia, e contei-lhe que eu própria tinha visto certa vez uma baleia no canal da Mancha. Creio que a água é o mar, ou seja, uma alusão à história de Jonas.

"Acho também que a passarela estreita vem da mesma história, escrita em dialeto e de forma divertida. Nela um professor de religião conta aos alunos a maravilhosa aventura de Jonas, e um menino faz a objeção de que ela não seria possível, já o professor mesmo lhes disse, em outra ocasião, que a baleia tem uma garganta tão estreita que pode engolir somente animais bastante pequenos. O professor saiu-se com a resposta de que Jonas era um judeu, e os judeus se introduzem em qualquer lugar. Minha enfermeira é uma pessoa religiosa, mas inclinada a dúvidas na religião, e recriminei-me porque talvez tivesse lhe despertado dúvidas com a leitura.

"Na passarela estreita ela vê surgir uma outra enfermeira que conhece. Ela já me contou a história dessa outra: ela se afogou no Reno porque a

UM SONHO COMO PROVA

haviam mandado embora do trabalho, no qual fora culpada de alguma coisa.[1] Ela receia, então, ser mandada embora por ter adormecido. E no dia seguinte, depois de relatar o sonho, ela chorou amargamente; quando lhe perguntei o motivo, respondeu de forma rude: 'Isto a senhora sabe tão bem quanto eu, e agora não terá mais confiança em mim'."

Como o aparecimento da enfermeira que se afogou era um acréscimo, e aliás de uma nitidez particular, deveríamos ter aconselhado à senhora que iniciasse a interpretação nesse ponto. Essa primeira metade do sonho também foi acompanhada de forte angústia, segundo o relato da protagonista; na segunda metade teve início a sensação de tranquilidade com que acordou.

---

1 Neste ponto fui culpado de uma condensação do material, que pude corrigir graças a uma revisão do manuscrito com a senhora que fez o relato. A enfermeira que surge como uma aparição, na passarela, não fora culpada de coisa alguma no trabalho. Foi despedida porque a mãe da criança, tendo que viajar, explicou que preferia, durante sua ausência, uma pessoa mais velha — mais confiável, portanto — para cuidar da criança. A isto juntou-se uma segunda história, de uma outra enfermeira, que realmente fora despedida por sua negligência, mas não havia se afogado por isso. O material necessário para a interpretação do elemento onírico acha-se repartido em duas fontes, como não raro acontece. Minha memória realizou a síntese que levou à interpretação. De resto, na história da enfermeira que morreu afogada se encontra o fator da partida da mãe, que a senhora relacionou à partida de seu marido. Como se vê, uma sobredeterminação que prejudica a elegância da interpretação.

UM SONHO COMO PROVA

"Na parte seguinte do sonho", continua analisando a senhora,

"vejo mais uma prova segura da minha opinião de que ele trata do incidente da noite de sexta-feira, pois a mulher que havia sido vendedora numa loja de alimentos só poderia ser a garota que trouxe o jantar. Faço a observação de que a enfermeira havia se queixado de náuseas o dia inteiro. A pergunta que ela faz à mulher — 'Você viu a criança?' — procede evidentemente da minha — 'Você me via?' —, que lhe fiz pela segunda vez, justamente quando a garota entrava com os pratos."

Também no sonho pergunta-se duas vezes pela criança. O fato de a mulher não responder, não se interessar, interpretaríamos como uma depreciação da outra servente em favor daquela que sonha, que se coloca acima da outra no sonho, justamente porque luta com reproches por sua falta de atenção.

"A mulher que aparece no sonho não se separou realmente do marido. Essa passagem vem da história da outra garota, que por decisão dos pais é mantida afastada — separada — do homem que deseja casar com ela. A frase que diz que nem tudo no casamento corre bem é provavelmente um consolo, utilizado em conversas entre as duas. Esse consolo torna-se modelo para outro, com que o sonho termina: 'A criança vai ser encontrada'.

"Deste sonho eu concluí que a enfermeira adormeceu de fato naquela noite, e por isso receava ser despedida. Então não tive mais dúvidas de minha

UM SONHO COMO PROVA

própria percepção. Aliás, depois de narrar o sonho ela disse lamentar não ter trazido nenhum livro de sonhos. Quando afirmei que esses livros contêm as piores superstições, replicou que não era supersticiosa, mas todas as coisas desagradáveis de sua vida lhe ocorreram sempre numa sexta-feira. Além disso, ela agora me trata mal, mostra-se irritadiça, melindrosa, e faz cenas."

Devemos admitir que essa senhora interpretou e avaliou corretamente o sonho de sua enfermeira. Como é frequente na interpretação de sonhos da psicanálise, devem ser considerados, na tradução do sonho, não apenas os resultados da associação, mas também as circunstâncias em que ele é narrado, o comportamento do sonhador antes e após a análise do sonho, e tudo o que ele diz ou deixa transparecer mais ou menos simultaneamente — na mesma sessão analítica. Se tomarmos a suscetibilidade da enfermeira, sua referência à sexta-feira como dia funesto etc., confirmaremos o juízo de que o sonho contém a admissão de ela ter realmente adormecido, quando negou que o fizera, e por isso teme ser despedida por sua cliente.[2]

Este sonho, que teve para a senhora um valor prático, estimula o nosso interesse teórico em duas direções. É certo que ele termina com uma frase consoladora, mas no essencial inclui uma *confissão* importante para o

---

2 Alguns dias depois, a enfermeira admitiu a uma outra pessoa que havia dormido naquela noite, e assim justificou a interpretação da senhora.

UM SONHO COMO PROVA

relacionamento da enfermeira com a paciente. Como pode um sonho, que afinal deve servir para satisfazer um desejo, substituir uma confissão que nem mesmo é vantajosa para aquela que o tem? Deveríamos conceder que, além dos sonhos de desejo (e angústia), existam sonhos de confissão, e também de advertência, de reflexão, de adaptação, e assim por diante?

Admito não compreender ainda por que a atitude contrária a essa tentação, na minha *Interpretação dos sonhos*, encontra reservas da parte de tantos psicanalistas, alguns deles eminentes. Distinguir entre sonhos de desejo, confissão, advertência, adaptação etc., não me parece ter mais sentido do que a diferenciação dos especialistas médicos em ginecologistas, pediatras e odontologistas, admitida por necessidade. Tomo a liberdade de repetir, de forma bastante sucinta, o que afirmei sobre isso na *Interpretação dos sonhos*.[3]

Podem agir como perturbadores do sono e formadores do sonho os chamados "vestígios diurnos", pensamentos investidos de afeto do dia anterior ao sonho,* que resistiram, em alguma medida, à diminuição [de

---

3 *Gesammelte Werke* II/III, pp. 599 ss.
* "Pensamentos investidos de afeto do dia anterior ao sonho": *affektbesetzte Denkvorgänge des Traumtages*, no original. O termo *Vorgang* (no plural, *Vorgänge*), pode significar tanto um processo como um acontecimento, um evento num processo. Por isso esta passagem é vertida de maneira um pouco diversa em algumas traduções consultadas: *procesos ideativos con carga afectiva, procedentes del día anterior ao sueño*; *procesos de pensamiento del día del sueño, investidos de afecto*; *pensieri affettivamente investiti della giornata che ha preceduto il sogno*; *cathected thought-processes from the dream-day*.

284

energia] pelo sono. Esses vestígios diurnos são descobertos ao relacionarmos o sonho manifesto aos pensamentos oníricos latentes; são partes destes, incluem-se, portanto, entre as atividades da vida desperta — conscientes ou inconscientes —, que puderam prosseguir durante o sono. Correspondendo à multiplicidade dos processos de pensamento no consciente e no pré-consciente, esses vestígios diurnos têm os significados mais diversos; podem ser desejos ou temores não resolvidos, e também desígnios, cogitações, advertências, tentativas de adaptação a tarefas iminentes etc. Nisso pareceria justificada a classificação dos sonhos de que se fala, conforme o teor que neles descobrimos pela interpretação. Mas esses vestígios diurnos não são ainda o sonho, falta-lhes o que nele é essencial. Por si só não são capazes de produzir um sonho. A rigor, são apenas material psíquico para o trabalho do sonho, assim como estímulos sensoriais e corporais fortuitos, ou condições introduzidas experimentalmente, constituem o seu material somático. Atribuir-lhes o papel principal na formação do sonho significa repetir em novo lugar o erro pré-psicanalítico de que os sonhos se explicariam por uma má digestão ou pressão em algum ponto da pele. Assim pertinazes são os erros científicos, e sempre dispostos a retornar com novas máscaras, uma vez rechaçados.

Até onde percebemos as coisas, temos de afirmar que o fator essencial na construção do sonho é um desejo inconsciente, via de regra infantil, agora reprimido, que consegue achar expressão nesse material somático ou psíquico (também nos vestígios diurnos, portanto) e lhes empresta uma força que lhes permite ingressar na consciência também durante a pausa noturna do pensamento. O sonho é sempre a realização *desse* desejo inconsciente, não importando o que mais contenha — reflexão, advertência, confissão, qualquer outro elemento da riqueza da vida diurna pré-consciente que, não resolvido, persiste noite adentro. É *esse* desejo inconsciente que dá ao trabalho do sonho o seu caráter peculiar, como elaboração inconsciente de um material pré-consciente. O psicanalista pode caracterizar o sonho apenas como produto do trabalho onírico; os pensamentos oníricos latentes ele não pode adscrever ao sonho, mas sim ao refletir pré-consciente, embora os tenha conhecido apenas interpretando o sonho. (A elaboração secundária pela instância consciente é aqui incluída no trabalho do sonho; ainda que a separemos, nada muda nesta concepção. Diríamos então que o sonho, no sentido psicanalítico, compreende o trabalho onírico propriamente e a elaboração secundária de seu produto.) A conclusão a ser tirada dessas ponderações é que não se pode situar o caráter de realização de desejo do sonho no mesmo nível do seu caráter de advertência, confissão, tentativa de solução etc., sem negar o ponto de vista de uma dimensão psíquica profunda, ou seja, o ponto de vista da psicanálise.

Voltemos agora ao sonho da enfermeira, para demonstrar o caráter profundo da satisfação de desejo que ele contém. Já antecipamos que a interpretação feita pela senhora não é completa; houve partes do sonho de que ela não pôde dar conta. Além do mais, ela sofre de uma neurose obsessiva, que — é minha impressão —

UM SONHO COMO PROVA

dificulta o entendimento dos símbolos oníricos, tal como a *dementia praecox* o facilita.

Mas o nosso conhecimento do simbolismo dos sonhos nos permite compreender passagens não interpretadas deste sonho e perceber um sentido mais profundo por trás daquelas já interpretadas. Deve nos chamar a atenção que certo material usado pela enfermeira venha do complexo de parir, de ter filhos. A grande extensão de água (o Reno, o canal da Mancha, em que foi vista a baleia) é provavelmente a água de onde vêm as crianças. Ela chega até lá "em busca da criança". O mito de Jonas, que levou à determinação dessa água, o problema de como ele (a criança) passa pela fenda estreita, incluem-se no mesmo contexto. A enfermeira que magoada se jogou no Reno, que entrou na água, também achou, em seu desespero da vida, um consolo sexual-simbólico naquele tipo de morte. A estreita passarela, na qual lhe vem ao encontro a aparição, pode também ser interpretada como um símbolo genital, embora eu deva admitir que nos falta um conhecimento mais preciso dele.

O desejo de ter um filho parece ser, então, aquilo que do inconsciente vem formar o sonho, e nenhum outro parece mais adequado para consolar a enfermeira da dolorosa situação real. "Vão me despedir, vou perder a criança de que cuido.* Que importa? Vou arranjar um

---

* "A criança de que cuido": tradução-paráfrase literal de *mein Pflegekind*. O termo designa, na verdade, a pessoa em geral que é objeto de cuidados; apareceu uma vez antes, quando foi traduzido por "cliente".

filho próprio, carnal." Talvez aquela passagem não interpretada, em que ela pergunta a todos na rua pela criança, esteja relacionada a isso; então seria traduzida desta forma: "mesmo que eu tenha que me oferecer na rua, conseguirei um filho". Uma atitude desafiadora da enfermeira, até então oculta, manifesta-se aqui de repente, e apenas com ela se harmonizaria esta confissão: "Sim, eu fechei os olhos e comprometi minha reputação de enfermeira. Agora vou perder o trabalho. Eu serei idiota a ponto de me afogar, como fez X? Não, não serei mais enfermeira, quero me casar, ser mulher, ter um filho meu; nada me impedirá de fazer isso". Tal tradução se justifica pela consideração de que "ter um filho" é a expressão infantil do desejo de relação sexual; também ante a consciência ela pode ser escolhida para expressar eufemisticamente esse chocante desejo.

De modo que a confissão desvantajosa para a sonhadora, à qual ela mostrava certa inclinação na vida diurna, foi tornada possível, no sonho, ao ser aproveitada por um traço de caráter latente para produzir a satisfação de um desejo infantil. Podemos imaginar que essa característica tem íntimo nexo — temporal e de conteúdo — com o desejo de ter filho e o prazer sexual.

Uma nova indagação, junto à senhora a quem devo a primeira parte dessa interpretação, forneceu as seguintes notícias inesperadas sobre as vicissitudes da vida da enfermeira. Antes de adotar essa profissão, ela quis desposar um homem que ardorosamente a cortejava, mas renunciou a ele devido à objeção de uma tia com a qual mantém singular relação, mistura de dependência e de-

UM SONHO COMO PROVA

safio. Essa tia que lhe frustrou o casamento é a superiora de uma ordem de irmãs enfermeiras. A moça sempre a teve por modelo e está ligada a ela também por considerações de herança, mas opôs-se à sua vontade, não ingressando na ordem que a tia lhe reservava. A atitude desafiadora que transparece no sonho diz respeito à tia, portanto. Já atribuímos origem erótico-anal a esse traço de caráter, e podemos supor que interesses pecuniários a fazem depender da tia; lembramos também que as crianças privilegiam a teoria do nascimento anal.

Esse elemento do desafio infantil talvez nos permita supor um nexo mais íntimo entre a primeira e a última cena do sonho. A ex-vendedora de alimentos do sonho é a outra servente da senhora, que entrou no quarto com o jantar no momento em que ela perguntava: "Você me via?". Mas, ao que parece, foi-lhe reservado o papel geral da competidora hostil. É depreciada como babá, pois não se interessa em absoluto pela criança perdida, responde falando de seus próprios assuntos. Para ela é deslocada, então, a indiferença ante a pessoa de que cuida, que a sonhadora começava a ter. A ela são atribuídos o casamento infeliz e a separação, que a sonhadora mesma devia recear em seus mais secretos desejos. Mas sabemos que a tia é que a separou do noivo. Então a "vendedora de alimentos" (figura não necessariamente isenta de significado simbólico infantil) pode representar a tia-superiora, aliás não muito mais velha que a sonhadora, e que para ela assumiu o papel tradicional da mãe-competidora. Uma boa confirmação de tal interpretação está na circunstância de o local "familiar" do

UM SONHO COMO PROVA

sonho, no qual ela encontra essa pessoa diante de sua porta, ser justamente o local onde essa tia vive e exerce a função de superiora.

Devido à não proximidade entre o analista e o objeto da análise, é aconselhável não penetrar mais fundo na trama deste sonho. Mas podemos dizer que, até onde foi acessível à interpretação, ele apresentou riqueza de confirmações e de novos problemas.

SONHOS COM MATERIAL DE CONTOS DE FADAS (1913)

TÍTULO ORIGINAL: "MÄRCHENSTOFFE IN TRÄUMEN". PUBLICADO PRIMEIRAMENTE EM *INTERNATIONALE ZEITSCHRIFT ÄRZTLICHER PSYCHOANALYSE* [REVISTA INTERNACIONAL DE PSICANÁLISE MÉDICA], V. 1, N. 2, PP. 147-51. TRADUZIDO DE *GESAMMELTE WERKE* X, PP. 2-9.

SONHOS COM MATERIAL DE CONTOS DE FADAS

Não surpreende que também a psicanálise mostre a importância que os contos tradicionais têm para a vida psíquica de nossas crianças. Em alguns indivíduos, a lembrança de suas histórias favoritas tomou o lugar das próprias recordações da infância; eles converteram as histórias em lembranças encobridoras.

Elementos e situações tirados desses contos acham-se frequentemente nos sonhos. Na interpretação dos trechos respectivos, ocorre ao analisando a história cuja significação liga-se a eles. Darei aqui dois exemplos desse fato costumeiro. Mas as relações das histórias com a infância e a neurose dos que sonham podem ser apenas insinuadas, com o risco de destruir nexos preciosos para o analista.

I

Sonho de uma jovem senhora, que poucos dias antes recebera a visita de seu marido: *Está num quarto inteiramente marrom. Há uma pequena porta que dá para uma escada íngreme, e por ela sobe ao quarto um estranho homenzinho, de cabelo branco, meio calvo e de nariz vermelho, que dança à sua frente no quarto, faz gestos cômicos e desce novamente pela escada. Veste uma roupa cinza, que permite reconhecer todas as formas.* (Correção: *Veste um longo casaco preto e uma calça cinza.*)

Análise: A descrição física do homenzinho corresponde muito bem à do seu sogro.[1] Mas de imediato lhe

---

1 Exceto pelo detalhe do cabelo curto, pois o sogro tem cabelo comprido.

SONHOS COM MATERIAL DE CONTOS DE FADAS I

ocorre a história de Rumpelstichen, que dança comicamente, como o sujeito do sonho, revelando assim o seu nome à rainha. Mas com isso perdeu o direito ao primogênito dela, e em sua raiva parte a si mesmo em dois.

No dia anterior ao sonho ela mesma tinha se enraivecido com seu marido e exclamado: "Eu podia parti-lo em dois".

O aposento marrom traz alguma dificuldade inicialmente. Ocorre-lhe apenas a sala de refeições dos seus pais, que é revestida de madeira marrom, e em seguida ela fala de camas em que não é confortável dormir a dois. Há alguns dias, quando se conversava sobre camas de outros países, ela falou algo muito impróprio — ingenuamente, segundo afirma —, que fez as pessoas darem gargalhadas.

Agora o sonho já é compreensível. O aposento marrom[2] é a cama e, pelo nexo com a sala de refeições, uma cama de casal.[3] Ela se acha, portanto, na cama do casal. O visitante deveria ser o seu jovem marido, que após uma ausência de meses a procura, para desempenhar seu papel no leito conjugal. Mas inicialmente é o pai do marido, o sogro.

Por trás dessa primeira interpretação se enxerga um conteúdo puramente sexual, em nível mais profundo. O aposento é agora a vagina. (O aposento está dentro

2 A madeira, como se sabe, é frequentemente um símbolo feminino, maternal (*materia* [em latim], *Madeira* [ilha da] etc. [cf. *A interpretação dos sonhos*, cap. VI, seção E]).
3 Pois cama e mesa representam o casamento.

dela; o contrário, no sonho.) O homenzinho que faz caretas e se comporta comicamente é o pênis; a porta estreita e a escada íngreme atestam a concepção de que a situação representa o coito. Estamos habituados a que uma criança simbolize o pênis, mas compreenderemos que há sentido em que o pai seja aí utilizado para representar o pênis.

A solução da parte que resta do sonho nos dará certeza em nossa interpretação. Ela própria diz que a roupa cinza meio transparente é um preservativo. Podemos notar que uma das coisas que instigaram esse sonho foi o interesse em evitar a concepção, a preocupação de que a visita do esposo tivesse deixado a semente de um segundo filho.

O casaco preto: um casaco assim fica muito bem em seu marido. Ela quer convencê-lo a sempre vestir um, em vez do que normalmente usa. Portanto, é com o casaco preto que ela gosta de ver seu marido. Casaco preto e calça cinza: isto quer dizer, a partir de duas camadas diversas e superpostas: "É vestido desse modo que quero você. É assim que me agrada".

Rumpelstichen se liga aos pensamentos oníricos relativos ao presente — os restos diurnos — através de uma bela oposição. No conto ele surge para tirar à rainha o seu primeiro filho; o homenzinho do sonho surge como pai, porque trouxe provavelmente um segundo filho. Mas Rumpelstichen também dá acesso à camada mais profunda, infantil, dos pensamentos oníricos. O sujeito bizarro, cujo nome não é sequer sabido, cujo segredo se gostaria de conhecer, que pode fazer artifícios

SONHOS COM MATERIAL DE CONTOS DE FADAS II

extraordinários (transformar palha em ouro, no conto)
— a raiva que se tem a ele, na verdade a seu dono, ao
qual se inveja que o possua, a inveja do pênis das meninas —, estes são elementos cuja relação com as bases da
neurose, como já disse, deve apenas ser tocada rapidamente aqui. Também fazem parte do tema da castração
os cabelos cortados do homenzinho do sonho.

Quando, em exemplos claros, atenta-se para o que
sonhador faz com o conto de fada, e em que lugar o insere, então se ganhará talvez algumas pistas para a interpretação que ainda falta desses contos.

II

Um homem jovem, cuja referência para as lembranças
infantis é o fato de que os pais trocaram a fazenda em
que viviam por outra, antes de ele completar cinco anos
de idade, relata o seguinte sonho, o mais antigo que
teve, quando ainda estava na primeira fazenda:

*"Sonhei que é noite e que estou deitado em minha cama
(ela ficava com os pés para a janela, diante da janela
havia uma fileira de velhas nogueiras. Sei que era inverno quando sonhei, e era noite). De repente a janela
se abre sozinha, e vejo, com grande pavor, que na grande nogueira diante da janela estão sentados alguns lobos brancos. Eram seis ou sete. Os lobos eram inteiramente brancos e pareciam antes raposas ou cães pastores,
pois tinham caudas grandes como as raposas e suas orelhas estavam em pé como as dos cães, quando prestam*

atenção a algo. Com muito medo, evidentemente, de ser comido pelos lobos, gritei e acordei. Minha babá correu até minha cama, para ver o que tinha acontecido. Demorou algum tempo até eu me convencer que tinha sido apenas um sonho, tão nítida e tão natural me pareceu a imagem da janela se abrindo e os lobos sentados na árvore. Finalmente me tranquilizei, me senti como tendo escapado de um perigo, e tornei a dormir.

"A única ação do sonho era a abertura da janela, pois os lobos estavam sentados bem quietos nos galhos da árvore, sem qualquer movimento, à direita e à esquerda do tronco, e olhavam para mim. Era como se me dirigissem toda a sua atenção. Acho que este foi meu primeiro sonho angustiado. Na época eu tinha três, quatro, no máximo cinco anos de idade. Desde então, e até os onze ou doze anos, sempre tive medo de ver algo terrível no sonho."

Ele dá então um desenho da árvore com os lobos, que confirma sua descrição. A análise do sonho traz o seguinte material à luz.

Ele sempre ligou esse sonho à recordação de que nesses anos da infância tinha um medo enorme da figura de um lobo num livro de fadas. A irmã, mais velha e sempre superior, costumava zombar dele, mostrando-lhe justamente essa imagem por qualquer pretexto, ao que ele começava a gritar de pavor. Nessa figura o lobo estava erguido, com uma pata à frente, as garras à mostra e as orelhas alertas. Ele acha que essa imagem serviu de ilustração à história do Chapeuzinho Vermelho.

SONHOS COM MATERIAL DE CONTOS DE FADAS II

Por que os lobos são brancos? Isto o faz pensar nas ovelhas, das quais se mantinham grandes rebanhos nos arredores da casa. Ocasionalmente o pai o levava para ver esses rebanhos, e toda vez ele ficava orgulhoso e contente. Mais tarde — provavelmente pouco antes da época do sonho, segundo informações obtidas —, uma peste irrompeu nesses rebanhos. O pai mandou buscar um discípulo de Pasteur, que vacinou as ovelhas, mas elas morreram em número ainda maior depois da vacinação.

Como podem os lobos estar na árvore? Acerca disso lhe ocorre uma história que o avô tinha contado. Não consegue se lembrar se antes ou depois do sonho, mas o conteúdo indica que foi antes. A história é a seguinte: Um alfaiate está sentado, trabalhando, quando se abre a janela e um lobo pula para dentro da sala. O alfaiate bate nele com sua vara de medida — não, corrige-se o paciente, agarra-o pela cauda e a arranca, de modo que o lobo foge apavorado. Algum tempo depois o alfaiate vai à floresta e vê de repente um bando de lobos que se aproxima; então busca refúgio numa árvore. Primeiro os lobos ficam sem ação, mas aquele mutilado, que está entre eles e quer se vingar do alfaiate, faz a sugestão de que um suba no outro, até que o último alcance o alfaiate. Ele mesmo — é velho e robusto — quer ser a base da pirâmide. Os lobos fazem assim, mas o alfaiate reconhece o visitante castigado, e de repente grita, como antes: "Pega o grisalho pelo rabo!". O lobo sem rabo se apavora com a lembrança e corre, e os outros caem no chão.

Nesse conto se acha a árvore em que os lobos estão sentados no sonho. Mas ele contém, igualmente, uma

SONHOS COM MATERIAL DE CONTOS DE FADAS

inequívoca referência ao complexo de castração. O lobo *velho* foi privado de sua cauda pelo alfaiate. Nos lobos do sonho, as caudas de raposa são talvez compensações para essa ausência de cauda.

Por que são seis ou sete lobos? Esta pergunta parecia não ter resposta, até que lancei a dúvida de que sua imagem angustiante viesse de fato do "Chapeuzinho Vermelho". Essa história dá ocasião para duas ilustrações apenas, o encontro do Chapeuzinho Vermelho com o lobo na floresta e a cena em que o lobo fica deitado na cama com a touca da vovó. Tinha de haver um outro conto por trás da recordação da imagem. Então ele achou que só podia ser a história do "Lobo e os sete cabritinhos". Nela se encontra o número sete, mas também o seis, pois o lobo come somente seis cabritos; o sétimo se esconde na caixa do relógio. Também o branco surge nessa história, pois o lobo faz o padeiro embranquecer sua pata, depois que os cabritinhos o haviam reconhecido pela pata cinzenta, na sua primeira visita. Aliás, os dois contos têm muito em comum. Em ambos há a devoração, o corte da barriga, a retirada dos que foram devorados e sua substituição por pedras, e por fim a morte do lobo mau. No conto dos cabritinhos há também a árvore. Depois da refeição o lobo se deita sob uma árvore e dorme roncando.

Ainda me ocuparei deste sonho em outra parte, devido a uma circunstância particular, e então poderei interpretá-lo e apreciá-lo mais demoradamente. É o primeiro sonho angustiado que ele recordou da infância, e seu conteúdo, tomado com outros sonhos que seguiram e com certos acontecimentos da infância do sonhador, desperta um interesse bem particular. Aqui nos limitamos à relação entre o sonho e duas histórias que têm muito em comum, o "Chapeuzinho Vermelho" e "O lobo e os sete cabritinhos". A impressão que esses contos produziram no menino se exteriorizou numa autêntica zoofobia, que se distingue de casos semelhantes apenas pelo fato de que o bicho angustiante não era um objeto de fácil percepção pelos sentidos (como um cavalo ou um cachorro), mas conhecido somente de narrativas e livros ilustrados.

Num outro momento discutirei que explicação têm essas zoofobias e que significação lhes atribuir. De antemão observo apenas que essa explicação condiz bastante com o caráter principal exibido pela neurose do sonhador em épocas posteriores de sua vida. O medo do pai fora o mais forte motivo de seu adoecimento, e a postura ambivalente para com todo substituto do pai dominou sua vida e sua conduta durante o tratamento.

Se o lobo era apenas o primeiro substituto do pai para meu paciente, é de se perguntar se as histórias do lobo que devora os cabritinhos e do Chapeuzinho Vermelho têm outro conteúdo secreto que não o medo infantil do pai.[4] Além disso, o pai de meu paciente tinha a peculiaridade do "insulto afetuoso", que tantas pessoas demonstram no convívio com os filhos, e a ameaça

---

4 Cf. a semelhança entre esses dois contos de fadas e o mito de Cronos, destacada por O. Rank ("Völkerpsychologische Parallelen zu den infantilen Sexualtheorien" [Paralelos etnopsicológicos às teorias sexuais infantis], *Zentralblatt für Psychoanalyse*, v. 2, p. 8).

brincalhona que diz "vou te comer" pode ter sido expressa várias vezes, no período inicial em que o pai, que depois se tornou severo, costumava acariciar e brincar com o filhinho. Uma de minhas pacientes contou que os seus dois filhos nunca puderam gostar do avô, porque ele costumava apavorá-los com a brincadeira afetuosa de que iria cortar suas barrigas.

O TEMA DA ESCOLHA DO COFRINHO (1913)

TÍTULO ORIGINAL: "DAS MOTIV DER KÄSTCHENWAHL". PUBLICADO PRIMEIRAMENTE EM *IMAGO*, V. 2, N. 3, PP. 257-66. TRADUZIDO DE *GESAMMELTE WERKE* X, PP. 23-37; TAMBÉM SE ACHA EM *STUDIENAUSGABE* X, PP. 181-93.

O TEMA DA ESCOLHA DO COFRINHO

Duas cenas de Shakespeare, uma divertida e uma trágica, deram-me recentemente a oportunidade de colocar e resolver um pequeno problema.

A cena divertida é a escolha entre os três cofrinhos, feita pelos pretendentes em *O mercador de Veneza*. A bela e sabida Pórcia se acha obrigada, pela vontade de seu pai, a tomar por esposo somente aquele, entre os candidatos à sua mão, que escolher o cofrinho certo. Os três cofrinhos são de ouro, de prata e de chumbo; o certo é aquele que contém seu retrato. Bassânio, o terceiro dos pretendentes, decide-se pelo de chumbo; e assim ganha a noiva, cuja afeição já lhe pertencia antes desse teste do destino. Cada um dos candidatos havia justificado a sua escolha mediante um discurso, no qual louvava o metal que preferia e depreciava os outros dois. Nisso a tarefa mais difícil coube ao terceiro; o que ele pôde dizer para exaltar o chumbo, em detrimento do ouro e da prata, não foi suficiente e pareceu forçado. Se deparássemos com uma fala semelhante, na prática psicanalítica, suspeitaríamos de razões secretas por trás da justificativa insatisfatória.

Shakespeare não inventou ele mesmo a profecia da escolha do cofrinho, tomou-a de uma história das *Gesta romanorum*,* na qual uma garota faz a mesma escolha para conquistar o filho do imperador.[1] Também nesse caso o terceiro metal, o chumbo, é que traz a sorte. Não é difícil perceber que encontramos aqui um velho tema, que requer interpretação e investigação de suas origens.

---

* Compilação medieval anônima de histórias.
1 G. Brandes, *William Shakespeare*, [Paris,] 1896.

O TEMA DA ESCOLHA DO COFRINHO

Uma primeira conjectura, sobre o possível significado da escolha entre ouro, prata e chumbo, logo é corroborada por uma afirmação de Eduard Stucken,[2] que se ocupou do assunto num contexto bem amplo. Ele diz: "Quem são os três pretendentes de Pórcia é algo que se torna claro a partir do que escolhem: o príncipe do Marrocos escolhe a caixa de ouro: ele é o Sol; o príncipe de Aragão prefere a caixa de prata: ele é a Lua; Bassânio escolhe a caixa de chumbo: ele é o Filho da Estrela". Para sustentar essa interpretação ele cita um episódio da epopeia estoniana *Kalewipoeg*, no qual os três candidatos aparecem claramente como filhos do Sol, da Lua e da Estrela ("o primogênito da Estrela Polar"), e a noiva cabe novamente ao terceiro.

De modo que o nosso pequeno problema levou a um mito astral! Pena que não possamos concluir com essa explicação. Nossa indagação continua, pois não cremos, como alguns estudiosos dos mitos, que estes tenham caído do céu; mas julgamos, como Otto Rank,[3] que foram projetados no céu, após terem se originado em outra parte, sob condições inteiramente humanas. É para esse teor humano que se volta o nosso interesse.

Vejamos novamente o nosso material. Tanto na epopeia estoniana como na história das *Gesta romanorum* trata-se de uma garota que escolhe entre três candidatos, e, na cena do *Mercador de Veneza*, aparentemente a mes-

2 E. Stucken, *Astralmythen* [Mitos astrais], Leipzig, 1907, p. 655.
3 O. Rank, *Der Mythus von der Geburt des Helden* [O mito do nascimento do herói, Leipzig e Viena,], 1909, pp. 8 ss.

O TEMA DA ESCOLHA DO COFRINHO

ma coisa, mas também surge, nessa última, algo como uma inversão do tema: um homem escolhe entre três — cofrinhos. Se estivéssemos lidando com um sonho, logo pensaríamos que os cofres são também mulheres, símbolos do que é essencial na mulher e, portanto, da própria mulher, assim como estojos, bocetas, cestas, latas etc. Se nos permitirmos supor uma tal substituição simbólica igualmente no mito, a cena do *Mercador de Veneza* torna-se realmente a inversão de que suspeitamos. De um só golpe, como em geral sucede apenas nas fábulas, despimos o nosso tema da roupagem astral, e agora vemos que ele é humano: *um homem escolhe entre três mulheres.*

Mas esse é também o conteúdo de outra cena de Shakespeare, num de seus dramas mais impressionantes, que não trata da escolha de uma noiva, mas que, por muitas semelhanças ocultas, liga-se à escolha dos cofrinhos no *Mercador.* O velho rei Lear resolve, enquanto ainda vive, dividir seu reino entre suas três filhas, conforme a medida do amor que cada uma demonstrar por ele. As duas mais velhas, Goneril e Regan, desfazem-se em juras e protestos de amor, e a terceira, Cordélia, recusa-se a fazê-lo. Ele deveria reconhecer e recompensar esse amor discreto e mudo, mas não o percebe; rechaça Cordélia e divide o reino entre as duas outras, para desgraça sua e de todos. Não temos aí de novo a cena da escolha entre três mulheres, das quais a mais jovem é a excelente, a melhor?

De imediato nos ocorrem outras cenas que têm o mesmo conteúdo, em mitos, fábulas e obras literárias. O pastor Páris tem de escolher entre três deusas, das quais

O TEMA DA ESCOLHA DO COFRINHO

afirma que a terceira é a mais bonita. A Gata Borralheira é igualmente a mulher mais jovem, que o filho do rei prefere às duas mais velhas. Psiquê, na fábula de Apuleio, é a mais jovem e bela de três irmãs; Psiquê, que por um lado é venerada como Afrodite em forma humana, por outro lado é tratada por essa deusa como a Gata Borralheira por sua madrasta, deve pôr em ordem um monte de grãos misturados, e o faz com o auxílio de pequenos animais (pombas, no caso da Gata Borralheira; formigas, no de Psiquê).[4] Quem quiser explorar mais essa matéria certamente achará outras configurações do mesmo motivo, que conservam os mesmos traços essenciais.

Contentemo-nos com Cordélia, Afrodite, a Gata Borralheira e Psiquê. As três mulheres, das quais a terceira é a preferida, hão de ser vistas como de algum modo semelhantes, quando são apresentadas como irmãs. Não deve nos confundir o fato de em *Lear* serem três filhas, isso talvez signifique apenas que Lear deve ser mostrado como um homem idoso. Não se poderia, normalmente, fazer um velho escolher entre três mulheres; por isso elas são suas filhas.

Mas quem são essas três irmãs, e por que deve a escolha recair sobre a terceira? Se pudéssemos responder a essa pergunta, estaríamos de posse da interpretação procurada. Ora, já recorremos a técnicas psicanalíticas, ao explicar os três cofrinhos como simbolizando três mulheres. Se temos a ousadia de prosseguir dessa forma, encetamos um caminho que inicialmente nos con-

4 Agradeço ao dr. Otto Rank a indicação de tais coincidências.

305

O TEMA DA ESCOLHA DO COFRINHO

duz ao imprevisto e ao incompreensível, mas que, por alguns rodeios, talvez nos leve a um fim.

Pode nos chamar a atenção que a terceira, a favorita, em vários casos possui, além da beleza, certas peculiaridades. São características que parecem tender para alguma unidade; sem dúvida, não podemos esperar encontrá-las igualmente marcantes em todos os exemplos. Cordélia se faz apagada e sem brilho como o chumbo, fica muda, "ama e silencia". A Gata Borralheira se esconde, de modo a não ser encontrada. Talvez possamos equiparar o esconder-se ao silenciar. Estes seriam apenas dois dos cinco casos que reunimos. Mas uma alusão desse tipo se acha, curiosamente, também em outros dois. Decidimos comparar a teimosa e reticente Cordélia ao chumbo. E dele se diz subitamente, na breve fala de Bassânio, durante a escolha do cofrinho:

Thy paleness moves me more than eloquence
(*plainness*, segundo outra leitura)

Isto é: tua singeleza me toca mais do que a natureza rumorosa dos outros dois. Ouro e prata são "sonoros"; o chumbo é mudo, como Cordélia realmente, que "ama e silencia".[5]

Nas antigas narrativas gregas do julgamento de Páris não se fala de tal reserva por parte de Afrodite. Cada

---

5 Na tradução de Schlegel tal referência é perdida, e é mesmo transformada no oposto: *"Dein schlichtes Wesen spricht beredt mich an"* [Tua natureza singela me fala de modo eloquente].

O TEMA DA ESCOLHA DO COFRINHO

uma das três deusas dirige-se ao rapaz e procura obter seu voto com promessas. Mas uma elaboração bem moderna desta cena põe novamente à luz, de forma singular, o traço que destacamos na terceira mulher. No libreto de *La belle Hélène*, Páris relata o comportamento de Afrodite nessa competição de beleza, após as solicitações das outras duas deusas:

> *A terceira, oh, a terceira...*
> *A terceira nada falou.*
> *Assim mesmo o prêmio recebeu...*

Se decidirmos concentrar na "mudez" as peculiaridades dessa terceira mulher, a psicanálise nos dirá que nos sonhos a mudez é uma costumeira representação da morte.[6]

Há mais de dez anos, um homem muito inteligente comunicou-me um sonho que, para ele, demonstrava a natureza telepática dos sonhos. Viu um amigo ausente, do qual havia muito não recebia notícias, e recriminou--lhe energicamente o silêncio. O amigo não respondeu. Depois se verificou que aproximadamente na época do sonho ele dera fim à própria vida. Deixemos de lado o problema da telepatia; não parece haver dúvida, nesse caso, que a mudez tornou-se representação da morte no sonho. Também ocultar-se, não ser encontrado, como sucede três vezes ao príncipe na "Gata Borralheira", é um inconfundível símbolo da morte no sonho; do mesmo

---

6 Também na *Sprache des Traumes* [Linguagem do sonho], de Stekel ([Wiesbaden,] 1911), é apresentada como símbolo da morte.

O TEMA DA ESCOLHA DO COFRINHO

modo a palidez notável, de que a *paleness* do chumbo nos faz lembrar, numa das leituras do texto de Shakespeare.[7] Transpor essas interpretações da linguagem dos sonhos para o modo de expressão do mito que nos ocupa será bastante mais fácil, se pudermos tornar verossímil que a mudez deve ser interpretada como signo da morte também em outras produções que não o sonho.

Neste ponto recorro a um dos contos dos irmãos Grimm, o de número nove, intitulado "Os doze irmãos".[8] Um rei e uma rainha tinham doze filhos, todos homens. Então falou o rei: "Se o décimo terceiro filho for uma menina, os garotos terão que morrer". Na expectativa desse nascimento, ele manda preparar doze caixões. Os doze filhos fogem para uma floresta escondida, com o auxílio da mãe, e juram matar toda menina que encontrarem.

Nasce uma menina, que cresce e um dia fica sabendo, pela mãe, que teve doze irmãos. Ela decide procurá-los, e encontra na floresta o mais novo, que a reconhece e pretende ocultá-la, devido ao juramento dos irmãos. A irmã diz, então: "Eu morrerei feliz, se desse modo puder salvar meus irmãos". Mas os irmãos a recebem afetuosamente, ela fica com eles e passa a cuidar de sua casa.

Num pequeno jardim, próximo à casa, há doze lírios. A menina os colhe, a fim de presentear um a cada irmão. Nesse instante os irmãos se transformam em corvos e desaparecem, juntamente com a casa e o jardim. Os corvos são pássaros-almas, o assassínio dos

7 Stekel, op. cit.
8 Edição da Reclam, v. 1, p. 50 [1918].

O TEMA DA ESCOLHA DO COFRINHO

doze irmãos pela irmã é representado novamente pela colheita das flores, como antes pelo caixão e o desaparecimento dos irmãos. A garota, que mais uma vez se dispõe a salvar da morte os irmãos, agora tem de ficar muda por sete anos, sem poder pronunciar uma única palavra. Ela se submete a essa prova, que a faz correr perigo de vida; ou seja, ela morre pelos irmãos, como prometera antes de encontrá-los. Perseverando na mudez, ela consegue finalmente resgatar os corvos.

De igual modo, no conto dos "seis cisnes" os irmãos transformados em pássaros são resgatados pela mudez da irmã, isto é, são restituídos à vida. A garota decidiu firmemente salvar os irmãos, "ainda que lhe custasse a vida", e, como esposa do rei, novamente põe em risco sua vida, por não abandonar sua mudez para defender-se de acusações maldosas.

Certamente as fábulas nos forneceriam ainda outras provas de que a mudez deve ser entendida como representação da morte. Se podemos acompanhar esses indícios, a terceira das irmãs entre as quais se realiza a escolha seria uma morta. Mas ela pode também ser outra coisa, ou seja, a morte mesma, a deusa da morte. Graças a um deslocamento que está longe de ser raro, as características que uma divindade dispensa aos homens é atribuída a ela mesma. Tal deslocamento nos surpreenderá menos ainda no caso da deusa da morte, pois na concepção e representação moderna, que aqui seria prenunciada, a morte mesma é apenas um morto.

Se a terceira das irmãs é a deusa da morte, então conhecemos as irmãs. São aquelas que personificam o

Destino, as Moiras, Parcas ou Nornas, das quais a terceira se chama Átropo, isto é, a Inexorável.

Deixemos de lado, momentaneamente, a questão de como inserir em nosso mito a interpretação encontrada, e busquemos nos estudiosos da mitologia alguma informação sobre a origem e o papel das deusas do Destino.[9]

A mais antiga mitologia grega (em Homero) conhece apenas uma $Mo\tilde{\iota}\rho\alpha$ personificando o Destino inevitável. O posterior desenvolvimento dessa Moira numa associação de três divindades (duas, mais raramente) ocorreu provavelmente com base em outras figuras divinas a que se aparentavam as Moiras — as Graças e as Horas.

As Horas foram, originalmente, deusas das águas do céu, que dispensam a chuva e o orvalho, das nuvens de que cai a chuva; e, sendo as nuvens vistas como algo tecido, resultou que essas deusas tinham o caráter de tecedoras, depois associado às Moiras. Nos países mediterrâneos, mimados pelo Sol, é da chuva que depende a fertilidade do solo, e por isso as Horas se transformaram em divindades da vegetação. A elas se deviam a beleza das flores e a riqueza dos frutos, e foram dotadas de uma série de traços encantadores e agradáveis. Tornaram-se as representantes divinas das estações do ano, e talvez por isso tenham chegado a três, se a natureza sagrada do número três não bastar como explicação. Pois esses po-

---

9 O que segue foi achado no dicionário de mitologia grega e romana, de Roscher, nos verbetes correspondentes. [*Ausführliches Lexikon der griechischen und römischen Mythologie*, Leipzig, 1884-1937.]

O TEMA DA ESCOLHA DO COFRINHO

vos antigos diferenciavam só três estações inicialmente: inverno, primavera e verão. Apenas na época greco-romana acrescentou-se o outono; então a arte frequentemente mostrava as Horas em número de quatro.

A relação com o tempo foi mantida para as Horas; depois velavam sobre os momentos do dia, como antes sobre as estações do ano; por fim, seu nome limitou-se a designar a hora do dia*(*heure*, *ora*). As Nornas da mitologia alemã, essencialmente afins às Horas e Moiras, exibem nos seus nomes esta significação temporal. Mas era inevitável que a essência destas divindades fosse concebida mais profundamente e transposta para a regularidade com que mudam as estações; assim as Horas tornaram-se guardiãs das leis naturais e da ordem sagrada, que em sequência inalterável faz retornar as mesmas coisas na natureza.

Tal conhecimento da natureza refletiu de volta sobre a concepção da vida humana. O mito natural transformou-se em mito humano; as deusas do Tempo fizeram-se deusas do Destino. Mas esse aspecto das Horas manifestou-se apenas nas Moiras, que zelam sobre a ordem necessária da vida humana de forma tão inexorável como as Horas sobre a regularidade da natureza. O inelutável rigor das leis, a relação com a morte e o declínio, que tinham sido evitados nas amáveis figuras das Horas, imprimiram-se então nas Moiras, como se o homem sentisse toda a seriedade das leis naturais apenas quando tem de sujeitar-lhes a própria pessoa.

* O termo alemão é *Stunde*; por isso Freud acrescenta as designações em francês e italiano entre parênteses.

O TEMA DA ESCOLHA DO COFRINHO

Também os nomes das três tecelãs foram significativamente compreendidos pelos mitólogos. A segunda, *Laquese*, parece indicar "o casual dentro da regularidade"[1] — nós diríamos: a experiência —, assim como *Átropo* designa o inelutável, a morte, restando para *Cloto* o significado de disposição inata, fatal.

Agora é o momento de voltar ao tema que interpretamos, o da escolha entre as três irmãs. Com desgosto perceberemos a que ponto se tornam incompreensíveis as situações, ao inserirmos nelas a interpretação encontrada, e as contradições que surgem no seu conteúdo aparente. A terceira das irmãs deve ser a deusa da morte, a morte mesma, mas no julgamento de Páris é a deusa do amor, no conto de Apuleio, uma beldade comparável a esta, no *Mercador*, a mulher mais bela e mais inteligente, em *Lear*, a única filha fiel. Pode haver contradição mais completa? No entanto, talvez se ache próxima uma contradição ainda maior. Ela existe, de fato, se a cada vez se escolhe livremente entre as mulheres, em nosso tema, e se a escolha recai sobre a morte, que ninguém escolhe, afinal, pois dela cada um se torna fatalmente vítima.

No entanto, contradições de uma determinada espécie, substituições por algo inteiramente oposto, não oferecem dificuldade séria ao trabalho de interpretação analítico. Não invocaremos o fato de que opostos, nas formas de expressão do inconsciente, como no sonho, são frequentemente representados pelo mesmo elemento. Mas recordaremos que há, na vida psíquica, motivos que le-

1 J. Roscher, citando Preller e Robert, *Griechische Mythologie*.

O TEMA DA ESCOLHA DO COFRINHO

vam à substituição pelo contrário, na chamada formação reativa, e poderemos achar a recompensa para nosso trabalho justamente na devassa de tais motivos ocultos. A criação das Moiras é consequência da percepção que lembra ao homem que também ele é um pedaço da natureza e, por isso, sujeito à inalterável lei da morte. Algo no homem tinha de se rebelar contra esta sujeição, pois apenas muito a contragosto ele renuncia à sua posição privilegiada. Sabemos que o homem usa a sua atividade imaginativa para a satisfação dos seus desejos que a realidade não satisfaz. Desse modo a sua fantasia revoltou-se contra a percepção incorporada no mito das Moiras e criou um mito dele derivado, em que a deusa da morte é substituída pela deusa do amor e o que a ela equivale em forma humana. A terceira das irmãs já não é a morte, é a mais bela, a melhor, a mais desejável e mais digna de amor entre as mulheres. E tal substituição não era difícil tecnicamente; fora preparada por uma antiga ambivalência, realizou-se conforme um antiquíssimo nexo, que por muito tempo não seria esquecido. A deusa do amor, que então assumia o lugar da deusa da morte, já fora antes identificada com ela. A grega Afrodite ainda não dispensava inteiramente o vínculo com o mundo inferior, apesar de há muito haver cedido o seu papel ctônico a outras divindades: a Perséfone, a Ártemis-Hécate de três formas. As grandes divindades maternais dos povos do Oriente parecem ter sido, todas elas, tanto geradoras como destruidoras, tanto deusas da vida e da fecundidade como deusas da morte. Assim a substituição por um contrário no desejo, em nosso tema, reconduz a uma identidade remotíssima.

O TEMA DA ESCOLHA DO COFRINHO

A mesma consideração dá resposta à pergunta de como o elemento da escolha veio a fazer parte do mito das três irmãs. Novamente houve aqui uma inversão pautada pelo desejo. A escolha se acha no lugar da necessidade, da fatalidade. Assim o homem supera a morte, que reconheceu com seu intelecto. Não se pode imaginar um mais poderoso triunfo da realização de desejo. Escolhe-se ali onde, na realidade, obedece-se à coação, e a escolhida não é a horrível, mas a bela e desejável.

Olhando mais atentamente, percebemos que as distorções do mito original não são profundas o bastante para apagar seus vestígios. A livre escolha entre as três irmãs não é realmente uma livre escolha, pois precisa cair sobre a terceira, senão ocorrerá toda espécie de infortúnio, como em *Lear*. A mais bela e melhor, que tomou o lugar da deusa da morte, conservou traços que têm algo de inquietante, de modo que a partir deles poderíamos imaginar o que se acha oculto.[11]

---

11 Também Psiquê, em Apuleio, conserva bastantes traços que lembram sua relação com a morte. Seu casamento é celebrado como um funeral, ela tem que descer ao mundo inferior, e depois cai num sono que semelha a morte (Otto Rank).

Sobre a significação de Psiquê como divindade primaveril e como "noiva da morte" [o termo alemão para "morte", *Tod*, é do gênero masculino], ver A. Zinzow, *Psyche und Eros*, Halle, 1881.

Num outro conto dos Grimm (n. 179, "A pastora de gansos na fonte") se acha, como na "Gata Borralheira", a alternância de beleza e feiura na terceira filha, na qual bem se pode ver uma alusão à sua dupla natureza — antes e depois da substituição. Ela é rejeitada pelo pai após um teste quase igual ao de *Rei Lear*. Tal qual suas irmãs, ela deve declarar como gosta do pai, mas não acha outra expressão do seu amor além da comparação com o sal (gentilmente comunicado pelo dr. Hanns Sachs).

O TEMA DA ESCOLHA DO COFRINHO

Até aqui acompanhamos o mito e sua transformação, e esperamos haver indicado os motivos secretos dessa transformação. Agora podemos voltar nosso interesse para a utilização que o poeta faz desse tema. Temos a impressão de que nele há uma redução do tema ao mito original, de modo que o seu tocante significado, diminuído pela distorção, é novamente sentido por nós. Por meio dessa atenuação da distorção, do parcial retorno ao elemento original, o poeta suscita em nós um efeito mais profundo.

Para evitar mal-entendidos, quero dizer que não é minha intenção negar que o drama do rei Lear pretende enfatizar duas sábias lições, a de que não se deve renunciar a seus bens e seus direitos ainda em vida, e de que se deve aprender a não aceitar lisonjas como se fossem dinheiro vivo. Essas e outras advertências similares realmente decorrem da peça, mas não me parece possível explicar o tremendo efeito de *Lear* pela impressão que tais pensamentos produzem, ou supor que os motivos pessoais do escritor se esgotariam na intenção de apresentar esses ensinamentos. Também as sugestões de que ele quis nos expor a tragédia da ingratidão, cujas ferroadas ele provavelmente sentiu na própria pele, e de que o efeito da peça repousaria no fator puramente formal da roupagem artística, não me parecem substituir a compreensão que nos é aberta ao apreciar o tema da escolha entre as três irmãs.

Lear é um homem velho. Por isso as três irmãs surgem como suas filhas, dissemos antes. A relação paterna, da qual poderiam emanar fecundos estímulos dramáticos, não é explorada mais nesse drama. Mas Lear é não apenas um velho; é também um moribundo. A peculiar premissa da divisão da herança perde assim a estranheza. Mas esse homem fadado a morrer não quer renunciar ao amor da mulher; ele quer ouvir o quanto é amado. Recordemos a perturbadora cena final, um dos pontos culminantes da tragédia no teatro moderno: Lear traz o corpo de Cordélia nos braços. Cordélia é a morte. Se invertemos a situação, ela se torna compreensível e familiar. É a deusa da morte que leva do campo de batalha o herói que morreu, como a Valquíria na mitologia alemã. A perene sabedoria, na indumentária de um mito antiquíssimo, aconselha ao homem idoso que renuncie ao amor e escolha a morte, reconciliando-se com a necessidade de morrer.

O poeta nos torna mais próximo o antigo tema, ao fazer que um homem envelhecido e moribundo escolha entre as irmãs. A elaboração regressiva que empreendeu com o mito, distorcido pela transformação imposta pelo desejo, faz transparecer a tal ponto o seu velho sentido, que talvez nos permita uma interpretação superficial, alegórica, das três figuras femininas desse tema. Pode-se dizer que são representados nele os três laços inevitáveis que o homem tem com a mulher: com a genitora, a companheira e a destruidora; ou as três formas que assume para ele a imagem da mãe, no curso da vida: a própria mãe, a amada, por ele escolhida segundo a imagem daquela, e enfim a mãe Terra, que de novo o acolhe em seu seio. Mas é em vão que o velho ambiciona o amor da mulher, tal como primeiramente recebeu da mãe; apenas a terceira das criaturas do Destino, a silenciosa deusa da morte, o tomará em seus braços.

DUAS MENTIRAS INFANTIS (1913)

TÍTULO ORIGINAL: "ZWEI KINDERLÜGEN".
PUBLICADO PRIMEIRAMENTE
EM *INTERNATIONALE ZEITSCHRIFT
FÜR ÄRZTLICHE PSYCHOANALYSE*
[REVISTA INTERNACIONAL DE PSICANÁLISE
MÉDICA], V. 1, N. 4, PP. 359-62.
TRADUZIDO DE *GESAMMELTE WERKE* VIII,
PP. 421-7; TAMBÉM SE ACHA EM
STUDIENAUSGABE V, PP. 229-34.

DUAS MENTIRAS INFANTIS

Podemos compreender que crianças mintam, quando, ao fazê-lo, imitam as mentiras dos adultos. Mas certo número de mentiras de crianças bem-educadas têm significação especial, e devem fazer refletir os que as educam, em vez de irritá-los. Essas mentiras ocorrem por influência de motivos amorosos intensos, e têm graves consequências, quando provocam um mal-entendido entre a criança e a pessoa que ama.

I

Uma garota de sete anos de idade (no segundo ano escolar) pediu algum dinheiro ao pai, a fim de comprar tintas para pintar ovos de Páscoa. O pai se recusou a dar-lhe dinheiro, argumentando que não o tinha. Pouco depois ela lhe solicita dinheiro para colaborar na aquisição de uma coroa para o funeral da princesa reinante, que vem de falecer. Cada criança da escola deve contribuir com cinquenta *pfennig*.* O pai lhe dá dez marcos; ela faz sua contribuição e deixa nove marcos na escrivaninha do pai, tendo usado os restantes cinquenta *pfennig* na compra das tintas, que esconde no seu armário de brinquedos. Durante a refeição o pai pergunta, desconfiado, o que fez ela com os cinquenta *pfennig* que faltavam, se não comprou as tintas com eles. Ela nega; mas seu irmão, dois anos mais velho, e com quem ela pretendia pintar os ovos, a denuncia. En-

---

* O antigo centavo alemão.

DUAS MENTIRAS INFANTIS I

contram as tintas em seu armário. O pai, irado, entrega a culpada à mãe para que a castigue, o que é feito energicamente. Depois a própria mãe se comove, ao notar o quanto a menina se desespera. Ela lhe faz carinhos após a surra, leva-a para um passeio, a fim de consolá-la. Mas os efeitos dessa experiência, que a paciente mesma designa como uma "virada" em sua infância, mostram-se irrevogáveis. Até então ela era uma criança travessa e confiante; torna-se tímida e hesitante. Na época de seu noivado tem acessos de fúria para si mesma incompreensíveis, quando a mãe procura mobília e enxoval. O dinheiro é seu, pensa, ninguém mais pode fazer compras com ele. Há pouco tempo casada, tem vergonha de solicitar que o marido pague suas despesas pessoais e distingue, de maneira supérflua, entre o "seu" dinheiro e o dele. Durante o tratamento sucede às vezes que as remessas do marido atrasem, de sorte que ela fica sem meios, numa cidade que não é a sua. Depois que certa vez me contou isso, fiz-lhe prometer que me tomaria emprestada a pequena soma de que necessitasse, caso se repetisse a situação. Ela promete isso, mas na dificuldade financeira seguinte não mantém a promessa, preferindo empenhar suas joias. Explica que não pode tomar dinheiro de mim.

A apropriação dos cinquenta *pfennig*, na infância, tinha um significado que o pai não podia imaginar. Algum tempo antes de frequentar a escola, ela havia protagonizado uma cena singular com dinheiro. Uma vizinha amiga a enviara a uma loja com uma pequena soma para comprar algo, juntamente com o seu filho,

DUAS MENTIRAS INFANTIS

ainda menor que ela. Após a compra, ela ia trazendo o troco, por ser a mais velha. Mas, ao deparar com a criada da vizinha na rua, jogou o dinheiro ao chão. Na análise desse ato, para ela mesma inexplicável, ocorreu-lhe Judas, que jogou fora as moedas de prata que recebera pela traição ao Senhor. Ela afirma estar certa de que aprendeu a história da Paixão antes da idade escolar. Mas como podia identificar-se com Judas?

Aos três anos e meio ela tinha uma babá, a quem era muito apegada. Essa babá estabeleceu relações eróticas com um médico, cujo consultório visitava juntamente com a menina. Ao que parece, a menina testemunhou diferentes situações sexuais. Não é certo que o médico tenha dado dinheiro à moça; mas sem dúvida a moça dava pequenas moedas à criança para garantir seu silêncio, com as quais ela fazia compras (provavelmente de guloseimas) na volta para casa. É também possível que o próprio médico desse dinheiro à menina de vez em quando. Apesar disso, ela traiu a babá à mãe por ciúme. Brincou de forma tão ostensiva com os tostões recebidos, que a mãe lhe perguntou a origem daquele dinheiro. A babá foi despedida.

Tomar dinheiro de alguém teve então para ela, muito cedo, o significado de entrega corporal, de relação amorosa. Receber dinheiro do pai tinha o valor de uma declaração de amor. A fantasia de o pai ser seu amado era tão sedutora que, com o auxílio dela, o desejo infantil das tintas para os ovos de Páscoa sobrepôs-se facilmente à proibição. Mas ela não podia confessar que se apropriara do dinheiro, tinha de negar, porque o motivo do

DUAS MENTIRAS INFANTIS II

ato, para ela mesma inconsciente, não era confessável. O castigo do pai foi, portanto, uma rejeição da ternura que lhe era oferecida, um repúdio, e destruiu seu ânimo. No tratamento irrompeu um severo estado depressivo, cuja resolução levou à lembrança que venho de comunicar, quando certa vez me vi obrigado a copiar o repúdio, solicitando-lhe que não me trouxesse mais flores.

Para um psicanalista, é desnecessário enfatizar que nessa pequena vivência da garota encontramos um desses casos, tão frequentes, de persistência do erotismo anal da infância na vida amorosa adulta. Também o desejo de colorir os ovos deriva da mesma fonte.

II

Uma mulher agora seriamente enferma, devido a uma frustração na vida, foi outrora uma garota bastante capaz, sincera, boa e virtuosa, e mais tarde uma terna esposa. Mas antes, nos primeiros anos de vida, fora uma criança teimosa e insatisfeita, e, enquanto passava rapidamente para uma bondade e escrupulosidade excessiva, houve acontecimentos, ainda na escola primária, que na época da enfermidade a levariam a fazer-se graves recriminações, julgando-os prova de uma radical abjeção. Conforme sua lembrança, naquele tempo ela se jactava e mentia com frequência. Uma vez, a caminho da escola, uma colega lhe disse orgulhosamente: "Ontem no almoço tivemos sorvete". Ao que ela respondeu: "Ora, lá em casa temos sorvete todo dia". Na verdade, ela não entendeu o que significava ter sorvete* na refeição; conhecia gelo apenas em blocos, tal como é transportado, mas imaginou que aquilo fosse algo distinto, e não queria ficar atrás da coleguinha.

Quando tinha dez anos de idade, o professor de desenho passou-lhes a tarefa de traçar um círculo apenas com o lápis. Mas ela usou um compasso, produziu facilmente um círculo perfeito e o mostrou à sua vizinha, triunfante. Veio o professor, ouviu a gabolice, notou as marcas do compasso no círculo e pediu explicações à menina. Ela negou terminantemente que o tivesse usado, não fez caso da evidência e fechou-se num obstinado silêncio. O professor teve uma conversa a respeito disso com o pai; a conduta normalmente exemplar da menina fez com que não tomassem medidas quanto a esse fato.

As duas mentiras foram motivadas pelo mesmo complexo. Sendo a maior de cinco irmãos, a garota desenvolveu bastante cedo uma afeição extraordinariamente forte pelo pai, que depois lhe estragaria a felicidade na vida adulta. Logo veio a descobrir que o pai tão amado não tinha a grandeza que ela se inclinava a lhe atribuir. Tinha de lutar com dificuldades financeiras, não era tão poderoso ou nobre como ela supunha. Mas não podia tolerar essa diminuição do seu ideal. Pôs toda a sua ambição no homem amado, como fazem as mulheres, e apoiar o pai contra o mundo ficou sendo o seu mais for-

---

* A palavra alemã para sorvete, *Eis* (equivalente ao inglês *ice*, tendo a mesma pronúncia), significa primariamente "gelo".

DUAS MENTIRAS INFANTIS II

te motivo. Então se jactava ante as colegas, para não ter que diminuir o pai. Quando, mais tarde, aprendeu a traduzir "sorvete no almoço" por *"glace"*,* estava aberto o caminho para que a repreensão por esta reminiscência levasse a um medo de pedaços e estilhaços de vidro.

O pai era um excelente desenhista, e muitas vezes havia despertado encanto e admiração nos filhos com mostras de seu talento. Identificando-se com o pai, ela desenhou na escola aquele círculo, que pôde fazer apenas de modo fraudulento. É como se quisesse gabar-se: "Vejam o que meu pai consegue fazer!". A consciência de culpa, ligada à excessiva inclinação pelo pai, achou expressão na tentativa de fraude; uma confissão era impossível, pelo mesmo motivo que na observação anterior: teria sido a confissão do oculto amor incestuoso.

Não devemos dar pouco valor a tais episódios da vida infantil. Seria um grave erro prognosticar, a partir dessas faltas de crianças, o desenvolvimento de um caráter imoral. Mas elas estão relacionadas aos mais fortes motivos da alma infantil, e anunciam predisposições para vicissitudes posteriores ou futuras neuroses.

---

* O termo francês *glace* ("gelo"), que também significa "sorvete", é adotado em algumas regiões de língua alemã para designar o sorvete, e tem pronúncia igual ao alemão *Glas*, que significa "vidro".

A PREDISPOSIÇÃO À NEUROSE OBSESSIVA (1913)

CONTRIBUIÇÃO AO PROBLEMA DA ESCOLHA DA NEUROSE

TÍTULO ORIGINAL: "DIE DISPOSITION ZUR ZWANGSNEUROSE (EIN BEITRAG ZUM PROBLEM DER NEUROSENWAHL)". PUBLICADO PRIMEIRAMENTE EM *INTERNATIONALE ZEITSCHRIFT FÜR ÄRZTLICHE PSYCHOANALYSE* [REVISTA INTERNACIONAL DE PSICANÁLISE MÉDICA], V. 1, N. 6, PP. 525-32. TRADUZIDO DE *GESAMMELTE WERKE* VIII, PP. 441-52; TAMBÉM SE ACHA EM *STUDIENAUSGABE* VII, PP. 105-17.

A PREDISPOSIÇÃO À NEUROSE OBSESSIVA

Sem dúvida, o problema de por que um indivíduo adoece de uma neurose se inclui entre aqueles que devem ser respondidos pela psicanálise. Mas é provável que a resposta seja obtida apenas quando se resolver outro problema mais específico: saber por que esta ou aquela pessoa tem uma determinada neurose e não outra. Esse é o problema da "escolha da neurose".

Que sabemos até agora sobre esse problema? Na verdade, uma única tese geral se acha estabelecida quanto a isso. Diferenciamos as causas patológicas relativas à neurose entre aquelas que o ser humano traz consigo para a vida e aquelas que a vida lhe traz, entre as constitucionais e as acidentais; sendo necessária, via de regra, a ação conjunta de ambas para que se produza a doença. Ora, a tese que enunciamos diz que as razões que decidem a escolha da neurose são inteiramente do primeiro tipo, isto é, da natureza das predisposições, e independem das vivências de efeito patogênico.

Onde devemos buscar a origem dessas predisposições? Temos reparado que as funções psíquicas em questão — sobretudo a função sexual, mas também várias importantes funções do Eu — perfazem um longo e complicado desenvolvimento, até alcançarem o estado característico do adulto normal. Supomos que tais desenvolvimentos não ocorrem sempre de modo impecável, que a função total sofre uma alteração progressiva. Quando uma parte dela fica no estágio anterior, produz-se um "ponto de fixação", ao qual a função pode regredir, no caso de adoecimento por um distúrbio externo.

A PREDISPOSIÇÃO À NEUROSE OBSESSIVA

Logo, nossas predisposições são também inibições do desenvolvimento. A analogia com os fatos da patologia geral de outras doenças confirma esta nossa concepção. Mas, ante a questão de quais fatores podem provocar esses distúrbios do desenvolvimento, o trabalho psicanalítico se detém e confia o problema à pesquisa biológica.[1]

Foi com essas premissas que ousamos, alguns anos atrás, abordar o problema da escolha da neurose. Nossa orientação de trabalho, que é deduzir as condições normais estudando os seus distúrbios, levou-nos a escolher um ponto de partida muito especial e inesperado. A sequência em que as principais formas das psiconeuroses são habitualmente expostas — histeria, neurose obsessiva, paranoia, *dementia praecox* — corresponde (ainda que não muito exatamente) à ordem temporal em que tais doenças aparecem na vida. As formas histéricas podem ser observadas já na primeira infância, a neurose obsessiva geralmente mostra seus sintomas no segundo período da infância (dos seis aos oito anos); e as duas outras psiconeuroses, que reuni sob o nome de "parafrenia", manifestam-se apenas depois da puberdade e na maturidade. Essas últimas afecções revelaram-se as primeiras acessíveis à nossa investigação das predisposições que resultam na escolha da neurose. As características comuns a ambas, a mania de grandeza, o distanciamento

---

[1] Depois que os trabalhos de Wilhelm Fliess revelaram a importância biológica de certos períodos de tempo, tornou-se concebível que perturbações do desenvolvimento remontem a mudanças temporais nas ondas de desenvolvimento.

A PREDISPOSIÇÃO À NEUROSE OBSESSIVA

do mundo dos objetos e a dificuldade de transferência fizeram-nos concluir que a fixação que a elas predispõe deve ser buscada num estágio de desenvolvimento da libido *anterior* ao estabelecimento da escolha de objeto, isto é, na fase do autoerotismo e do narcisismo. Essas formas de doença, que aparecem tão tarde, remontam a inibições e fixações bem remotas, portanto.

Isso nos levaria a supor que a predisposição à histeria e à neurose obsessiva, as duas neuroses de transferência em que os sintomas formam-se cedo, localiza-se nas fases mais recentes do desenvolvimento libidinal. Mas onde se acharia nelas a inibição do desenvolvimento e, sobretudo, qual seria a diferença de fases que fundamentaria a predisposição à neurose obsessiva, em contraste com a histeria? Durante um bom tempo não se pôde verificar nada sobre isso, e as tentativas que eu fizera antes para descobrir essas duas predisposições — por exemplo, de que a histeria podia ser determinada pela passividade, e a neurose obsessiva pela atividade, na vivência infantil — logo tiveram de ser rejeitadas como falhas.

Então volto ao terreno da observação clínica individual. Por muito tempo estudei uma paciente cuja neurose sofrera uma transformação insólita. Teve início como franca histeria de angústia, após uma vivência traumática, e conservou esse caráter por alguns anos. Mas um dia se transformou subitamente numa grave neurose obsessiva. Um caso desses tinha de ser significativo em mais de um aspecto. Por um lado, poderia talvez reivindicar o valor de um documento bilíngue, mostrando como um idêntico teor é expresso em linguagens dife-

A PREDISPOSIÇÃO À NEUROSE OBSESSIVA

rentes pelas duas neuroses. Por outro lado, ameaçava contradizer nossa teoria da predisposição através da inibição no desenvolvimento, a menos que se quisesse admitir a hipótese de que uma pessoa traga consigo mais que um único ponto fraco no seu desenvolvimento libidinal. Eu achei que não tinha o direito de rechaçar esta possibilidade, mas mantive uma enorme expectativa quanto à compreensão do caso.

Quando ela chegou, no curso da análise, pude ver que a situação era bem diferente da que imaginara. A neurose obsessiva não era outra reação ao mesmo trauma que havia despertado a histeria de angústia, mas reação a uma segunda vivência, que tirou a importância da primeira. (Logo, uma exceção — discutível, é certo — à nossa tese de que a escolha da neurose independe das experiências.)

Infelizmente não posso — por razões conhecidas — detalhar a história clínica do caso como gostaria, devendo limitar-me às informações que seguem. A paciente era, até adoecer, uma mulher feliz, quase plenamente satisfeita. Queria muito ter filhos, por motivos de uma fixação infantil de desejo, e caiu doente ao saber que não poderia tê-los do marido, a quem amava exclusivamente. A histeria de angústia com que reagiu a essa frustração correspondeu, como ela pôde logo entender, à rejeição de fantasias de sedução em que transparecia o renitente desejo de um filho. Ela fez tudo para não deixar o marido perceber que adoecera devido à frustração por ele causada. Mas não foi sem boas razões que afirmei que todo indivíduo tem, em seu próprio inconsciente,

A PREDISPOSIÇÃO À NEUROSE OBSESSIVA

um instrumento com que pode interpretar as manifestações do inconsciente em outra pessoa.* O marido entendeu, sem confissão ou explicação, o que significava a angústia da esposa; magoou-se, sem demonstrá-lo, e reagiu neuroticamente, por sua vez, fracassando — pela primeira vez — no ato conjugal. Logo depois partiu em viagem, a mulher acreditou ser definitiva a sua impotência e produziu, no dia anterior ao seu retorno, os primeiros sintomas obsessivos.

O conteúdo da neurose obsessiva era uma penosa compulsão à lavagem e à limpeza e medidas protetoras extremamente enérgicas contra lesões graves que outras pessoas deveriam temer de sua parte, ou seja, formações reativas frente a impulsos *erótico-anais* e *sádicos*. Em tais formas teve de se exprimir a sua necessidade sexual, depois que sua vida genital perdeu todo o valor, graças à impotência do único homem que contava para ela.

Aqui se insere o novo fragmento de teoria que formulei, que, é claro, só aparentemente baseia-se nessa única observação, e na verdade resume grande soma de impressões anteriores, que somente depois dessa última experiência puderam permitir uma compreensão. Achei que meu esquema de desenvolvimento da função libidinal necessitava de um acréscimo. No começo eu diferenciara apenas a fase do autoerotismo, em que os instintos parciais procuram a satisfação do prazer no

---

* Segundo informa James Strachey, no volume XII da *Standard* inglesa, essa afirmação se encontra no final da sexta parte do ensaio "O inconsciente", de 1915.

A PREDISPOSIÇÃO À NEUROSE OBSESSIVA

próprio corpo, cada um por si, e depois a reunião de todos os instintos parciais para a escolha de objeto, sob o primado dos genitais a serviço da reprodução. Como sabemos, a análise das parafrenias obrigou-nos a interpolar aqui um estágio de narcisismo, em que a escolha de objeto já se realizou, mas o objeto ainda coincide com o próprio Eu. Agora vemos necessidade de reconhecer um outro estágio antes da configuração final, no qual os instintos parciais já se reuniram para a escolha de objeto, o objeto já se coloca como outro ante a própria pessoa, mas *o primado das zonas genitais ainda não se instaurou*. Os instintos parciais que dominam essa organização *pré-genital* da vida sexual são os erótico-anais e os sádicos.

Sei que toda colocação desse tipo soa estranha no início. Somente pela descoberta de seus vínculos com nosso saber anterior ela se torna familiar, e afinal seu destino é, com frequência, ser admitida como uma inovação pequena e há muito suspeitada. Com essa expectativa passemos a discutir, então, a "ordem sexual pré-genital".

a) Já foi notado por muitos observadores, e agora enfaticamente sublinhado por Ernest Jones, o papel extraordinário que têm os impulsos de ódio e erotismo anal na sintomatologia da neurose obsessiva.[2] Ora, isso decorre diretamente da nossa colocação, se supomos

---

2 E. Jones, "Haß und Analerotik in der Zwangsneurose" [Ódio e erotismo anal na neurose obsessiva], *Internationale Zeitschrift für ärztliche Psychoanalyse*, v. 1, 1913, caderno 5.

A PREDISPOSIÇÃO À NEUROSE OBSESSIVA

que nessa neurose esses instintos parciais assumiram novamente a representação dos instintos genitais, dos quais foram precursores durante o desenvolvimento.

Neste ponto se encaixa o fragmento da história clínica de nosso caso que até agora deixamos de lado. A vida sexual da paciente começou, na mais tenra infância, com fantasias sádicas de surra. Depois de serem suprimidas,* houve um período de latência excepcionalmente longo, em que a menina experimentou um elevado desenvolvimento moral, sem despertar para os sentimentos sexuais femininos. Com o casamento, ainda jovem, viveu um período de atividade sexual normal, sendo uma esposa feliz durante vários anos, até que a primeira grande frustração lhe trouxe a neurose histérica. Com a subsequente perda de valor da vida genital, a sua vida sexual, como dissemos, recuou ao estágio infantil do sadismo.

Não é difícil precisar a característica que separa este caso de neurose obsessiva dos outros, mais frequentes, que têm início mais cedo e transcorrem de maneira crônica, com exacerbações de maior ou menor evidência. Nesses outros casos, a organização sexual que contém a predisposição à neurose obsessiva se estabelece e jamais é inteiramente superada; neste nosso caso, ela foi primeiro substituída pelo estágio de desenvolvimento mais elevado e, depois, reativada por regressão deste.

---

* "Depois de serem suprimidas": no original, *Nach deren Unterdrückung*; cf. nota à p. 88.

A PREDISPOSIÇÃO À NEUROSE OBSESSIVA

b) Se, partindo de nossa colocação, procuramos vínculos no âmbito da biologia, não podemos esquecer que a oposição entre masculino e feminino, que é introduzida pela função reprodutora, ainda não pode estar presente no estágio da escolha de objeto pré-genital. Encontramos, em seu lugar, a oposição entre tendências com meta ativa ou passiva, que mais tarde se fundirá com a oposição dos sexos. A atividade é fornecida pelo ordinário instinto de apoderamento, que chamamos de sadismo, ao encontrá-lo a serviço da função sexual; também na vida sexual normal, plenamente desenvolvida, ele tem importantes serviços auxiliares a cumprir. A corrente passiva é alimentada pelo erotismo anal, cuja zona erógena corresponde à antiga, indiferenciada cloaca. A ênfase nesse erotismo anal, no estágio de organização pré-genital, deixará no homem uma significativa predisposição à homossexualidade, quando for atingido o próximo estágio da função sexual, aquele do primado dos genitais. A edificação dessa última fase sobre a anterior, e a consequente remodelação dos investimentos libidinais, oferece à investigação psicanalítica os mais interessantes problemas.

Pode-se achar que um modo de se subtrair a todas as dificuldades e complicações envolvidas é negar uma organização pré-genital da vida sexual e fazê-la coincidir e mesmo iniciar com a função genital e reprodutiva. Então se diria das neuroses, considerando os inequívocos resultados da investigação psicanalítica, que o processo da repressão sexual as força a exprimir tendências sexuais por meio de outros instintos não sexuais,

A PREDISPOSIÇÃO À NEUROSE OBSESSIVA

sexualizando compensatoriamente esses últimos. Assim procedendo, o pesquisador situa-se fora da psicanálise. Acha-se novamente onde se encontrava antes da psicanálise, e tem de renunciar à compreensão do nexo entre saúde, perversão e neurose, que ela nos proporciona. A psicanálise depende em absoluto do reconhecimento dos instintos sexuais parciais, das zonas erógenas e da expansão que assim se obteve do conceito de "função sexual", em contraste com o mais estreito de "função genital". Além disso, basta a observação do desenvolvimento normal da criança para rechaçar uma tentação como essa.

c) No campo do desenvolvimento do caráter encontraremos as mesmas forças instintuais que vimos atuando nas neuroses. Mas uma clara separação teórica entre os dois é dada pela circunstância de que falta, no tocante ao caráter, o que é próprio do mecanismo da neurose, o malogro da repressão e o retorno do reprimido. Na formação do caráter, a repressão ou não atua ou atinge sem dificuldade a sua meta, substituir o reprimido por formações reativas e sublimações. Daí os processos da formação de caráter serem menos transparentes e acessíveis à análise do que os neuróticos.

Mas precisamente na esfera do desenvolvimento do caráter encontramos uma boa analogia com o caso que descrevemos, isto é, um reforço da [hipótese da] organização sexual pré-genital erótico-anal. É algo sabido, e que dá margem a muitas queixas, que fequentemente as mulheres mudam seu caráter de forma peculiar depois

A PREDISPOSIÇÃO À NEUROSE OBSESSIVA

que abandonam suas funções genitais. Tornam-se briguentas, espezinhadoras e arrogantes, avarentas e cobiçosas; mostram, assim, traços tipicamente sádicos e erótico-anais, que não tinham na época de sua feminilidade. Em todos os tempos, autores de comédias e sátiras dirigiram invectivas à "bruxa velha" em que se tornou a menina graciosa, a mulher apaixonada, a mãe delicada. Entendemos que tal mudança de caráter corresponde ao estágio pré-genital sádico-erótico-anal, em que descobrimos a predisposição à neurose obsessiva. Ele seria, então, não apenas o precursor da fase genital, mas, com frequência, também o sucessor e substituto, depois que os genitais cumpriram sua função.

A comparação entre essa mudança de caráter e a neurose obsessiva impressiona. Nos dois casos vê-se a obra da regressão; no primeiro, regressão plena, após repressão (ou supressão) facilmente realizada; no caso da neurose, conflito, esforço em não admitir a regressão, formações reativas contra ela e formações sintomáticas mediante compromissos dos dois lados, cisão das atividades psíquicas em passíveis de consciência e inconscientes.

d) Nossa colocação de uma organização sexual pré-genital é incompleta em dois sentidos. Primeiro, não considera o comportamento de outros instintos parciais, no qual muito haveria para investigar e mencionar, e contenta-se em enfatizar o saliente primado do sadismo e do erotismo anal. Em especial quanto ao impulso de saber [*Wisstrieb*], temos a impressão frequente de que

A PREDISPOSIÇÃO À NEUROSE OBSESSIVA

poderia mesmo substituir o sadismo no mecanismo da neurose obsessiva. Pois ele é, no fundo, um rebento sublimado, elevado ao plano intelectual, do instinto de apoderamento; sua rejeição na forma da dúvida tem grande papel no quadro da neurose obsessiva.

A segunda ausência é bem mais significativa. Sabemos que a predisposição histórica para uma neurose é completa somente quando considera tanto a fase de desenvolvimento do Eu, em que sobrevém a fixação, como a do desenvolvimento da libido. Mas a nossa colocação referiu-se apenas a esta e, portanto, não inclui todo o conhecimento que devemos exigir. Os estágios de desenvolvimento dos instintos do Eu nos são pouco conhecidos até agora; sei apenas de uma tentativa promissora de aproximar-se de tais questões, por parte de Ferenczi.[3] Não sei se parecerá muito ousado supor, acompanhando as pistas existentes, que deve ser incluída na predisposição à neurose obsessiva uma aceleração temporal do desenvolvimento do Eu ante o desenvolvimento libidinal. Tal antecipação requereria a escolha de objeto por influência dos instintos do Eu, enquanto a função sexual ainda não atingiu sua última configuração, e assim deixaria uma fixação no estágio da ordem sexual pré-genital. Levando em conta que os neuróticos obsessivos têm que desenvolver uma supermoral para defender o seu amor objetal da hostilidade que por trás

---

3 S. Ferenczi, "Entwicklungsstufen des Wirklichkeitssinnes" [Estágios de desenvolvimento do sentido da realidade], *Internationale Zeitschrift für ärztliche Psychoanalyse*, v. 1, 1913, caderno 2.

A PREDISPOSIÇÃO À NEUROSE OBSESSIVA

dele espreita, estaremos inclinados a ver certo grau dessa antecipação do desenvolvimento do Eu como típica da natureza humana, e achar que a aptidão para a gênese da moral baseia-se na circunstância de no desenvolvimento o ódio ser precursor do amor. Este seria talvez o significado de uma frase de Wilhelm Stekel, que na época pareceu-me incompreensível, segundo a qual o ódio, e não o amor, é a relação emocional primária entre os seres humanos.[4]

e) Após o que foi dito, resta para a histeria uma íntima relação com a última fase do desenvolvimento libidinal, caracterizada pela primazia dos genitais e pelo advento da função reprodutiva. Na neurose histérica essa conquista sucumbe à repressão, com a qual não se acha ligada uma regressão ao estágio pré-genital. Mais ainda que na neurose obsessiva, nela são óbvias as falhas ao determinar a predisposição, resultantes da nossa ignorância do desenvolvimento do Eu.

Por outro lado, não é difícil mostrar que uma diferente regressão a um nível anterior também sucede na histeria. A sexualidade da menina se acha, como sabemos, sob o domínio de um órgão diretor macho (o clitóris), e muitas vezes comporta-se como a do menino. Uma última onda de desenvolvimento, na época da puberdade, tem de remover essa sexualidade masculina e erguer a vagina, derivada da cloaca, à condição de zona erógena dominante. Ora, é bastante comum que na

4 W. Stekel, *Die Sprache des Traumes*, 1911, p. 536.

A PREDISPOSIÇÃO À NEUROSE OBSESSIVA

neurose histérica das mulheres ocorra uma reativação dessa sexualidade masculina reprimida, contra a qual se volta, então, a luta defensiva dos instintos sintonizados com o Eu.* Mas seria prematuro iniciar aqui a discussão dos problemas da predisposição histérica.

---

* "Instintos sintonizados com o Eu": *ichgerechte Triebe*; nas versões estrangeiras consultadas (duas em espanhol, da Biblioteca Nueva e da Amorrortu, a italiana da Boringhieri e a *Standard* inglesa): *los instintos aliados del yo, las pulsiones acordes com el yo, le pulsioni in sintonia com l'Io, the ego-syntonic instincts.*

PREFÁCIOS E TEXTOS BREVES (1911-1913)

PREFÁCIOS E TEXTOS BREVES

PREFÁCIO A
O MÉTODO PSICANALÍTICO,
DE OSKAR PFISTER*

A psicanálise nasceu no terreno da medicina, como um método terapêutico para o tratamento de algumas doenças nervosas que foram denominadas "funcionais" e que, com certeza cada vez maior, foram percebidas como consequências de transtornos da vida afetiva. Ela realiza seu propósito — eliminar as manifestações desses transtornos, os sintomas — baseando-se na premissa de que elas não são os únicos desenlaces possíveis e definitivos de determinados processos psíquicos, e por isso põe a descoberto, na recordação do paciente, a história do desenvolvimento desses sintomas, revivifica os processos que lhes subjazem e os conduz, sob direção médica, a um desenlace mais favorável. A psicanálise colocou-se os mesmos objetivos terapêuticos que o tratamento hipnótico introduzido por Liébault e Bernheim, que após uma longa e difícil luta conseguira um lugar na técnica dos especialistas em nervos. Mas ela se aprofunda bem mais na estrutura do mecanismo psíquico e busca obter influências duradouras e mudanças firmes nos seus objetos.

Em sua época, o tratamento por sugestão hipnótica logo ultrapassou o campo da utilização médica e colocou-se a serviço da educação de jovens. A acreditarmos

* Título original: "Geleitwort zu *Die psychoanalytische Methode*, von Oskar Pfister, Leipzig, Julius Klinkhardt, 1913". Traduzido de *Gesammelte Werke* x, pp. 448-50.

340

PREFÁCIO A *O MÉTODO PSICANALÍTICO*

nos relatos, ele se mostrou eficaz na eliminação de defeitos infantis [*Kinderfehler*], hábitos corporais inconvenientes e traços de caráter que resistem aos demais tratamentos. Na época, ninguém se admirou ou se ofendeu com essa ampliação do seu emprego, que, no entanto, somente através da pesquisa psicanalítica se fez inteiramente compreensível. Pois agora sabemos que muitas vezes os sintomas patológicos não são outra coisa senão formações substitutivas para inclinações ruins, isto é, imprestáveis, e que as condições para esses sintomas são instituídas na infância e juventude — no período em que o ser humano é objeto da educação —, quer as doenças se manifestem ainda na juventude ou apenas numa época posterior da vida.

Educação e terapia se acham numa relação que podemos delinear. A educação cuida para que certas disposições e tendências da criança não produzam nada que seja nocivo para o indivíduo e a sociedade. A terapia entra em ação quando essas disposições já resultaram em indesejáveis sintomas patológicos. O outro desenlace possível, de que as inclinações imprestáveis não levem às formações substitutivas dos sintomas, mas a diretas perversões do caráter, é quase inacessível à terapia, e geralmente se furta à influência do educador. A educação é uma profilaxia que deve evitar ambos os desenlaces, o da neurose e o da perversão; a psicoterapia procura desfazer o mais frágil dos dois e constituir uma espécie de pós-educação.

Em vista disso, impõe-se naturalmente a pergunta: deve-se utilizar a psicanálise para os fins da educação,

PREFÁCIOS E TEXTOS BREVES

como a sugestão hipnótica foi usada em seu tempo? As vantagens seriam óbvias. Por um lado, o educador se acha preparado para perceber, graças ao seu conhecimento das predisposições humanas gerais da infância, quais as inclinações infantis que ameaçam ter um desenlace indesejável, e, se a psicanálise influi em tais direções do desenvolvimento, ele pode usá-la *antes* que apareçam os sinais de um desenvolvimento desfavorável. Logo, pode agir profilaticamente, com ajuda da psicanálise, numa criança ainda sadia. Por outro lado, pode notar os *primeiros* sinais de um desenvolvimento rumo à neurose ou à perversão e resguardar a criança do prosseguimento nesse rumo, num tempo em que ela, por várias razões, nunca é levada ao médico. Só podemos achar que uma tal atividade psicanalítica por parte do educador — e do pastor, seu equivalente nos países protestantes — seria inestimável e poderia, com frequência, tornar supérflua a atividade do médico.

Cabe perguntar apenas se o exercício da psicanálise não pressupõe um treino médico, que o educador e o pastor necessariamente não têm, ou se outros fatores não contrariam a intenção de pôr a técnica psicanalítica em outras mãos que não as dos médicos. Confesso que não vejo tais obstáculos. O exercício da psicanálise requer muito mais preparação psicológica e livre discernimento humano do que instrução médica. A maioria dos médicos não se acha equipada para o exercício da psicanálise, e fracassou inteiramente ao avaliar esse método terapêutico. O educador e o pastor são obrigados, pelas exigências de suas profissões, a ter os mesmos cuidados,

PREFÁCIO A *O MÉTODO PSICANALÍTICO*

considerações e discrições que o médico está habituado a manter, e o fato de normalmente lidarem com jovens talvez os torne mais aptos a compreender sua vida psíquica. Em ambos os casos, porém, a garantia de uma aplicação inofensiva do método analítico só pode ser dada pela personalidade daquele que analisa.

Ao aproximar-se do terreno da anormalidade psíquica, o educador será obrigado a familiarizar-se com os conhecimentos psiquiátricos mais indispensáveis e também a consultar o médico, quando a avaliação do distúrbio e o seu prognóstico parecerem duvidosos. Numa série de casos, somente a colaboração entre o educador e o médico poderá conduzir ao êxito.

Num único ponto a responsabilidade do educador talvez exceda a do médico. Via de regra, este lida com formações psíquicas já cristalizadas, e encontra na individualidade já estabelecida do enfermo um limite para sua intervenção, mas também uma garantia da independência dele. O educador, porém, trabalha com material plástico, sensível a toda impressão, e deve impor-se a obrigação de não formar a jovem psique de acordo com seus ideais próprios, mas sim conforme as predisposições e possibilidades inerentes ao objeto.

Desejamos que o emprego da psicanálise na educação cumpra as esperanças que educadores e médicos nela colocam justificadamente. Um livro como o de Pfister, que procura levar a análise ao conhecimento dos educadores, terá então o reconhecimento das gerações vindouras.

PREFÁCIOS E TEXTOS BREVES

PREFÁCIO A
OS TRANSTORNOS PSÍQUICOS DA POTÊNCIA MASCULINA, DE MAXIM STEINER*

O autor dessa pequena monografia, que trata da patologia e terapia da impotência psíquica do homem, pertence ao pequeno número de médicos que logo reconheceram a importância da psicanálise para a sua especialidade e desde então nunca cessaram de aprimorar-se na teoria e técnica da análise. Sabemos que só uma pequena parte das doenças neuróticas — que agora percebemos como consequências de distúrbios da função sexual — é abordada na neuropatologia mesma. A maioria delas é incluída entre as enfermidades do órgão que é afetado pelo distúrbio neurótico. Ora, é justo e conveniente que também o tratamento desses sintomas ou síndromes seja confiado ao especialista, o único que pode fazer um diagnóstico diferencial relativo à afecção orgânica, delimitar o elemento orgânico do neurótico, no caso de formas mistas, e, de modo geral, dar esclarecimentos sobre o reforço mútuo dos dois fatores patológicos. Mas, se não quisermos que as doenças "nervosas" dos órgãos sejam consideradas simples apêndices das doenças materiais dos mesmos órgãos — negligência que estão longe de merecer, por sua frequência e peso prático —, então o espe-

---

* Título original: "Vorwort zu *Die psychischen Störungen der männlichen Potenz*, von Dr. Maxim Steiner, Leipzig und Wien, Franz Deuticke, 1913". Traduzido de *Gesammelte Werke* X, pp. 451-2.

PREFÁCIO A *OS TRANSTORNOS PSÍQUICOS*

cialista, ocupe-se ele do estômago, do coração ou do aparelho urogenital, deve ser capaz de utilizar não só os seus conhecimentos médicos gerais e aqueles especiais de sua área, mas também as considerações, percepções e técnicas do médico de nervos.

Significará um grande progresso terapêutico, quando o médico não mais dispensar um paciente acometido de afecção nervosa de um órgão com estas palavras: "O senhor não tem nada; são apenas os nervos". Ou com esta outra recomendação, não muito melhor: "Vá a um especialista em doenças nervosas, ele lhe indicará uma hidroterapia ligeira". Certamente, devemos antes esperar que um médico possa compreender e tratar os distúrbios nervosos de sua área do que exigir que um médico de nervos se torne um especialista universal em todos os órgãos em que as neuroses produzem sintomas. Pode-se imaginar, então, que somente as neuroses com sintomas essencialmente psíquicos permanecerão no domínio do médico de nervos.

Não está longe — é nossa esperança — o tempo em que será generalizada a percepção de que não se pode entender e tratar nenhum distúrbio nervoso caso não se recorra aos pontos de vista e, frequentemente, às técnicas da psicanálise. Essa afirmação talvez pareça um pretensioso exagero atualmente; mas ouso prever que está fadada a se tornar um lugar-comum. Um mérito do autor desta obra será sempre o de não haver esperado esse tempo para introduzir a psicanálise na terapia das doenças nervosas da sua área de especialização.

PREFÁCIOS E TEXTOS BREVES

PREFÁCIO A
RITOS ESCATOLÓGICOS DO MUNDO INTEIRO,
DE J. G. BOURKE*

Em 1885, quando me achava em Paris como discípulo de Charcot, o que mais me atraía, além das aulas do mestre, eram as lições e demonstrações de Brouardel. Ele costumava nos mostrar, com o material de autópsias do necrotério, quanta coisa é digna de saber para um médico, que a ciência, porém, não se inclina a levar em conta. Certa vez, ao discorrer sobre as características que nos levam a perceber classe, caráter e origem de um cadáver anônimo, ele disse: *"Les genoux sales sont le signe d'une fille honête"* [Os joelhos sujos são sinal de uma moça direita]. Ele via os joelhos sujos como atestado da virtude da moça!

Essa informação de que a limpeza corporal se relaciona antes ao pecado que à virtude me ocorreria frequentemente depois, quando, mediante o trabalho psicanalítico, adquiri compreensão do modo como os indivíduos civilizados lidam atualmente com o problema da sua corporalidade. Eles se veem incomodados por tudo que lembre muito claramente a natureza ani-

---

* Título original: "Geleitwort zu *Der Unrat in Sitte, Brauch, Glauben und Gewohnheitsrecht der Völker* [A imundície nos usos, costumes e crenças e no direito consuetudinário dos povos, título alemão de *Scatologic rites of all nations*], von John Gregory Bourke, Ethnologischer Verlag, Leipzig, 1913". Traduzido de *Gesammelte Werke* X, pp. 453-5.

PREFÁCIO A *RITOS ESCATOLÓGICOS DO MUNDO INTEIRO*

mal do ser humano. Querem imitar os "anjos perfeitíssimos", que, na cena final do *Fausto*, lamentam:

> *Resta-nos um terrenal resíduo*
> *que penosamente carregamos*
> *e, mesmo sendo de amianto,*
> *jamais se tornaria limpo.*[*]

Mas, como sempre estarão muito longe dessa perfeição, escolheram o expediente de negar ao máximo esse incômodo resíduo terrestre, de ocultá-lo uns aos outros, embora cada qual o conheça no outro, e de subtraí-lo à atenção e proteção que pode reivindicar, como parte integrante do seu ser. Não há dúvida de que seria mais vantajoso reconhecê-lo e dignificá-lo tanto quanto sua natureza o permitir.

Não é nada simples enxergar e descrever as consequências que teve, para a cultura, esse tratamento dado ao "penoso resíduo terrestre", cujo núcleo são as funções que podemos denominar *sexuais* e *excrementícias*. Vamos destacar apenas a consequência que aqui nos toca mais de perto: de que foi vedado à ciência ocupar-se desses aspectos proibidos da vida humana, de modo que os que estudam tais coisas são considerados quase tão "indecentes" quanto os que realmente agem de forma indecente.

No entanto, a psicanálise e os estudos de folclore não se deixaram intimidar e transgrediram também essas

---

[*] No original: *"Uns bleibt ein Erdenrest / zu tragen peinlich, / und wär'er von Asbest, / er ist nicht reinlich"*, *Fausto* II, parte 5.

PREFÁCIOS E TEXTOS BREVES

proibições, e então puderam nos ensinar muita coisa indispensável para o conhecimento do ser humano. Se nos limitamos aqui às investigações sobre o elemento excrementício, podemos informar, como principal resultado da pesquisa psicanalítica, que a criatura humana é obrigada a repetir, em seu desenvolvimento inicial, aquelas transformações na atitude do homem ante os excrementos, que provavelmente começaram quando o *Homo sapiens* se levantou da mãe Terra. Nos primeiros anos de vida não há indício de pudor devido às funções excrementais, de nojo ante os excrementos. O bebê tem grande interesse por essas e outras excreções[*] de seu corpo, gosta de ocupar-se delas e extrai variado prazer dessa ocupação. Enquanto partes de seu corpo e produtos de seu organismo, os excrementos partilham do alto apreço — que denominamos "narcísico" — que a criança dedica a tudo referente à sua pessoa. Ela tem, digamos, orgulho de suas fezes, e as utiliza para sua autoafirmação diante dos adultos. Sob a influência da educação, os instintos e inclinações *coprofílicas* da criança sucumbem pouco a pouco à repressão; ela aprende a mantê-los secretos, a envergonhar-se deles e a sentir nojo ante os objetos deles. A rigor, porém, o nojo nunca vai ao ponto de dizer respeito às próprias fezes; limita-se a condenar esses produtos quando são de outros. O interesse que até então ligava-se aos excrementos passa para outros objetos, por exemplo, das fezes para o dinheiro, que

---

[*] No original se acha *Sekretionen* ("secreções"), o mais correto, porém, seria "excreções" (*Exkretionen*).

PREFÁCIO A *RITOS ESCATOLÓGICOS DO MUNDO INTEIRO*

só tardiamente se torna significativo para a criança. Importantes contributos na formação do caráter se desenvolvem — ou se reforçam — a partir da repressão das tendências coprofílicas.

A psicanálise também diz que o interesse da criança pelas fezes não se distingue inicialmente dos interesses sexuais; a separação entre os dois surge apenas mais tarde, e permanece incompleta; a afinidade original, assentada pela anatomia humana, ainda transparece em muitos pontos no adulto normal. Afinal, não devemos esquecer que tais desenvolvimentos — como quaisquer outros — não podem produzir um resultado imaculado; um quê da antiga predileção é conservado, uma parte das tendências coprofílicas atua também na vida posterior, manifestando-se nas neuroses, perversões, hábitos e más maneiras dos adultos.

Os estudos de folclore encetaram caminhos de pesquisa bem diferentes, mas chegaram aos mesmos resultados que o trabalho psicanalítico. Eles mostram como é incompleta a repressão das tendências coprofílicas em épocas e povos diversos, e o quanto o tratamento da matéria fecal, em outros estágios de cultura, se acha próximo da maneira infantil. Mas também demonstram a persistência dos primitivos interesses coprofílicos, verdadeiramente inerradicáveis, ao expor ante o nosso olhar espantado a multiplicidade de empregos, em ritos mágicos, costumes populares, cultos religiosos e artes médicas, mediante a qual a velha estima pelas excreções humanas adquiriu nova expressão. Também a relação dessa esfera com a vida sexual parece ter se con-

PREFÁCIOS E TEXTOS BREVES

servado plenamente. Está claro que tal promoção de nossos conhecimentos não representa perigo algum para a nossa moralidade.

A maior parte do que sabemos sobre o papel dos excrementos na vida humana se acha reunido na obra *Scatologic rites of all nations*, de J. G. Bourke. Torná-la acessível aos leitores alemães, portanto, é um empreendimento não só ousado, mas também meritório.

RESENHA DE *SOBRE PSICOLOGÍA Y PSICOTERAPIA*

RESENHA DE
SOBRE PSICOLOGÍA
Y PSICOTERAPIA DE CIERTOS
ESTADOS ANGUSTIOSOS,
DE G. GREVE*

O autor, que participou desse congresso como enviado do governo do Chile, expôs de forma clara e livre de mal-entendidos o conteúdo essencial da teoria da repressão e a importância etiológica do fator sexual nas neuroses. Com respeitável modéstia, ele se abstém de um juízo definitivo sobre o conjunto da teoria, pois não levou a análise, via de regra, além dos ensejos para a doença ocorridos na puberdade (*"y aun cuando nos mostramos reservados para emitir uma opinión propia, se nos ha de perdonar, ya que nuestra experiencia personal no alcanza a abarcar toda la latitud de sus doctrinas"*).

Mas numerosas passagens não deixam dúvida sobre a inclinação do autor. A existência da sexualidade infantil lhe parece demonstrada de forma segura pelas pesquisas

---

* Esta resenha — ou nota — foi publicada em *Zentralblatt für Psychoanalyse*, v. 1 (1911), p. 594, na rubrica "Referate und Kritiken" [Comunicações e críticas]; ela trata da conferência apresentada por G. Greve no Congresso Interamericano de Medicina e Higiene, que ocorreu em Buenos Aires em maio de 1910. Ao que tudo indica, Freud teve acesso ao texto dessa conferência, dela citando alguns trechos em espanhol; ele também a menciona na parte II de *Contribuição à história do movimento psicanalítico* (1914). Esta resenha se acha em *Gesammelte Werke, Nachtragsband* (Frankfurt: Fischer, 1987), pp. 501-2.

PREFÁCIOS E TEXTOS BREVES

existentes ("*demostrada hasta la evidencia*"); ele e outros ("*todos nosotros*") teriam tido ocasião de observá-la em crianças neuróticas, nas quais ela se manifesta com certos traços excessivos. Também um tratamento psicanalítico incompleto bastaria, em grande número de casos, para obter uma melhora considerável do estado psíquico geral, de modo que os doentes recuperem sua capacidade de trabalho, mesmo quando os sintomas continuam a existir em menor intensidade ("[...] *para traer una notable mejoría del estado general psíquico del paciente, aun cuando puedan seguir persistiendo sintomas que, por su poca acentuación, no aparenten enfermedad y no lo inutilizen para la sociedad*"). (Este resenhador gostaria de sublinhar como se revela uma boa compreensão das enfermidades neuróticas no fato de enxergar o sucesso terapêutico não na eliminação de alguns sintomas, mas na restauração da capacidade de "funcionamento".) O autor vê a neurose obsessiva como particularmente acessível à terapia analítica; afirma que certa vez conseguiu eliminar, em duas conversas que não atingiram conjuntamente uma hora, ideias obsessivas que haviam duramente resistido a outros tratamentos. Ele solicita aos seus colegas que deem toda a atenção às teorias discutidas, pois seriam baseadas em cuidadosa investigação, e eles encontrariam nelas muita coisa que seria de grande ajuda para seus pacientes. ("*Pero insisto ante vosotros, que de um atento estudio de las teorias de Freud, teorias basadas en la más escrupulosa y paciente observación de los hechos clínicos que se pueda exigir, podreis cosechar mucho, muchísimo que puede favorecer a vuestros enfermos.*")

RESENHA DE *SOBRE PSICOLOGÍA Y PSICOTERAPIA*

Agradecemos ao colega (provavelmente alemão) do distante Chile pela imparcial avaliação da psicanálise e a inesperada confirmação de seu efeito terapêutico em terras estrangeiras.

PREFÁCIOS E TEXTOS BREVES

O SIGNIFICADO DE UMA SEQUÊNCIA DE VOGAIS*

Com frequência já foram levantadas objeções à afirmação de Stekel, de que nos sonhos e pensamentos espontâneos os nomes escondidos devem ser substituídos por outros, que em comum com eles têm apenas a sequência de vogais. Mas quanto a isso a história da religião nos oferece uma notável analogia. Entre os antigos hebreus, o nome de Deus era *tabu*; não devia ser nem pronunciado nem escrito; um exemplo, de maneira nenhuma único, da importância especial dos nomes nas culturas arcaicas. Tal proibição foi tão bem observada, que até hoje a vocalização das quatro letras do nome de Deus, יהוה, permanece desconhecida. O nome é pronunciado *Jeová*, tomando-se emprestados os signos vocálicos do termo *Adonai* ("senhor"), que não era proibido. (S. Reinach, *Cultes, mythes et religions*, Paris, 1908, t. I, p. I.)

---

* Título original: "Die Bedeutung der Vokalfolge", publicado primeiramente em *Zentralblatt für Psychoanalyse*, v. 2, 1911. Traduzido de *Gesammelte Werke* VIII, p. 348.

"GRANDE É A DIANA DOS EFÉSIOS!"*

A antiga cidade grega de Éfeso, na Ásia Menor, cujas ruínas foram objeto, recentemente, de notória pesquisa da antropologia austríaca, era sobretudo famosa, na Antiguidade, pelo grandioso templo dedicado a Ártemis (Diana). Emigrantes jônicos apoderaram-se, talvez no século VIII, da cidade havia muito habitada por povos asiáticos, nela encontraram o culto de uma antiga divindade materna, possivelmente denominada Oupis, e a identificaram com Ártemis, divindade de sua terra. Conforme a evidência das escavações, ao longo dos séculos foram erguidos vários templos em honra da divindade naquele local. Dessa série de templos, o quarto foi destruído pelo demente Erostrato, no incêndio por ele provocado no ano de 356, na noite em que nasceu Alexandre, o Grande. Foi depois reconstruído, mais esplêndido do que nunca. Com sua profusão de sacerdotes, magos, peregrinos, com suas lojas, em que eram oferecidos amuletos, suvenires, ex-votos, a cidade comercial de Éfeso podia ser comparada à moderna Lourdes.

Por volta do ano 54 de nossa era o apóstolo Paulo chegou a Éfeso, para uma permanência de vários anos.

---

* Título original: "'Gross ist die Diana der Epheser'"; publicado primeiramente em *Zentralblatt für Psychoanalyse*, v. 2, 1911; traduzido de *Gesammelte Werke* VIII, pp. 360-1. Conforme a indicação entre parênteses no final do texto, trata-se apenas de um resumo do que Freud achou sobre o tema no livro de F. Sartiaux.

PREFÁCIOS E TEXTOS BREVES

Pregou, fez milagres e conquistou muitos seguidores no povo. Perseguido e acusado pelos judeus, separou-se deles e fundou uma comunidade cristã independente. A difusão de sua doutrina começou a prejudicar o ofício dos ourives, que fabricavam, para os fiéis e romeiros que vinham de toda parte, as lembranças do local sagrado, as pequenas reproduções de Ártemis e seu templo.[1] Paulo era um judeu muito severo para deixar que a antiga divindade subsistisse com outro nome, ao lado da sua; para rebatizá-la, como haviam feito os invasores jônicos com a deusa Oupis. Os piedosos artesãos e artistas da cidade começaram a temer por sua deusa e seu ofício. Revoltaram-se e, gritando repetidamente "Grande é a Diana dos efésios!", afluíram pela rua principal, "Arcadiana", até o teatro, onde seu líder, Demétrio, fez um discurso incendiário contra os judeus e contra Paulo. A custo as autoridades conseguiram apaziguar a multidão, garantindo que a majestade da grande deusa era intocável e estava acima de qualquer ataque.[2]

A igreja que Paulo fundou em Éfeso não lhe permaneceu fiel por muito tempo. Caiu sob a influência de um homem chamado João, personalidade que levantou sérios problemas para a crítica. Talvez fosse o autor do Apocalipse, que abunda em invectivas contra o apóstolo

1 Ver o poema de Goethe, volume 2 da Sophien-Ausgabe, p. 195 [Freud se refere ao poema com o mesmo título do presente texto, título retirado de Atos dos Apóstolos, 19, 28; nesse poema, um velho ourives de Éfeso continua trabalhando numa estatueta da deusa pagã, enquanto na cidade se fala de um novo deus].
2 Atos dos Apóstolos, 19.

"GRANDE É A DIANA DOS EFÉSIOS!"

Paulo. A tradição o identifica com o apóstolo João, a quem se atribui o quarto evangelho. Segundo esse evangelho, Jesus, crucificado, gritou para seu discípulo predileto, indicando Maria: "Eis a tua mãe", e dali em diante João a levou consigo. Assim, se João foi para Éfeso, também Maria foi para lá. Portanto, em Éfeso foi erguida, junto à igreja do apóstolo, a primeira basílica em honra à nova divindade materna dos cristãos, cuja existência foi testemunhada já no século IV. A cidade tinha novamente sua grande deusa; a não ser o nome, pouco havia mudado. Também os ourives tiveram novamente trabalho, fazendo reproduções do templo e da divindade para os novos peregrinos. Apenas a função de Ártemis que se exprimia no atributo *kourotrofos* [que cria ou alimenta os garotos] passou para um santo Artemidoro, protetor das mulheres que dão à luz.

Depois houve a conquista da cidade pelo Islã e, por fim, seu declínio e abandono, em virtude do assoreamento do rio. Mas a grande deusa de Éfeso não desistiu. Ainda em nossa época apareceu, como Santa Virgem, a uma piedosa garota alemã, Katharina Emmerich, em Dulmen;* descreveu-lhe sua viagem para Éfeso, os objetos da casa onde lá viveu e morreu, o formato de sua cama etc. E a casa e a cama foram realmente encontradas como a Virgem as descrevera, e voltaram a ser a destinação de romarias dos fiéis.

(Segundo F. Sartiaux, *Villes mortes d'Asie mineure*, Paris, 1911.)

---

* Pequena cidade da região da Vestfália, na Alemanha.

ÍNDICE REMISSIVO

AS INDICAÇÕES *NA* E *NT* DESIGNAM
AS NOTAS DO AUTOR E DO TRADUTOR,
RESPECTIVAMENTE.

ÍNDICE REMISSIVO

Abraham, 55*na*, 87*na*, 93*na*, 100, 276

abstinência, 218, 231, 239, 252

abuso sexual, 25, 59

Adler, 57, 216, 276

adulto(s), 61, 272, 318, 325, 348, 349

afecção, afecções, 14, 85, 101, 165, 166*na*, 169, 239, 326, 344-5

afeto(s), afetivo(s), afetiva(s), 55-6, 63, 65, 88, 107, 113, 141-6, 154, 155, 157, 159, 191, 209, 217, 270, 284, 340

Aforismos (Hipócrates), 228*nt*

Afrodite, 305-6, 313

álcool, 85

Além do bem e do mal (Nietzsche), 194*nt*

Alexandre, o Grande, 355

alma(s), 19, 24-6, 29, 31, 32, 33*na*, 37-41, 42*na*, 43*na*, 46, 48-50, 52-4, 55*na*, 58-60, 70-1, 75, 77, 97, 308, 323

alucinação, alucinações, alucinatório, 18-20, 101-2, 111, 146

ambivalência, 144, 313

amentia, 99

amizade, 82, 142, 167

amor, amoroso(s), amorosa, 80, 82, 86-8, 93*na*, 101, 117, 118, 134-5, 187, 212-27, 230, 304, 312-3, 314*na*, 316, 320-1, 323, 335-6

anal, anais, 247, 289, 321, 329-30, 332-4

anatomia, 349

angústia, 75*na*, 96, 144, 174, 246, 281, 284, 327-8; *ver também* medo

Animais da Antiguidade ver *Tiere des Altertums* (Keller)

animal, animais, 36, 105-6, 216, 280, 299, 305, 346

animismo, 106

Anos de aprendizagem de Wilhelm Meister (Goethe), 40*nt*

"Antes do nascer do Sol" (Nietzsche), 73

Antiguidade, 355

aparelho psíquico, 111, 113-4; *ver também* psique, psiquismo

Apuleio, 305, 312, 314*na*

arianos, 32

Arimã, 32, 60, 72

arte, artista(s), 20, 21, 117, 123, 129, 160-1, 195, 266, 274, 311, 356

Artemidoro, 357

Ártemis, 313, 355-7; *ver também* Diana

Artista, O ver *Künstler, Der* (Rank)

Ärztliche Zimmergymnastik (Dr. Schreber), 69

Assim falou Zaratustra (Nietzsche), 73*na*

associação livre, 270

Astralmythen (Stucken), 303*na*

Atenas, 78*na*

Atos dos Apóstolos, 356*na*

"Atos obsessivos e práticas religiosas" (Freud), 107*na*

Átropo, 310, 312

Augusto, 69*na*

Aus guter Familie (Reuter), 138*na*

ÍNDICE REMISSIVO

Ausführliches Lexikon der grie-chischen und römischen Mythologie (Roscher), 310*na*

autoconservação, 32-3, 38

autoerotismo, autoeróticos, autoe-rótica(s), 37*na*, 74, 80-1, 83, 101, 115, 118, 233, 244, 327, 329; *ver também* erotismo, erótico(s), erótica(s); masturbação, mas-turbatório; zona(s) erógena(s)

autopercepção, 142

autópsias, 346

autossacrifício, 26

aversão, 90, 181

Azam, 262

beatitude, 22, 29, 31, 39-41, 43*na*

bebê, 112*na*, 348

"Bedeutung des Vaters für das Schick-sal des Einzelnen, Die" (Jung), 232*na*

"Beitrag zur Psychologie des Ge-rüchtes, Ein" (Jung), 66*na*

Belle Hélène, La (Offenbach), 307

Bernheim, 258, 269, 340

Bettelheim, 110*nt*

bichos *ver* animal, animais

biologia, biológico, biológica, 98, 236, 326, 332

bipolaridade, 144*na*

Bismarck, 31

Bleuler, 83, 100, 112*na*, 144, 165, 276

Bourke, 346, 350

Brandes, 302*na*

Breuer, 194, 259, 269, 275

Brill, 275

brincadeira, 114

Brouardel, 346

Bruno, G., 87*na*

Byron, 33*na*, 60

cadáveres, 34, 68-9

Caim (Byron), 60*na*

caráter, 69, 202, 288, 323, 333, 334, 341, 346, 349

casamento, 76, 279, 282, 289, 293*na*, 314*na*, 331

"Caso de perversão múltipla com ausências histéricas, Um" *ver* "Fall von multipler Perversion mit hysterischen Absenzen, Ein" (Sadger)

"Caso Dora" (Freud), 246*nt*

castração *ver* emasculação, castração

catarse, 194

celtas, 105

censura, 22, 52, 76, 156

cético, 33, 168

"Chapeuzinho Vermelho", 296, 298-9

Charcot, 269, 346

Chiste e sus relação com o inconsciente, O ver *Witz und seine Beziehung zum Unbewußten, Der* (Freud)

ciência, científico(s), científica, 15-6, 20, 22, 117, 130, 152, 154, 158, 172, 211, 225, 241, 249, 265, 274, 285, 346, 347

ciúmes, 85-6, 320

clitóris, 336; *ver também* vagina

cloaca, 332, 336

ÍNDICE REMISSIVO

Cloto, 312

coito, 18, 28, 45, 57, 245, 247, 294

Coleção de pequenos textos sobre a teoria das neuroses ver *Sammlung kleiner Schriften zur Neurosenlehre* (Freud)

compaixão, 154

complexo(s), 25, 31, 47, 74, 78, 97, 102, 124, 139, 140, 157, 171, 177, 185, 232, 247, 262, 287, 298, 322

compulsão, compulsivo, 34, 84, 201-2, 206, 223, 329

condensação, 30*na*, 41, 66, 71, 76*na*, 103, 281*na*

conflito(s), 27, 42, 58, 64, 67, 74, 76, 83, 90, 92, 103, 129, 141, 158, 203, 232-3, 235-8, 247-8, 250, 271, 273, 334

consciência, 18, 26, 31, 45, 88, 90, 113-5, 135, 138, 140, 142-3, 150, 156, 159, 198, 206, 217, 220, 257-9, 261-3, 265-6, 270, 286, 288, 323, 334

consciente, 138*na*, 140, 145, 285

"Construções na análise" (Freud), 153*nt*

conteúdo manifesto, 197, 266

contos de fadas, 292, 295, 298-9, 308; *ver também* Grimm, irmãos

"Contribuição à história do movimento psicanalítico" (Freud), 211*na*

"Contribuição à psicologia do boato, Um" *ver* "Beitrag zur Psychologie des Gerüchtes, Ein" (Jung)

corpo humano, 16, 19, 23, 26, 29-30, 35, 41, 44-5, 59, 81, 113, 115, 186, 330, 346, 348

criança(s), 73*na*, 76*na*, 78, 107, 112*na*, 114, 117, 174, 189, 273, 278-80, 281*na*, 282, 287-9, 292, 294, 318-21, 323, 333, 341-2, 348, 349, 352; *ver também* infância, infantil, infantis

crime, 59, 120

Cristo *ver* Jesus Cristo

Crítica da razão pura (Kant), 47

Cronos, 299*na*

culpa, 75, 120, 243, 323

Cultes, mythes et religions (Reinach), 104*na*, 105*na*, 354

cultura(s), cultural, culturais, 49, 114*na*, 231, 272, 347, 349, 354

cura, 17, 77*na*, 94, 101-2, 105, 137, 139, 144-6, 165-6, 183-4, 189, 191, 205, 213, 222, 225, 228*nt*, 230

De boa família ver *Aus guter Familie* (Reuter)

defecação *ver* evacuação

delírio(s), delirante(s), 15, 19-22, 24-5, 27-9, 30*na*, 33, 39-40, 42, 43*na*, 44-7, 51-2, 54-6, 58-9, 64, 65-8, 71, 74-6, 77*na*, 78-80, 85-8, 92, 94-7, 101, 103-6

dementia paranoides ver paranoia, paranoico(s), paranoica

dementia praecox, 47, 83, 99, 101, 138*na*, 165, 276, 287, 326

"Dementia praecox oder Gruppe

ÍNDICE REMISSIVO

der Schizophrenien" (Bleuler), 144*na*

demônios, 52

Denkwürdigkeiten eines Nervenkranken ver *Memórias de um doente dos nervos* (Schreber)

depressão, 321

descarga motora, 112*na*, 113, 114, 270

desejo(s), 21, 27, 40*na*, 63, 64, 65, 66, 71, 74*na*, 75-6, 78-80, 83, 87, 102, 106, 110*nt*, 111*na*, 117, 119-20, 127-8, 141, 160, 173, 175, 187-8, 191, 216, 226, 231, 233, 261, 265, 271, 274, 284-9, 313-4, 316, 320-1, 328

deslocamento, 234, 309

desprazer, 111, 112*na*, 113, 116, 137*na*

desprezo, 70, 79, 217

Destino, 310; *ver também* Moiras

Deus, 19, 22, 24-7, 29-35, 36*na*, 37-41, 42*na*, 43-7, 52-4, 59-60, 64-72, 74-5, 92, 97, 103, 155, 354

deuses, deusa(s), 32, 69, 72, 304, 307, 309-10, 312-3, 316, 356-7

devaneio, 115

Diabo, 52

diagnóstico(s), 14, 165-6, 188, 344

Diagnostische Assoziationsstudien (Jung), 276

Diana, 355-6

"Diferenças psicossexuais da histeria e da *dementia praecox*, As" *ver* "Psychosexuellen Differenzen

der Hysterie und der *Dementia praecox*, Die" (Abraham)

dinheiro, 168, 175, 177-8, 315, 318-20, 348

dissociação, dissociações, 269-71

doença(s), doente(s), 14-20, 22-3, 25, 28-9, 32*na*, 38, 40-3, 45, 47, 51-70, 72*na*, 74-5, 77*na*, 78-9, 82-3, 87, 89, 91-5, 99-102, 104, 106, 109, 118-20, 123-5, 130-1, 136-7, 139, 144, 146, 155-60, 164-71, 173-5, 178, 180, 182-5, 187-92, 195, 198, 200, 202-3, 205-7, 209, 213, 215, 219-20, 224, 228, 230-1, 234, 236-9, 251, 253, 278, 321, 325-8, 340, 341, 344-5, 351-2

Don Giovanni (Mozart), 41*na*

"Doze irmãos, Os", 308-9

Drei Abhandlungen zur Sexualtheorie ver *Três ensaios de uma teoria da sexualidade* (Freud)

educação, educador(es), 68, 117, 340-3, 348

Éfeso, 355-7

egoísmo, 32

elaboração, 153, 209, 286, 307, 316

emasculação, castração, 25-9, 51, 64, 65*na*, 75, 78, 295, 298

Emmerich, 357

emocional, emocionais, 80, 85, 274, 336

empatia, 187

energia psíquica, 270

energias mentais, 154

ÍNDICE REMISSIVO

enfermidades *ver* doença(s), doente(s)

"Entwicklungsstufen des Wirklichkeitssinnes" (Ferenczi), 335*na*

Erostrato, 355

erotismo, erótico(s), erótica(s), 41-2, 57, 80, 82, 98, 117, 137, 142-4, 231, 247, 289, 320-1, 329-30, 332-4; *ver também* autoerotismo, autoeróticos, autoerótica(s); zona(s) erógena(s)

erotomania, 84, 86

escárnio, 69

escola de Zurique, 157, 232

escolha de objeto, 81, 86, 223, 233, 327, 330, 332, 335

Esopo, 170

esperma *ver* sêmen

espermatozoides, 30*na*, 76*na*, 103

esquecimento, 131, 196, 198, 263

esquizofrenia, esquizofrênicos, esquizofrênicas, 66*na*, 83, 100, 102, 165

"Estágios de desenvolvimento do sentido da realidade" *ver* "Entwicklungsstufen des Wirklichkeitssinnes" (Ferenczi)

Estudos diagnósticos de associação ver *Diagnostische Assoziationsstudien* (Jung)

Estudos sobre a histeria ver *Studien über Hysterie* (Breuer & Freud)

Etcheverry, 110*nt*, 126*nt*, 135, 194*nt*

ética(s), ético(s), 21, 58, 216, 218, 225, 234

Eu, 64, 81-7, 90, 92, 93*na*, 96-8, 100, 103, 115-8, 155, 173, 207, 216, 235, 237-8, 254, 271, 293, 308, 325, 330, 335-7

evacuação, 35-7

excitação, 33, 42*na*, 247

excrementos, 348, 350

fábula(s), 170, 304, 309

falecido(s), 19, 31, 34, 39, 41, 52, 63, 71, 309

"Fall von multipler Perversion mit hysterischen Absenzen, Ein" (Sadger), 80*na*

fantasia(s), 24-5, 27-9, 39, 57-8, 61, 63-4, 66-7, 73, 74*na*, 75-80, 83, 87, 96, 102, 104, 106, 114-6, 118-20, 135, 138, 197, 221, 223, 225, 231-4, 243, 252, 313, 320, 328, 331

Fausto (Goethe), 60, 73*nt*, 93, 94*na*, 95, 347

fé, 33, 43

felicidade, 230, 279, 322

feminilidade, feminino(s), 23-4, 26, 28, 43*na*, 44-6, 59, 71, 174, 293*na*, 331, 332, 334; *ver também* mulher(es)

Ferenczi, 79, 143*na*, 335

fezes, 35, 37, 348, 349

Filha natural, A (Goethe), 182*na*

filho(s), filha(s), 17, 39, 69, 76, 77*na*, 78, 94, 105-6, 167, 174, 213, 234, 287-8, 294, 299-300, 302-5, 308, 312, 314*na*, 315, 319, 323, 328

filósofos, 262, 265

fixação, fixações, 82-4, 86, 89-91,

ÍNDICE REMISSIVO

96, 100-2, 189, 225, 233-8, 251, 272, 325, 327-8, 335

Flechsig, 16-9, 25, 26*na*, 38, 43*na*, 51-2, 54-9, 60*na*, 64-5, 67-8, 70, 74, 77*na*, 91, 96, 102

Fliess, 326*na*

forças psíquicas, 269

"Formulações sobre os dois princípios do funcionamento psíquico" (Freud), 232

Fortschritte der Medizin, 57*na*

Freischütz (Weber), 60

Freud e a alma humana (Bettelheim), 110*nt*

Freud, A., 268, 270*nt*, 273*nt*

Freuds Neurosenlehre (Hitschmann), 276

frustração, 61, 76, 83, 115, 139, 230-4, 237-8, 321, 328, 331

função reprodutiva, 332, 336

"Gata Borralheira, A", 305-7, 314*na*

genética, 47, 101, 115

genital, genitais, 43, 81, 245, 287, 329-36; *ver também* clitóris; pênis; vagina

Gesammelte Werke, 13, 37*nt*, 55, 70*nt*, 78*nt*, 80*nt*, 87*nt*, 108, 122, 133, 147, 163, 193, 207*nt*, 210, 229, 240, 255, 256*nt*, 268, 277, 284*na*, 291, 301, 317, 324, 340, 344, 346, 351, 354-5

Gesta romanorum, 302, 303

Ginástica médica caseira ver *Ärzt-*

liche Zimmergymnastik (Dr. Schreber)

Goethe, 31, 40, 60, 73*nt*, 94*na*, 182*na*, 356*na*

gozo, 31, 39, 41, 43*na*, 45-6, 225

Graças (divindades), 309-10

Graf, 276

Griechische Mythologie (Preller & Robert), 312*na*

Griesinger, 109, 110*nt*

Grimm, irmãos, 234, 308, 314*na*; *ver também* contos de fadas

"Gross ist die Diana der Epheser'" (Goethe), 356*na*

"Haß und Analerotik in der Zwangsneurose" (Jones), 330*na*

hebreus *ver* judeu(s)

Hécate, 313

Heine, 221*nt*

heterossexualidade, heterossexual, heterossexuais, 61, 81, 84

hiperestesia, 18

hipnose, hipnótico(s), hipnótica, 179, 194-6, 199, 201-2, 209, 258-60, 269-70, 340, 342

hipocondria, 17, 56, 70, 75*na*, 246

Hipócrates, 228*nt*

histeria, histérico(s), histérica(s), 66, 75*na*, 96, 101, 165-6, 189, 247, 254, 259-60, 269-70, 326-8, 331, 336-7

Hitschmann, 276

homem, homens, 15, 22-9, 33-6, 38, 40*nt*, 42*na*, 43*na*, 45-7, 49, 50*na*, 54, 55*na*, 58-9, 61-2, 64, 66*na*,

ÍNDICE REMISSIVO

68-9, 72, 76, 78-9, 82-6, 91-3, 99, 105, 107, 117-8, 120, 130, 174-5, 177, 181*na*, 185, 212, 222, 225, 249, 252, 274, 282, 288, 295, 304-5, 307-9, 311, 313-6, 322, 329, 332, 344, 348, 356; *ver também* masculinidade, masculino, masculina

Homero, 310

homossexualidade, homossexual, homossexuais, 58, 61, 63, 77, 79-83, 86-7, 96, 101-2, 185, 189, 201, 247, 332

Horas (divindades), 310, 311

humanidade, 22, 39, 42*na*, 64, 82, 92, 107, 272-3

ideia(s), 18-22, 27-8, 30*na*, 34-6, 38, 58, 75, 89, 104, 111, 113, 116, 124, 128, 140, 203, 241-2, 257-60, 352

idiotia, 35

ilusão, 33*na*, 45, 65, 209, 214, 262

imagos, 138, 141, 187

imoralidade, imoral, 42*na*, 92, 323; *ver também* moralidade, moral, morais

imortal, imortalidade, 23, 33*na*

impulso(s), 24, 35, 37, 58, 61, 74, 101, 130, 135, 141, 143, 145-6, 179, 201, 203-5, 209, 228, 247-8, 250, 258, 270-2, 329-30, 334

incesto, incestuoso(s), 60, 233, 323

inconsciente, 58, 85, 89, 125, 128-9, 135, 138-40, 142-3, 145, 154, 156, 161, 190, 256, 258, 263-4, 266-7, 312, 328-9

"Inconsciente, O" (Freud), 329*nt*

inconscientes, atos e processos, 61, 66, 84, 111, 114, 119, 136, 138-9, 145-6, 150, 159, 174, 179, 191, 196, 220, 226, 232-3, 254, 258-70, 285-7, 321, 334

infância, infantil, infantis, 37, 69-70, 73-6, 78, 81, 86-7, 89, 101, 120, 134, 138, 141, 180, 182, 189, 196, 198, 200, 221-3, 225, 230, 232, 234-6, 243-5, 250-1, 254, 265, 272, 279, 285, 288-9, 292, 294-6, 298-9, 319-21, 323, 326-8, 331, 341-2, 349, 351; *ver também* criança(s)

infelicidade, 230-1

inibição, inibições, inibido(s), inibida(s), 20, 82, 85, 89, 118, 144, 160, 161, 186, 202, 220, 226, 235, 237-8, 272, 326-8

insatisfação, 118, 243

insônia, 18

instinto(s), 32-3, 81-2, 89-90, 98, 99, 103, 115-8, 134, 139, 160-1, 179, 205-6, 217, 250, 271-3, 329-35, 337, 348; *ver também* vida instintual

inteligência, 15, 20, 29, 47, 54, 215

Internationale Zeitschrift für Ärztliche Psychoanalyse, 335*na*

interpretação dos sonhos, 123, 125, 129-30, 265, 267, 274; *ver também* sonho(s)

Interpretação dos sonhos, A (Freud), 70, 111, 275, 284, 293*na*

365

ÍNDICE REMISSIVO

"Introdução ao narcisismo" (Freud), 98*nt*
"Introjektion und Übertragung" (Ferenczi), 143*na*
introversão, 138, 166*na*, 235
inveja do pênis, 295
"Investigações psicológicas em enfermos de *Dementia praecox*" *ver* "Psychologische Untersuchungen an *Dementia praecox*-Kranken" (Maeder)
investimento libidinal, 85, 93, 98, 136
irmão(s), irmã(s), 60, 63, 67, 71, 76, 86, 136, 233, 289, 296, 305, 308-9, 312-6, 318, 322
irrupção, 61, 90-1, 102, 143, 230

Jahrbuch für Psychoanalyse, 143*na*, 232*na*
Jahrbuch für psychoanalytische und psychopathologische Forschungen, 13, 108, 276
Janet, 109, 259, 269
Janet, 109*na*
Jeová, 31, 354
Jesus Cristo, 39, 43*na*, 357
João, apóstolo, 357
Jones, 65, 256*nt*, 276, 330
José II, imperador, 178
Judas, 320
judeu(s), 31, 280, 354, 356
Júlio César, 69*na*
Jung, 47, 66, 79, 93*na*, 101, 104*na*, 106, 136, 138, 166*na*, 231, 232*na*, 276

Kalewipoeg, 303
Kant, 47
Keller, 105*na*
"Kindheitserinnerung des Leonardo da Vinci, Eine" (Freud), 80*na*
Kraepelin, 83, 99
Kuhlenbeck, 87*na*
Künstler, Der (Rank), 118*na*

Laplanche, 110*nt*, 208*nt*, 217*nt*
Laquese, 312
latência, 115, 244, 331
lembrança(s), 56-7, 69, 71, 119-20, 148, 151*na*, 161, 189-91, 196, 198-200, 254, 257-9, 292, 295, 297, 321, 356; *ver também* memória; recordação, recordações
liberdade, 22, 43, 118, 205-6, 219, 223, 226
libido, libidinal, libidinais, 58, 61, 80, 82-3, 85-6, 89-91, 93-103, 118, 135-6, 138-9, 141, 145, 166*na*, 230-8, 273, 327-9, 332, 335-6
Liébault, 269, 340
limpeza, 329, 346
linguagem, 23, 58-9, 71, 104, 263
Linguagem do sonho ver *Sprache des Traumes* (Stekel)
"Lobo e os sete cabritinhos, O", 298-9
lobo(s), 295-9
Lopez-Ballesteros, 109*nt*, 126*nt*, 135*nt*
loucura, 29, 109, 265

ÍNDICE REMISSIVO

"Mädchen aus der Fremde, Das" (Schiller), 172*nt*

madeira, 293*na*

mãe, 73, 136, 174, 188-9, 234, 278-9, 281*na*, 289, 308, 316, 319-20, 334, 348, 357

Maeder, 79*na*, 87*na*

Manfred (Byron), 33*na*, 60

mania de grandeza *ver* megalomania

mania de perseguição *ver* perseguição, perseguições

Maria, 357

masculinidade, masculino, masculina, 23, 39, 43, 45, 57, 71, 83, 174, 244, 252, 332, 336-7, 344; *ver também* homem, homens

masturbação, masturbatório, 53*na*, 75, 76*na*, 233, 240-6, 249, 250-4; *ver também* autoerotismo, autoeróticos, autoerótica(s)

médico(s), 14, 16-7, 19, 24-5, 39, 45, 51, 54, 56-9, 62-4, 67-9, 71, 77*na*, 91, 124, 126, 128, 130-1, 136-7, 140-3, 145-6, 148, 150-1, 155-60, 164, 167, 169-72, 174-8, 182*na*, 183, 185-8, 195, 200-1, 204, 207, 209, 211-6, 218-9, 222, 224-5, 230, 258-9, 271, 274, 284, 320, 342-6

medo, 73, 92, 200, 274, 296, 299, 323; *ver também* angústia

megalomania, 64-5, 326

memória, 20-1, 63, 68, 113, 148, 150, 152, 182*na*, 257-8, 263, 281*na*; *ver também* lembrança(s); recordação, recordações

Memórias de um doente dos nervos (Schreber), 15-6, 22, 25, 27*na*, 29, 30*na*, 39, 50, 55*na*, 56, 59, 60*na*, 62*na*, 63, 66, 67*na*, 76, 77*nt*; *ver também* Schreber

menopausa, 236

mentiras, 218, 318, 322

Mercador de Veneza, O (Shakespeare), 302-4

meta(s), 82, 142, 160, 194, 204, 219, 223-4, 226, 231-2, 245, 251, 273, 332-3

Meynert, 99

milagre(s), 23, 31, 35-7, 43*na*, 68-70, 91, 93, 356

Mito do nascimento do herói, O ver *Mythus von der Geburt des Helden, Der* (Rank)

mitologia, mito(s), mitológico, mitológica, 25, 67, 72-3, 104-7, 117, 274, 287, 299*na*, 303-4, 308, 310-1, 313-6

Mitos astrais ver *Astralmythen* (Stucken)

Moiras, 310-1, 313

moralidade, moral, morais, 42*na*, 212, 216-7, 331, 336, 350; *ver também* imoralidade, imoral

morte, 19, 23, 31, 38-9, 69, 71, 73-4, 92, 120, 188, 287, 298, 307, 309, 311-4, 316

morto(s) *ver* falecido(s)

mudez, 307, 309

mulher(es), 18, 22-5, 27-8, 40*nt*, 43-6, 53*na*, 57-9, 61-2, 64-5, 75, 77, 79, 82, 85-6, 177, 213, 216,

ÍNDICE REMISSIVO

221, 225-6, 233, 236, 253, 260, 278-9, 282, 288, 304-5, 307, 312-3, 316, 321-2, 328-9, 333-7, 357; *ver também* feminilidade, feminino(s)

Mundo como vontade e representação, O (Schopenhauer), 109*na*

mundo externo, 88, 93*na*, 97-8, 100, 110-1, 112*na*, 113, 118, 139, 230-3, 235-6, 239, 251

Mythus von der Geburt des Helden, Der (Rank), 67*na*, 303*na*

Napoleão, 77

narcisismo, narcísico, 82-3, 86, 96, 101, 186, 327, 330, 348

nervo(s), 16, 22, 24, 29, 30*na*, 31, 33, 36, 37, 40, 42*na*, 43*na*, 44-5, 57, 137, 171, 176, 340, 345

nervosismo, 42, 92

neurastenia, neurastênicos, 246-8

neurose(s), neurótico(s), neurótica(s), 14, 24, 56, 73-5, 78, 91, 95, 103, 107, 109-10, 115-6, 118, 120, 126, 136, 138, 144-6, 154, 160-2, 165-6, 168, 171-2, 174-5, 177-9, 182*na*, 183-5, 189, 198-9, 206, 213-4, 219, 221, 224, 226-7, 230-1, 236-9, 243, 246-8, 250-1, 254, 260-1, 263, 269-73, 286, 292, 295, 299, 323, 325-37, 341-2, 344-5, 349, 351-2

Névroses, Les (Janet), 109*na*

Nietzsche, 73, 194*nt*

nojo, 348

normal, normais, 47-8, 80, 82, 89, 95, 136, 144, 156, 180, 190, 196, 223-4, 247-8, 263, 265, 270-4, 325-6, 331-3, 349

Nornas, 310-1

objeto sexual, objetos sexuais, 96, 115, 142-3

objeto(s) amoroso(s), 81, 86-7, 135, 201, 205

obsessivo(s), obsessiva(s), 144, 165-6, 172, 198, 203, 254, 278, 286, 326-31, 334-6, 352

ódio, 88, 330, 336

"Ódio e erotismo anal na neurose obsessiva" *ver* "Haß und Analerotik in der Zwangsneurose" (Jones)

onanismo *ver* masturbação, masturbatório

onipotência, 32

organização psíquica, 116

Ormuz, 32, 60, 72

Oupis, 355-6

paciente(s), 14, 17, 20-2, 24-5, 27, 32*na*, 39, 41, 44, 53*na*, 55-6, 61, 63, 66*na*, 68*na*, 69, 73, 77*na*, 91, 103, 123, 125-6, 129-32, 137, 143, 145-6, 148, 150-2, 155-6, 158-62, 165-70, 173, 175-80, 181*na*, 182*na*, 183-8, 191, 196, 200, 204-7, 209, 211-5, 217-28, 238, 254, 260, 264, 270, 272, 278-9, 284, 297, 299-300, 319, 327-8, 331, 340, 345, 352

pai, 30*na*, 63, 67-9, 71-4, 76, 102,

ÍNDICE REMISSIVO

106, 120, 213, 233, 293-4, 297, 299, 302, 314na, 318-20, 322-3

pais, 112na, 162, 189, 200, 282, 293, 295

paixão, paixões, 85, 87, 146, 213-5, 217, 221-4, 226

Palavras de Freud, As (Paulo César de Souza), 88nt, 110nt, 127nt, 128nt, 179nt, 197nt, 198nt, 217nt, 227nt, 256nt, 257nt

parafrenia(s), parafrênico, 100-2, 165-6, 326, 330

"Paralelos etnopsicológicos às teorias sexuais infantis" *ver* "Völkerpsychologische Parallelen zu den infantilen Sexualtheorien" (Rank)

paranoia, paranoico(s), paranoica, 14, 20, 22, 25, 33, 42, 47-8, 52, 58, 66, 70, 75na, 76, 78-80, 83-9, 91, 93-6, 99-104, 106, 145, 326

Páris, 304, 306, 312

Pasteur, 297

Paulo, apóstolo, 355

pênis, 294; *ver também* genital, genitais; vagina

pensamento(s), 19-20, 22, 24, 26, 49, 52, 67, 106, 111, 114, 116, 119-20, 137, 139, 148, 154, 156, 179-80, 181na, 183-7, 190-1, 194-5, 197, 200, 259-66, 274, 284-5, 286, 294, 315, 354

percepção, percepções, 30, 84-6, 88, 103, 106, 138, 157-8, 171, 236, 249, 257, 283, 299, 313, 345; *ver também* sentidos

persas, 31, 33na

Perséfone, 313

perseguição, perseguições, 18, 25, 51, 55-6, 64-5, 84, 86, 96

personalidade, 15, 20, 63, 65-6, 69, 135, 139, 148, 158, 161, 232, 243, 343, 356

perversão, perversões, perversos, perversas, 247, 252, 272, 333, 341-2, 349

pessoa amada, 67, 224

Pfister, 276, 340, 343

Pierson, 53

pobreza, 178

poluções, 61, 246

Pontalis, 208nt, 217nt

potência sexual, 174, 252, 344

prazer, 37na, 40, 46, 111, 112na, 113-6, 118, 288, 329, 348; *ver também* princípio do prazer

pré-consciente, 263-5, 285-6

predisposição, 82, 89, 116, 118, 230, 234, 237, 251, 253, 272, 327-8, 331, 332, 334-7

princípio da realidade, 112, 114-5, 117, 121, 252; *ver também* real, reais, realidade

princípio do prazer, 111, 112na, 113-9, 226, 252; *ver também* prazer

projeção, 84-5, 88, 93, 95, 101-2, 117

psicanálise, psicanalítico(s), psicanalítica, psicanalista(s), 14, 24, 41, 48, 50, 72, 80, 89, 98, 104, 106-7, 110, 123, 129-31, 134na, 137-9, 142-3, 145-6, 148, 150,

ÍNDICE REMISSIVO

152-5, 157-62, 164-9, 171-3, 175-80, 181*na*, 182*na*, 184, 187-90, 192, 194, 195*nt*, 200, 207, 209, 211-4, 218, 220, 227-8, 230, 238-9, 242, 244, 247-8, 251, 254, 256, 260, 263-5, 267-75, 283-6, 292, 302, 305, 307, 321, 325-6, 332-3, 340-9, 351-3

psicogênese, 246

psicologia, 110, 115, 154, 159, 190, 257, 260, 263, 274, 276

psiconeuroses *ver* neurose(s), neurótico(s), neurótica(s)

Psicopatologia da vida cotidiana ver *Zur Psychopathologie des Alltagslebens* (Freud)

psicose(s), psicóticos, 20, 57, 99, 103, 109, 110*nt*, 273

Psiquê, 305, 314*na*

psique, psiquismo, 20, 96, 130, 258, 260-1, 263, 265, 271, 343; *ver também* aparelho psíquico

psiquiatria, psiquiatra(s), 14-5, 24, 58, 65, 110*nt*, 152, 165-6, 269, 274

Psyche und Eros (Zinzow), 314*na*

"Psychische Hermaphroditismus im Leben und in der Neurose, Der" (Adler), 57*na*

"Psychologische Untersuchungen an *Dementia praecox*-Kranken" (Maeder), 79

"Psychosexuellen Differenzen der Hysterie und der *Dementia praecox*, Die" (Abraham), 55*na*, 93*na*

puberdade, 115, 189, 236, 244, 251, 326, 336, 351

raça, 32, 79

racionalização, 65, 93, 167

raiva, 222, 293, 295

Rank, 67, 109*na*, 118*na*, 276, 299*na*, 303, 305*na*, 314*na*

"Ratos errantes, Os" *ver* "Wanderratten, Die" (Heine)

real, reais, realidade, 29, 33, 48, 58, 64, 76, 86, 90, 96, 109-10, 111*na*, 112-3, 115-20, 135, 138-9, 141, 144, 146, 170, 177, 202, 206, 209, 211, 214, 220, 223-5, 230, 232-4, 238, 287, 313; *ver também* princípio da realidade

"Recordação de infância de Leonardo da Vinci, Uma" *ver* "Kindheitserinnerung des Leonardo da Vinci, Eine" (Freud)

recordação, recordações, 180, 195, 198, 201, 204, 206-7, 260, 292, 296, 298, 340; *ver também* lembrança(s); memória

"Recordar, repetir e elaborar" (Freud), 127, 220*na*

regressão, 82, 90, 96, 100-1, 138, 232, 235, 237, 331, 334, 336

Rei Lear (Shakespeare), 304-5, 312, 314-6

Reinach, 104*na*, 105-6, 354

Reitler, 245

relações sociais, 82

religião, religiões, 22, 33-4, 42*na*, 92, 106-7, 117, 280, 354

ÍNDICE REMISSIVO

repetição, repetições, 182, 200-2, 204-7, 222, 242, 244

"Repressão, A" (Freud), 90nt

repressão, repressões, 79, 87, 89-91, 94-7, 99-101, 109, 111, 112na, 113, 116, 139, 157, 174, 190, 195, 202-3, 209, 216, 220, 247, 269-73, 332-4, 336, 348-9, 351

reprodução ver função reprodutiva

resistência(s), 14, 46, 50, 63-4, 67, 97, 124-6, 137-45, 151na, 155-6, 158-9, 168, 177-9, 181na, 182na, 183-8, 190-2, 195, 199, 201-3, 207, 209, 215, 221-6, 233, 250, 253, 264, 270, 274

Reuter, 137

Riklin, 102na, 276

Ritos escatológicos do mundo inteiro (Bourke), 346, 350

Roscher, 310na, 312na

Rückert, 87na, 234nt

Rumi, 87na

Sachs, 256, 314na

Sadger, 80na, 276

sadismo, sádicos, sádicas, 329-35

sanatório(s), 19, 43na, 53

satisfação, satisfações, 27, 40na, 45, 65, 74, 85, 99, 111, 112na, 115-7, 139, 215, 218-9, 225-6, 230-5, 237, 244, 248, 251-4, 272-3, 279, 286, 288, 313, 329

saúde, 18, 29, 68, 72na, 175, 178, 204, 230-1, 235-6, 238-9, 333

Scatologic rites of all nations ver

Ritos escatológicos do mundo inteiro (Bourke)

Schiller, 172nt

Schlegel, 306na

Schopenhauer, 109na

"Schopenhauer über den Wahnsinn" (Rank), 110nt

Schreber, 15-7, 20-2, 27-9, 30na, 32-4, 37-9, 40na, 41-3, 46, 48-52, 53na, 54, 56-9, 60na, 61, 62na, 63-71, 74, 76, 78, 80, 84na, 91, 93na, 94, 96, 102-4, 106; ver também Memórias de um doente dos nervos (Schreber)

Schreber, dr. (pai), 68-9

Schriften zur angewandten Seelenkunde, 67na, 80na, 276

Selected papers on hysteria and other psycho-neuroses (Brill), 275

sêmen, 30na, 43na

semitas, 32

sensação, sensações, 24, 31na, 40, 43na, 44, 57, 88, 95, 199, 264, 281

sentidos, 45, 113, 299; ver também percepção, percepções

sentimento(s), 39, 48, 51na, 56, 61-2, 69, 80, 84, 120, 137na, 142, 144, 155, 197, 199, 213na, 218, 243, 260, 331

sexualidade, sexual, sexuais, 25, 26, 27, 30na, 37na, 41-3, 45-6, 62, 74-5, 79, 81-2, 86, 98, 103, 115-6, 118, 142, 175, 185, 200, 215, 220-1, 225, 227, 230, 241, 244-5, 247-8, 250-4, 271-3, 275, 287-8,

ÍNDICE REMISSIVO

293, 320, 325, 329-37, 344, 347, 349, 351

Shakespeare, 302, 304, 308

"Significado do pai para o destino do indivíduo, O" ver "Bedeutung des Vaters für das Schicksal des Einzelnen, Die" (Jung)

simbolismo, símbolo(s), 71, 72, 104, 106, 129, 287, 293na, 304, 307na

sintoma(s), sintomatologia, 20, 47, 57na, 75na, 78-9, 84, 87-9, 91, 100, 102, 120, 126-7, 140, 165, 168, 175, 185, 187-8, 191-2, 194-5, 201-4, 206, 214, 232, 235, 246-8, 254, 260, 263, 270-1, 326-7, 329-30, 340-1, 344-5, 352

Sobre a psicologia da dementia praecox ver Über die Psychologie der Dementia praecox (Jung)

"Sobre a psicoterapia" (Freud), 164

"Sobre melhoras por mudança de local" ver "Über Versetzungsbesserungen" (Riklin)

"Sobre o conteúdo psíquico de um caso de esquizofrenia" ver "Über den psychischen Inhalt eines Falles von Schizophrenie" (Spielrein)

sociedade, 58, 87, 92, 169, 176, 341

Sociedade Psicanalítica de Viena, 240-1

sofrimento(s), 27, 33, 41, 46, 170, 191-2

sonho(s), 18, 45, 52, 57, 70, 107, 110nt, 111, 120, 123-32, 145-6, 151-2, 157, 197-8, 200, 265-7,

274, 278-90, 292-9, 304, 307-8, 312, 354; *ver também* interpretação dos sonhos

Sonnenstein, sanatório, 18-9, 54, 72

sono, 18, 57, 111na, 131, 254, 265, 284, 314na

Spielrein, 104na

Sprache des Traumes (Stekel), 307na, 336na

Stegmann, 62na, 68na, 71nt

Stekel, 134, 144na, 157, 243, 246-7, 250, 252, 276, 307na, 308na, 336, 354

Strachey, 98nt, 109nt, 110nt, 118nt, 119nt, 124nt, 126nt, 128nt, 135nt, 149na, 199nt, 200nt, 207nt, 228nt, 246nt, 256nt, 329nt

Stucken, 303

Studien über Hysterie (Breuer & Freud), 275

Sammlung kleiner Schriften zur Neurosenlehre (Freud), 275

sublimação, sublimações, 82, 85, 97, 160-1, 252, 273, 333

Suetônio, 69na

sugestão, 143, 159, 167, 209, 258-9, 297, 342

tabu, 354

teleologia, 245

tempo de tratamento, 141, 159, 168, 170-1, 173-4, 176

tensão, tensões, 96, 114, 231, 237

Teoria freudiana das neuroses, A ver *Freuds Neurosenlehre* (Hitschmann)

terapia, 123, 129, 131, 134, 139,

ÍNDICE REMISSIVO

141-3, 145, 166, 168, 170, 172-3, 177-8, 180, 183-4, 187, 191, 196, 200-4, 207, 211-2, 214, 216, 218-23, 225, 341, 344-5, 352

Tiere des Altertums (Keller), 105*na*

Tolstói, 213

totem, 106

Traduzir Freud (Laplanche), 110*nt*

transferência, 63, 67, 134, 136-8, 140-6, 159, 166*na*, 167, 177, 179, 185-7, 192, 201, 204-6, 211, 213*na*, 214-7, 220-1, 223-4, 227, 327

"Transformações e símbolos da libido" *ver* "Wandlungen und Symbole der Libido" (Jung)

tratamento psicanalítico *ver* terapia

trauma, 189, 328

Três ensaios sobre a teoria da sexualidade (Freud), 80*na*, 82, 87*na*, 245, 275

Tristão e Isolda (Wagner), 93*na*

"Über den psychischen Inhalt eines Falles von Schizophrenie" (Spielrein), 104*na*

Über die Psychologie der Dementia praecox (Jung), 47*na*, 93*na*, 276

"Über Versetzungsbesserungen" (Riklin), 102*na*

vagina, 293, 336; *ver também* clitóris; genital, genitais

Valquíria, 316

Vespasiano, 69

vida instintual, 144, 146; *ver também* instinto(s)

vida psíquica, 24, 47, 80, 88, 95, 111*na*, 206, 238, 257, 272-4, 292, 312, 343

vida sexual, 41-2, 62, 227, 272, 330-2, 349

Vidas dos Césares (Suetônio), 69*na*

Vocabulário da psicanálise (Laplanche & Pontalis), 208*nt*, 217*nt*

"Völkerpsychologische Parallelen zu den infantilen Sexualtheorien" (Rank), 299*na*

volúpia, 31*na*, 37, 40-4, 46, 49, 64, 75

Wagner, 93*na*

"Wanderratten, Die" (Heine), 221*nt*

"Wandlungen und Symbole der Libido" (Jung), 104*na*, 136*na*

Weber, 19-22, 50*na*, 54, 60

William Shakespeare (Brandes), 302*na*

Witz und seine Beziehung zum Unbewußten, Der (Freud), 275

Zentralblatt für Nervenheilkunde und Psychiatrie, 55*nt*, 93*na*

Zentralblatt für Psychoanalyse, 66*na*, 109*na*, 122-3, 133, 144*na*, 147, 229, 276, 299, 351, 354-5

Zinzow, 314*na*

zona(s) erógena(s), 244, 330, 332-3, 336

zoofobia, 299

Zoroastro, 31

Zur Psychopathologie des Alltagslebens (Freud), 275

**SIGMUND FREUD,
OBRAS COMPLETAS
EM 20 VOLUMES**

COORDENAÇÃO DE PAULO CÉSAR DE SOUZA

1. TEXTOS PRÉ-PSICANALÍTICOS (1886-1899)
2. ESTUDOS SOBRE A HISTERIA (1893-1895)
3. PRIMEIROS ESCRITOS PSICANALÍTICOS (1893-1899)
4. A INTERPRETAÇÃO DOS SONHOS (1900)
5. PSICOPATOLOGIA DA VIDA COTIDIANA E SOBRE OS SONHOS (1901)
6. TRÊS ENSAIOS SOBRE A TEORIA DA SEXUALIDADE, ANÁLISE FRAGMENTÁRIA DE UMA HISTERIA ("O CASO DORA") E OUTROS TEXTOS (1901-1905)
7. O CHISTE E SUA RELAÇÃO COM O INCONSCIENTE (1905)
8. O DELÍRIO E OS SONHOS NA GRADIVA, ANÁLISE DA FOBIA DE UM GAROTO DE CINCO ANOS ("O PEQUENO HANS") E OUTROS TEXTOS (1906-1909)
9. OBSERVAÇÕES SOBRE UM CASO DE NEUROSE OBSESSIVA ("O HOMEM DOS RATOS"), UMA RECORDAÇÃO DE INFÂNCIA DE LEONARDO DA VINCI E OUTROS TEXTOS (1909-1910)
10. OBSERVAÇÕES PSICANALÍTICAS SOBRE UM CASO DE PARANOIA RELATADO EM AUTOBIOGRAFIA ("O CASO SCHREBER"), ARTIGOS SOBRE TÉCNICA E OUTROS TEXTOS (1911-1913)
11. TOTEM E TABU, HISTÓRIA DO MOVIMENTO PSICANALÍTICO E OUTROS TEXTOS (1913-1914)
12. INTRODUÇÃO AO NARCISISMO, ENSAIOS DE METAPSICOLOGIA E OUTROS TEXTOS (1914-1916)
13. CONFERÊNCIAS INTRODUTÓRIAS À PSICANÁLISE (1916-1917)
14. HISTÓRIA DE UMA NEUROSE INFANTIL ("O HOMEM DOS LOBOS"), ALÉM DO PRINCÍPIO DO PRAZER E OUTROS TEXTOS (1917-1920)
15. PSICOLOGIA DAS MASSAS E ANÁLISE DO EU E OUTROS TEXTOS (1920-1923)
16. O EU E O ID, AUTOBIOGRAFIA E OUTROS TEXTOS (1923-1925)
17. INIBIÇÃO, SINTOMA E ANGÚSTIA, O FUTURO DE UMA ILUSÃO E OUTROS TEXTOS (1926-1929)
18. O MAL-ESTAR NA CIVILIZAÇÃO, NOVAS CONFERÊNCIAS INTRODUTÓRIAS E OUTROS TEXTOS (1930-1936)
19. MOISÉS E O MONOTEÍSMO, COMPÊNDIO DE PSICANÁLISE E OUTROS TEXTOS (1937-1939)
20. ÍNDICES E BIBLIOGRAFIA

PARA MAIS INFORMAÇÕES SOBRE OS VOLUMES PUBLICADOS, ACESSE:
www.companhiadasletras.com.br